Till Müller-Heidelberg / Ulrich Finckh /
Verena Grundmann / Elke Steven (Hg.)

Grundrechte-Report 2000

Zur Lage der Bürger- und Menschenrechte in Deutschland

Ein Projekt der Humanistischen Union,
der Gustav Heinemann-Initiative,
des Komitees für Grundrechte und Demokratie
und des Bundesarbeitskreises kritischer Juragruppen

Redaktion:
Paul Ciupke, Verena Grundmann, Norbert Reichling,
Bela Rogalla, Jürgen Seifert, Stefan Soost und Eckart Spoo

Rowohlt Taschenbuch Verlag

rororo aktuell
Herausgegeben von Frank Strickstrock

Redaktion Uwe Britten

Originalausgabe
Veröffentlicht im Rowohlt Taschenbuch Verlag GmbH,
Reinbek bei Hamburg, Juni 2000

Umschlaggestaltung Susanne Heeder/Philipp Starke
(Foto: VCL/Bavaria)
Satz aus der Sabon PostScript PageOne
Gesamtherstellung Clausen & Bosse, Leck
Printed in Germany
ISBN 3 499 22737 1

Die Schreibweise entspricht den
Regeln der neuen Rechtschreibung.

Inhalt

Die Meinungs- und Pressefreiheit werden gewährleistet (Art. 5)

Die Versammlungsfreiheit ist gewährleistet (Art. 8)

Das Fernmeldegeheimnis ist unverletzlich (Art. 10)

Vorwort

Der *Grundrechte-Report* erscheint nun zum vierten Mal und dokumentiert in dieser Ausgabe Grundrechtsverstöße aus dem Jahr 1999. Er soll ein «alternativer Verfassungsschutzbericht» sein, der den Blick auf die Grundrechte lenkt und die Frage stellt: Wer schützt eigentlich die Verfassung vor staatlichen Übergriffen? Wir haben es uns zur Aufgabe gemacht, staatliche Übergriffe und Tendenzen zur Einschränkung von Grundrechten – sowie einige wenige positive Entwicklungen – anhand von ausgewählten Fallbeispielen zu dokumentieren und möglichst viele Bereiche des politischen und gesellschaftlichen Lebens exemplarisch zu beleuchten.

Besonderes Augenmerk haben wir auf das einschneidendste Ereignis des letzten Jahres geworfen. Im Jahr 1999 hat sich die Bundeswehr zum ersten Mal an einem militärischen Einsatz ohne UN-Mandat beteiligt und einen Angriffskrieg geführt. Der Krieg in Jugoslawien verstieß gegen die Charta der Vereinten Nationen und damit gegen das Völkerrecht, gegen das Grundgesetz, den 2+4-Vertrag und den NATO-Vertrag. Das Gewaltverbot, eine der größten Errungenschaften dieses Jahrhunderts, wurde damit infrage gestellt und der Krieg wieder zum Mittel der Politik gemacht. Die historische Entwicklung der Stärkung des Rechts wurde zurückgedreht zum Recht des Stärkeren. Und das alles geschah im Namen der Menschenrechte, die angeblich nicht anders zu wahren gewesen sind. Dieser Versuch einer Legitimation wurde zudem durch die Berichterstattung in den Medien gestützt, in der die Tatsache, dass es in erster Linie zivile Opfer und zivile Ziele gab, hinter dem Wort «Kollateralschäden» versteckt wurde. Das ohne Zweifel grausame Vorgehen der serbischen Seite wurde mithilfe von Begriffen wie «Völkermord» oder «KZ» auf eine Ebene mit den Verbrechen der Nazis gehoben, über Übergriffe von kosovarischer bzw. albanischer Seite wurde andererseits nur wenig berichtet. Die Einzelheiten der Verhandlungen von Rambouillet wurden lange geheim gehalten. Da drängt sich die Frage auf, wie es um die Informationsfreiheit in Deutschland bestellt ist, wenn Regierung und Medien ein von eigenen Interessen geleitetes Bild von der Lage im Kosovo zeichnen. Es bleibt die Erkenntnis, dass Militäreinsätze in der Bundesrepublik wieder salonfähig geworden sind. Die Bundeswehr hat sich im Rahmen der NATO eine neue Aufgabe gegeben, deren völkerrechtliche Legitimität mehr als zweifelhaft ist. Die Bundesrepublik sucht sich ihren Platz in der neuen Weltordnung mit fragwürdigen Mitteln. Wer hätte erwartet, dass ausgerechnet eine rot-grüne Regierung eine solche Entwicklung zu verantworten hat?

Der Regierungswechsel bot die Chance für eine andere Politik in Sachen Grund- und Menschenrechte. Die Hoffnungen, die das rot-grüne Projekt bei einigen geweckt hatte, haben sich bisher nicht erfüllt. Eine Wende in der Asylpolitik ist ausgeblieben, die verfehlte Politik der Inneren Sicherheit wird unbeirrt fortgesetzt. Die angekündigten ambitionierten Vorhaben werden nur schleppend und halbherzig umgesetzt: Von der Idee eines neuen Staatsbürgerschaftsrechts ist ein Reförmchen übrig geblieben, das die drängenden Fragen der Integration von hier lebenden Ausländern und Ausländerinnen kaum lösen wird. Der Atomausstieg zieht sich hin, die rechtliche Gleichstellung von Schwulen und Lesben lässt weiter auf sich warten. Was als Reformprojekt angetreten ist, begnügt sich nun mit dem Hinweis auf leere Kassen und hat in Sachen Grundrechte nicht viel zu bieten. Wir werden also nicht aufhören, die Wahrung der Grund- und Menschenrechte einzufordern.

Am 3. Oktober 2000 gilt das Grundgesetz zehn Jahre auf dem Boden der ehemaligen DDR. Doch nach wie vor herrschen ungleiche Lebensverhältnisse in Ost und West. Der Staat zementiert die soziale Ungleichheit beispielsweise mit den unterschiedlichen Sätzen für Sozialhilfe und BAföG und mit der unterschiedlichen Besoldung im öffentlichen Dienst. Wie leben die Ostdeutschen mit einer Verfassung, die ihnen Gleichheitsrechte garantiert, die der Staat faktisch nicht gewährt? Zehn Jahre nach dem Anschluss ist die ostdeutsche Bürgerbewegung von der Bildfläche verschwunden, und von den damaligen Vorstellungen und von der Aufbruchstimmung in Sachen Demokratie ist nicht viel geblieben. Der runde Tisch ist längst verstaubt, die Entwürfe für eine neue Verfassung sind vergessen – mit ihnen auch der Vorschlag, die sozialen Menschenrechte in den Grundrechtskatalog aufzunehmen. In den neuen Ländern scheint der Einsatz für Grundrechte nicht mehr hoch im Kurs zu stehen, obwohl die Ostdeutschen im Angesicht der andauernden Benachteiligung allen Grund hätten, sich zur Wehr zu setzen. Auch der Ausschuss der Vereinten Nationen, der die Einhaltung des internationalen Pakts für wirtschaftliche, soziale und kulturelle Rechte von 1966 überwacht, hat im Februar 1999 in seiner Schlussbemerkung zum dritten Staatenbericht der BRD unter anderem die hohe Arbeitslosigkeit und die faktischen Berufsverbote in Ostdeutschland kritisiert. Warum ist so wenig zu hören von aktiver Verteidigung von Demokratie und Grundrechten aus den neuen Ländern? Welches Verhältnis hat das Volk, das einst die Stasi-Zentralen stürmte, heute zur Verfassung und zum Verfassungsschutz?

Kurz vor Jahresende wurde ein Skandal offenbar, der das Vertrauen in die Parteien und die Demokratie erheblich beschädigt hat. Mit jedem neuen Tag erfuhr die Öffentlichkeit mehr über geheim gehaltene Spenden, schwarze Kassen und das Rechtsverständnis von Politikern, die zu lange zu viel Macht innehaben. Im Angesicht dieser Tatsachen muss die Frage gestellt werden, wie sich das grundgesetzliche und das in der politischen Realität vorherrschende Demokratieverständnis zueinander verhalten. Wie steht es um die Mitbestimmungsrechte der Bürger, um die Volkssouveränität, wenn führende Parteipolitiker rechtswidrig insgeheim Spenden von Unternehmen, zum Beispiel Waffenhändlern, entgegennehmen und sich mit dem Ausspruch zu rechtfertigen versuchen, sie hätten sich ja nicht persönlich bereichert? Eine solche Praxis führt zu einer unkontrollierbaren Einflussnahme der Wirtschaft auf die Politik; sie ist unvereinbar mit der Verfassung. Bei allen Forderungen nach Aufklärung und persönlichen Konsequenzen ist die entscheidende Frage die, ob und wie solcher Machtmissbrauch künftig verhindert werden kann. Hier offenbart sich nicht nur ein personenbezogenes Problem, sondern ein strukturelles, das auch nach einer *strukturellen* Lösung verlangt.

Wo sich Resignation und Desinteresse breit machen, werden Demokratie und Grundrechte zum Spielball politischer Interessen. Wer sie bewahren will, muss sich immer wieder aufs Neue aktiv für sie einsetzen. Dieses Buch ist ein Beitrag dazu.

Till Müller-Heidelberg
Ulrich Finckh
Verena Grundmann
Elke Steven

Daniela Dahn
Prüfstein Verfassungswirklichkeit
Zehn Jahre Grundgesetz in Ostdeutschland

Eine Verfassung mit vielen schönen Grundrechten zu haben ist für die Ostdeutschen nichts Neues. Auch die DDR-Verfassung von 1968 enthielt, abgesehen vom Recht auf Ersatzdienstleistung sowie vom Recht auf die Gründung von Privatschulen, sämtliche Grundrechte, die auch das Grundgesetz garantiert, ja sogar einige mehr. Und was hat es genutzt? Was hat die «Unantastbarkeit der Freiheit jedes Bürgers», die Meinungs-, Pressc-, Glaubens-, Versammlungs- und Vereinsfreiheit genutzt? Die Garantie des Post- und Fernmeldegeheimnisses, selbst der Freizügigkeit? Sogar «freie, allgemeine, gleiche und geheime Wahlen» sollen das angeblich gewesen sein. Die Verfassungsmäßigkeit von Gesetzen kontrollierte der Gesetzgeber selbst, also die Volkskammer – welche Einspruchsmöglichkeiten blieben da? Die meisten Menschen sahen keinen Grund, die Verfassung auch nur zu lesen. Ein besonderes Engagement für Verfassungsfragen kann man den meisten Ostdeutschen daher nicht nachsagen – schließlich haben sie auf zynische Weise die Erfahrung machen müssen, dass Papier geduldig ist. Massenhaft und öffentlich haben sich die Ostdeutschen erst- und letztmalig im Wendeherbst 1989 auf ihre verfassungsmäßigen Rechte berufen.

Davor und danach war für sie die Verfassungswirklichkeit der Gradmesser, nicht die Verfassung. Ich bin keinem DDR-Bürger begegnet, der seine Zustimmung zur Einheit von der Lektüre des Grundgesetzes abhängig gemacht hätte. Man glaubte ja die Verfassungswirklichkeit zu kennen. Diese ist, in dem den

Ostdeutschen vielleicht wichtigsten Punkt, sogar besser als die Verfassung. Kaum jemand hat zur Kenntnis genommen, dass die rechtlich garantierte Freizügigkeit im Grundgesetz, genau wie in der DDR-Verfassung, auf das eigene Staatsgebiet begrenzt ist. Der Parlamentarische Rat wollte den Artikel 112 der Weimarer Verfassung zur Ausreisefreiheit nach langen Diskussionen nicht übernehmen, da man im Nachkriegsdeutschland eine Auswanderungswelle befürchtete. Dank Marshall-Plan und Wirtschaftswunder gestaltete sich die Rechtspraxis großzügiger als das Recht – was aber bei niemandem das Bedürfnis weckte, das Recht nachzubessern, nur die Rechtsprechung. Wer nicht einen speziellen Anlass hatte, wird auch das Grundgesetz bis heute kaum vollständig gelesen haben. So mag manchen entgangen sein, dass die nicht nur in der DDR-Verfassung, sondern weitgehend auch in der DDR-Wirklichkeit garantierten sozialen Grundrechte im Grundgesetz fehlen: «Frei von wirtschaftlicher Abhängigkeit» hatte früher jeder Bürger das Recht auf einen Arbeitsplatz, auf Freizeit und Erholung, auf Wohnraum entsprechend den volkswirtschaftlichen Möglichkeiten, unentgeltlich waren Schule, Studium, medizinische Betreuung und Medikamente, besondere Fürsorge galt werdenden und allein stehenden Müttern sowie kinderreichen Familien.

Die Einheit nach Artikel 146 GG, also über eine gemeinsame neue Verfassung, scheiterte bekanntlich hauptsächlich am westdeutschen Widerstand, aber auch am mangelnden Engagement der Mehrheit in der ersten frei gewählten Volkskammer. Angesichts der unverantwortlichen Gerüchte über eine unmittelbar bevorstehende Zahlungsunfähigkeit der DDR glaubten die Abgeordneten zu wissen, dass ihren Wählern die schnelle D-Mark wichtiger sei als langfristige Grundrechte. Damals hat wohl niemand für möglich gehalten, dass etwa eine Zweidrittelmehrheit in den neuen Bundesländern linke Werte als anstrebenswert verinnerlicht hatte. Das heißt, sie bevorzugen auch und gerade heute den Demokratietyp des demokratischen Sozialismus. Sie sind keineswegs grundsätzlich ablehnend gegenüber Demokratie, sondern wach gegenüber den Defiziten dieser geldfixierten, bundesdeutschen Variante.

Die Vorstellungen von Grundrechten sind im Osten umfassender – die neuen Chancen durch den Hinzugewinn an klassischen freiheitlichen Rechten werden durchweg gewürdigt, der weitgehende Verlust der modernen sozialen Grundrechte ist für viele jedoch ein zu hoher Preis. Eine Verfassung soll den Einzelnen vor dem Staat schützen. Das schließt aber nicht aus, dass der Staat dennoch auch den Einzelnen schützt. Erst die Dreieinigkeit ist für die meisten Ostdeutschen die ganze Freiheit: Die Freiheit vom Staat (Abwehrrechte), die Freiheit im Staat (Partizipationsrechte) und die Freiheit durch den Staat (soziale Menschenrechte). Letztere sind auch im Entwurf der EU-Charta enthalten, was zeigt, dass einflussreiche Kräfte entschlossen sind, sie zu verteidigen. Da nach Meinung der Mehrheit der repräsentativen Demokratie die Repräsentanten abhanden gekommen sind, wird für wichtige Entscheidungen mehr direkte Bürgerbeteiligung gefordert. Man nimmt eine schleichende Entmachtung der demokratischen Verfassungsinstitutionen wahr und fürchtet, dass die Parlamente zu Bestätigungsgremien werden, für die angeblich alternativlosen Vorgaben der Wirtschaft oder des Bündnispartners. Was sind die Ostdeutschen während der Wende für ihre friedliche, reife und souveräne Art der Einmischung von den westlichen Eliten gelobt und hofiert worden! Und was werden sie jetzt für ihre basisdemokratische Sentimentalität belächelt.

Zum Demokratietyp des demokratischen Sozialismus würde auch die Rückgewinnung des Primats der Politik gehören, also ein Rechtsstaat, der tatsächlich für Gerechtigkeit sorgt, unter anderem dadurch, dass er Handlungsspielräume durch ein ausreichendes finanzielles Polster hat. Da die Idee, man könne Politik allein mit Steuern steuern, eine Illusion geworden ist, wird man wohl oder übel, ganz im Sinne von Art. 15 GG, einen Teil des Grund und Bodens, der Naturschätze und der Produktionsmittel zum Wohle der Allgemeinheit vergesellschaften müssen. Selbst die Weimarer Reichsverfassung war da schon weiter: Grund und Boden, auch Bodenschätze, galten als nur bedingt handelbar. Die größte Enteignung, die es je im Kapitalismus gab, haben die Ostdeutschen ja angesichts ihres nicht nur entschädigungslos, sondern sogar mit Schaden (Schulden) geschluckten Volkseigentums erleben müssen. Dabei ist von Privatisierung im Grundgesetz nicht ausdrücklich die Rede, von Sozialisierung durch Überführung in Gemeineigentum sehr wohl. Die Mehrheit der Ostdeutschen sieht in diesem Punkt nicht das letzte Wort gesprochen, genau wie das Bundesverfassungsgericht in den ersten Jahren: «Die gegenwärtige Wirtschafts- und Sozialordnung ist zwar eine nach dem Grundgesetz mögliche Ordnung, keineswegs aber die allein mögliche.» (Urteil des BVerfG vom 20. Juli 1954) Und: «Das Prinzip des Sozialstaates ist ein der konkreten Ausgestaltung in hohem Maße fähiges und bedürftiges Prinzip.» (Urteil des BVerfG vom 17. August 1956)

Die zunehmende Akzeptanz und Wertschätzung des Grundgesetzes durch viele Ostdeutsche beruht gerade auf der Einsicht, dass diese Verfassung viel mehr ermöglicht als begrenzt. Für den demokratischen Sozialismus etwa ist sie bestens geeignet. Die gleichzeitig wachsende Skepsis, Distanz und Fremdheit beziehen sich beinahe ausschließlich auf die Verfassungswirklichkeit. An ihr werden bestimmte Artikel sehr wörtlich gemessen. So war man zum Beispiel überzeugt, einem Staat beigetreten zu sein, in dem militärische Gewalt strikt auf den Verteidigungsfall begrenzt ist und die Regeln des Völkerrechts vorrangiger Bestandteil des Bundesrechts sind (Art. 25 und 26 GG). Während des

Kosovo-Krieges, den 70 Prozent der Ostdeutschen ablehnten, waren die Neu-Bundesbürger jedenfalls die besseren Verfassungspatrioten.

Ich habe bisher von reichlich zwei Dritteln der Ostdeutschen gesprochen. Umfragen belegen, dass etwa 20 Prozent ein rein zustimmendes, affirmatives Verhältnis nicht nur zum Grundgesetz, sondern auch zur Verfassungswirklichkeit haben. Sie bezeichnen sich oft als Gewinner der Einheit, sind etabliert und wählen meist konservativ. Da kann das Interesse, es möge alles so bleiben, wie es ist, nicht überraschen.

Etwa zehn Prozent der Ostdeutschen, darunter die Wähler und Sympathisanten von NPD, DVU und Republikanern, kritisieren das Grundgesetz von rechts. Ihnen ist selbst das gekappte Asylrecht noch zu liberal, die Angebote der Demokratie angeblich nur formal und die Grundwerte nicht national oder völkisch genug. Diese Minderheit hat gottlob keinen direkten Einfluss auf die Gesetzgebung, aber atmosphärisch glauben nicht wenige Politiker, auf sie Rücksicht nehmen zu müssen.

Auch nach dem Beitritt gibt es also nicht den Einheits-Ossi. Ein aktives Verhältnis zum Grundgesetz konnte weder durch Teilnahme an Streitgesprächen und Kämpfen (wie zur Notstandsgesetzgebung) noch durch (mehr oder weniger offene) Debatten zu einem Volksentscheid (wie zur 68er-DDR-Verfassung) gewonnen werden. Wenn es überhaupt eine Ostidentität stiftende Gemeinsamkeit gibt, dann ist es die Benachteiligung durch das Sonderrecht Ost.

Sonderrecht Ost

Über die Ex-DDR heißt es in Art. 143 GG: «Recht in dem in Artikel 3 des Einigungsvertrages genannten Gebiet kann längstens bis zum 31. Dezember 1992 von Bestimmungen dieses

Grundgesetzes abweichen.» Andere Abweichungen waren höchstens bis zum 31. Dezember 1995 zulässig. Dennoch ist auch nach zehn Jahren die Einheit juristisch nicht vollzogen. «Alle Menschen sind vor dem Gesetz gleich» – Art. 3 des Grundgesetzes bleibt vorerst für Ostdeutsche ein schöner Traum. Nicht nur der Grundsatz «Gleicher Lohn für gleiche Arbeit», sondern zahlreiche arbeits-, tarif- und rentenrechtliche Bestimmungen gelten hier nicht. Unter Bruch des Einigungsvertrages sind zum Beispiel die Probezeiten für Hochschullehrer und Lehrer im Osten immer noch ungleich länger als im Westen. Ein Zeichen anhaltenden Misstrauens?

Der umstrittenste Artikel des Grundgesetzes, der 131er, der den Nazi-Eliten im öffentlichen Dienst Weiterbeschäftigung und Anerkennung der Rentenansprüche garantierte, wurde leider nicht abgeschafft, sondern trägt bis heute eine Fußnote, wonach er «gem. Einigungsvertrag für das Gebiet der ehem. DDR» vorerst nicht gilt. Befürchtete man ernsthaft entsprechende Ansprüche der DDR-Eliten?

Der Ausschuss für wirtschaftliche, soziale und kulturelle Rechte der Vereinten Nationen weist in seinem Bericht vom 2. Dezember 1998 (E/C. 12/1 Add. 29) daraufhin, dass die Arbeitslosigkeit im Osten Deutschlands zweimal so hoch ist wie im Westen: «Der Ausschuss bemerkt auch mit Bestürzung, dass nur 12 Prozent der öffentlich Beschäftigten auf dem Gebiete von Wissenschaft und Technik der ehemaligen DDR einschließlich Lehrern, Wissenschaftlern und anderen Fachleuten weiter beschäftigt worden sind und dass die Übrigen ohne Beschäftigung oder adäquate Abfindung oder eine befriedigende Rentenregelung bleiben. Der Ausschuss befürchtet, dass die Mehrheit der Betroffenen in Verletzung von Art. 2 Abs. 2 des Paktes eher aus politischen als aus berufsbedingten oder wirtschaftlichen Gründen aus ihren Positionen entlassen wurden.»

Dass die Dogmatiker, Bürokraten und Inkompetenten abgelöst werden, hatten die DDR-Bürger selbst gefordert. Dass aber so pauschal und flächendeckend abgeräumt wird, haben sie nicht für möglich gehalten. Niemand darf wegen seiner Heimat und Herkunft oder seiner politischen Anschauungen benachteiligt oder bevorzugt werden (Art. 3 GG)? Von der Elitenrestitution sind etwa eine Million Neubundesbürger betroffen.

Der Anteil Ostdeutscher an gesamtdeutschen Führungspositionen soll unter drei Prozent liegen. Artikel 36 GG besagt: «Bei den obersten Bundesbehörden sind Beamte aus allen Ländern in angemessenem Verhältnis zu verwenden.» Papier bleibt geduldig.

Selbst im Strafrecht gelten unterschiedliche Maßstäbe. Immer wieder wird juristisch begründet, weshalb angesichts der Hinterlassenschaften des Unrechtsstaates ausnahmsweise Abweichungen vom Grundgesetz erlaubt sind. Mittelschwere Delikte verjähren im Westen nach fünf Jahren, im Osten, nach zweimaliger Verlängerung, erst nach zehn Jahren. Während im Westen «postmortaler Persönlichkeitsschutz» Diskretion bis zu dreißig Jahren nach dem Tod garantiert, sind im Osten die geheimdienstlichen Schnüffeleien über lebende «Personen der Zeitgeschichte» allen Medien weitgehend zugänglich und können nach Belieben instrumentalisiert werden. Das Rückwirkungsverbot aus Art. 103 GG wurde durch bundesdeutschen Vorbehalt zur Radbruchschen Formel in der Europäischen Menschenrechtskonvention nochmals ausdrücklich bekräftigt, später auch im Einigungsvertrag. Dennoch wurde es in den Mauerschützen- und Politbüro-Prozessen aufgehoben, ohne dies für problematisch zu halten. «In allen Prozessen wegen Unrechts in der DDR bewegen wir uns auf dünnem Eis», sagt der Rechtshistoriker Uwe Wesel. Wir seien «immer am Rande der Rechtsbeugung» (*Tagesspiegel* vom 11. November 1999).

Unterschiedliche Rechtsanwendung auch beim Gesetz zur Regelung offener Vermögensfragen; es gilt nur für «im Beitrittsgebiet belegenes Vermögen»: Während den westdeutschen Alteigentümern die Anmeldefristen mehrfach verlängert wurden, erfuhren die wenigen östlichen Alteigentümer von Westgrundstücken, dass ihre Ansprüche schon vor Jahren abgelaufen seien. Der Gesetzgeber hat es ermöglicht, dass in Ostdeutschland 2,2 Millionen Anträge auf Rückgabe von Immobilien bearbeitet werden konnten, in Westdeutschland aber kein einziger. Nicht einmal auf Entschädigung. So offen durften die «offenen Vermögensfragen» nicht sein.

Stichtage

1994 geschah etwas Einmaliges: Die Länder Brandenburg und Sachsen-Anhalt reichten beim Bundesverfassungsgericht eine Normenkontrollklage gegen die Stichtagsregelung ein. Sie steht im Paragraph 4 des zwei Tage vor Ende der DDR in Kraft getretenen Vermögensgesetzes, das bekanntlich im Westen entworfen und in der Volkskammer nie gesondert beraten wurde, obwohl es den Kern des DDR-Eigentumsrechts auf den Kopf stellte. Wenn es heute als «fortgeltendes Recht der DDR» bezeichnet wird, können das die Betroffenen nur als Hohn empfinden. Während die Gemeinsame Erklärung der Regierungen vom Juni 1990 (die zustande gekommen war, ohne dass die Regierungen gemeinsam beraten hätten) noch davon ausging, dass alle Grundstückskäufe auf Redlichkeit geprüft werden, erklärte die Stichtagsregelung Ende September 1990 plötzlich sämtliche Käufe nach dem 18. Oktober 1989, dem Rücktrittsdatum Honeckers, rückwirkend für nichtig.

Die Gültigkeit von Kaufverträgen nicht von den zum Zeitpunkt des Erwerbs gültigen Gesetzen, sondern von Rücktrittsdaten von Regierungen abhängig zu machen, das gehört zur hohen Schule juristischer Willkür. Und natürlich entbehrt es nicht der Ironie, dass die unter Honecker (also im Unrechtsstaat) getätigten Käufe als rechtskräftig akzeptiert werden, während das vom runden Tisch angeregte und unter der ersten demokratisch gewählten Regierung unter Lothar de Maizière in Kraft getretene Verkaufsgesetz, das für beinahe 400 000 Ostdeutsche die einzige Chance war, sich an der Privatisierung des volkseigenen Grund und Bodens zu beteiligen und deshalb große Akzeptanz in der Bevölkerung hatte, vom Tisch gewischt wird.

Die Länder klagten dagegen, weil es sich bei der Stichtagsregelung um eine echte Rückwirkung handele, die prinzipiell verfassungswidrig sei. Sie verstoße gegen das Vertrauensschutz- und damit das Rechtsstaatsprinzip. Die Regelung genüge weder dem Grundsatz der Geeignetheit noch dem der Erforderlichkeit. Sie schaffe nicht den angestrebten Ausgleich, sondern schließe ihn aus.

Das Bundesverfassungsgericht ließ die Normenkontrollklage fünf Jahre lang liegen. In dieser Zeit entschieden die Ämter für offene Vermögensfragen nach geltender Stichtagsregelung, also gegen die ostdeutschen Käufer. Als das BVerfG am 23. November 1999 endlich sein Urteil verkündete, waren 90 Prozent der Fälle erledigt. So löste die Feststellung, die Regelung sei verfassungskonform, selbst wenn es sich nach dem Stichtag um redlichen Erwerb gehandelt habe, kaum noch Empörung aus.

Das Gericht räumte ein, dass es sich zumindest für diejenigen, die bis zum In-Kraft-Treten des Vermögensgesetzes ihren Kauf noch ins Grundbuch eintragen lassen konnten, um echte Rückwirkung handelt, die verfassungsrechtlich grundsätzlich unzulässig sei. «Sie liegt vor, wenn ein Gesetz nachträglich ändernd in abgewickelte, der Vergangenheit angehörende Tatbestände eingreift. Auch in diesem Fall gibt es aber Ausnahmen.» Die Betroffenen staunten, woher das Bundesverfassungsgericht sich die Kompetenz nahm, zu klaren Verfassungsgeboten immer wieder Ausnahmen zu formulieren: «Das Rückwirkungsverbot, das seinen Grund im Vertrauensschutz hat, tritt zurück, wenn sich kein schützenswertes Vertrauen auf den Bestand des geltenden Rechts bilden konnte.» Man kommt aus dem Staunen nicht heraus. Haben nicht die Politiker den zum Beitritt fit zu machenden Ostdeutschen ununterbrochen Vertrauen eingeredet, selbst noch nach In-Kraft-Treten der Stichtagsregelung?

Während der Debatte zum Einigungsvertrag Anfang Oktober 1990 sagte Herta Däubler-Gmelin: «Entschädigung statt Rückgabe des weggenommenen Hauses oder des enteigneten Grundstücks wird immer dann gewährt, wenn die Rückgabe nicht möglich ist oder wo sie zu neuen Ungerechtigkeiten führen würde. Das wird in den allermeisten Fällen so sein.» Und doch: Bis heute sind über eine halbe Million Immobilien aus Privateigentum, Volkseigentum und staatlicher Verwaltung an Alteigentümer zurückgegeben worden, während es nur 90000 Entschädigungen gab. Die Debatte bewies, dass die meisten Parlamentarier keineswegs begriffen hatten (oder nicht begreifen wollten?), was ihnen die westliche Ministerialbürokratie da in den Gesetzentwurf geschrieben hatte. Ministerpräsident de Maizière damals: «Redlich erworbenes Eigentum bleibt erhalten.» Wolfgang Thierse: «Alle Bürger der DDR, die ein Grundstück oder Dauernutzungsrechte an einem Grundstück haben, sind in ihren Rechten geschützt.» Günter Krause: «Niemand muss sein Haus oder seine Datsche aufgeben. Wer das hier behauptet (gemeint war Gregor Gysi, D. D.), der schwindelt schlicht und einfach.» Und Richard Schröder: «Es ist völlig klar: Wer als Erwerber unredlich gehandelt hat, kann sein Eigentum nicht behalten. Es ist nicht gemeint, dass irgendetwas, von dem der Erwerber nicht gewusst haben kann (wie eine nachträgliche Stichtagsregelung, D. D.) im Hintergrund steht ... Und im Übrigen ist die Angelegenheit grundsätzlich abgesichert durch den neuen Artikel 143.»

Der Art. 143 Abs. 3 GG besagt, dass Eingriffe in das Eigentum im Beitrittsgebiet nicht mehr rückgängig gemacht werden. Und bei so viel hochheiliger Zusicherung soll sich «kein schützenswertes Vertrauen auf den Bestand des geltenden Rechts» gebildet haben können? Aber das Urteil des BVerfG hat noch eine zweite Begründung, weshalb eine Ausnahme vom Verfassungsgebot erlaubt ist: «Ferner kommt ein Vertrauensschutz nicht in Betracht, wenn überragende Belange des Gemeinwohls, die dem Prinzip der Rechtssicherheit vorgehen, eine rückwirkende Beseitigung von Normen erfordern.» Welche überragenden Belange dies sein könnten, ist den etwa 20000 betroffenen Familien, die ihr Haus durch echte Rückwirkung verloren haben, nicht erklärt worden. Nach ihrem Vertrauen in den Rechtsstaat sollte man sie lieber nicht fragen.

«Ein verfassungspatriotisch gebundenes Zusammengehörigkeitsgefühl lässt noch sehr zu wünschen übrig», befand Jutta Limbach, oberste Verfassungshüterin (*Tagesspiegel* vom 10. Mai 1999). Das ist im doppelten Sinn richtig: Zum einen, weil es stimmt. Und zum anderen, weil es gut ist, dass die Zeiten, in denen Patriotismus und Zusammengehörigkeit trotz untragbarer Zustände eingefordert werden durften, endgültig vorbei sind.

Roland Roth

Parteiwohl über Verfassungsnorm

Zur Kontenführung und Spendenpraxis in der CDU unter Helmut Kohl

In einem ZDF-Interview am 16. Dezember 1999 räumte Ex-Bundeskanzler Helmut Kohl erstmals ein, zwischen 1993 und 1998 illegale Parteispenden von anonymen Spendern in einer Höhe zwischen eineinhalb und zwei Millionen Mark angenommen zu haben. Das Geld wurde auf Schwarzkonten eingezahlt und vom Parteivorsitzenden selbst nach eigenem Ermessen an Parteigliederungen weitergeleitet. Kohl reagierte damit auf staatsanwaltliche Ermittlungen, in denen der langjährige Schatzmeister der Partei, Walther Leisler Kiep, nicht nur einräumte, eine illegale Millionenspende an der offiziellen Parteikasse vorbei verteilt zu haben (u. a. um eigene Anwaltskosten aus der «Flick»-Affäre zu begleichen), sondern dass die CDU in der «Ära Kohl» über ein System von Ander- und Schwarzkonten verfügte, das vor allem der Parteivorsitzende für seine Zwecke nutzte.

Soweit die von den Beteiligten bis Anfang 2000 eingeräumten Sachverhalte, bei denen nicht nur Helmut Kohl betonte, dass diese Praxis («ein schlimmer Fehler») einzig dem Wohle der Partei dienen sollte und die ungenannten Spender keinen Einfluss auf politische Entscheidungen genommen hätten. Neben den staatsanwaltschaftlichen Ermittlungsverfahren und eventuellen Prozessen hat der Bundestag eine Enquetekommission eingesetzt, die weitere Details über den Umfang und die Folgen dieser Spendenaffäre an den Tag bringen werden, auch wenn die allseits geforderte «rückhaltlose Aufklärung» – nach allen Erfahrungen mit parlamentarischen Untersuchungsausschüssen und Prozessen dieser Art – nicht zu erwarten ist.

Vordergründig geht es bei diesem Spendenskandal um fortgesetzte und systematisch betriebene Verstöße gegen das geltende Parteiengesetz, die von vielen CDU-Anhängern als eher lässliche Sünde eingestuft werden («Buchungsfehler»). Auf zu erwartende Strafzahlungen hat die Partei bereits mit entsprechenden Rückstellungen reagiert. Ohnehin handelt es sich ja um Rechtsbrüche ohne strafrechtliche Konsequenzen, es sei denn, Steuervergehen, Untreue, Bestechung oder andere Straftatbestände kommen hinzu.

Aber es geht um sehr viel mehr. Schon ein erster Blick auf Artikel 21 des Grundgesetzes, der sich mit der Rolle der Parteien befasst, macht die fortgesetzte Verletzung von Verfassungsnormen deutlich. Dort heißt es unmissverständlich, die Parteien «müssen über die Herkunft und Verwendung ihrer Mittel sowie über ihr Vermögen öffentlich Rechenschaft geben». Wer in einer politischen Partei geheime Konten führt, darüber Spenden einnimmt und Zahlungen leistet, verstößt vorsätzlich gegen das zentrale demokratische Prinzip der Transparenz. Nur wenn die Herkunft und Verwendung von Mitteln in jeder Phase öffentlich nachvollziehbar sind, hat ein politischer Entscheidungsprozess demokratische Qualität. Nur dann wird durchsichtig, wer wann mit welchen Argumenten für oder gegen ein Vorhaben votiert hat, nur dann ist eine rationale öffentliche Beeinflussung von Entscheidungen möglich. Daher sind «schwarze» Kassen immer antidemokratisch. Sie sollen eine wichtige Dimension politischer Willensbildung unsichtbar machen.

Dass Großspender in der Regel die Absicht verfolgen, ein für die eigenen Geschäfte günstiges Klima zu erzeugen («Pflege der politischen Landschaft») und/oder konkrete Entscheidungen zu beeinflussen, hat nicht nur die «Flick-Affäre» deutlich gemacht. Die im Parteiengesetz von 1994 verankerte Offenlegungspflicht für Großspenden ab 20 000 Mark hat just den Sinn, für die politische Öffentlichkeit überprüfbar zu machen, ob über eine legitime Unterstützung einer politischen Richtung hinaus konkrete Gegenleistungen verlangt und gewährt wurden. Wer – wie Helmut Kohl – versichert, Bestechung und Bestechlichkeit habe es nicht gegeben, muss sich fragen lassen, warum er in seiner Amtszeit die Finanzen der eigenen Partei so geführt hat, dass diese Möglichkeit durch geheime Konten systematisch geschaffen wurde.

Diese Frage berührt eine Achillesferse liberaler Demokratien. Der Macht des «großen Geldes» nämlich soll die der «großen Zahl» gegenüberstehen. Jede Stimme soll gleiches Gewicht haben, indem durch allgemeine, freie, gleiche und geheime Wahlen legitimierte Volksvertreterinnen und -vertreter nur ihrem Gewissen verpflichtet für begrenzte Zeit politische Macht ausüben. Wenn das «große Geld» Stimmen, Abgeordnete und Entscheidungen kaufen kann, zerfällt diese demokratische Legitimation. Das fundamentale Recht des Bürgers und der Bürgerin auf die gleiche Teilhabe an der politischen Willensbildung wird ausgehebelt. Wirtschaftliche Macht kann unmittelbar in politischen Einfluss übersetzt werden. In der Konsequenz sind einige eben auch politisch gleicher als gleich.

Rückblickend fällt auf, dass der Gesetzgeber in dieser ihn unmittelbar berührenden Sache stets recht lax verfahren ist. Die sonst spürbare Regelungswut hat sich kaum auf die eigenen normativen Maßstäbe erstreckt. Zwar war der Kauf von Wählerstimmen immer strafbar, aber zwischen 1953 und 1994 hatten es die Volksvertreter «vergessen», das Delikt der Abgeordnetenbestechung wieder in das Strafrecht einzufügen. So war es über 40 Jahre lang strafrechtlich folgenlos, einen Abgeordneten zu kaufen. Großzügig ausgestattete Firmen- und Branchenvertreter waren daher in unseren Parlamenten keine Seltenheit. Und so ist es wohl auch noch heute, weil das neue

Gesetz (§ 108e Strafgesetzbuch) lediglich den Kauf eines bestimmten Entscheidungsverhaltens im Parlament unter Strafe stellt, nicht aber jene «Herrenausstattung» (inzwischen sind auch einige Damen hinzugekommen), die zur politischen Landschaftspflege großer Unternehmen gehört. Dass die Volksvertreter, von rühmlichen Ausnahmen abgesehen, das Prinzip der «gläsernen Taschen», d. h. die Offenlegung ihrer Einkünfte, eher widerwillig und unzulänglich akzeptierten, passt in dieses Bild.

Da die politische Repräsentation in der Bundesrepublik wesentlich durch die politischen Parteien vermittelt wird, sind die Parteifinanzen zur zentralen Arena dieses Grundkonflikts geworden. So kann es kaum verwundern, dass bei fast allen Fällen von politischer Korruption in der Geschichte der Bundesrepublik Parteispenden zumindest mit im Spiel waren.

Gemessen an demokratischen Maßstäben ist die Geschichte der Parteienfinanzierung in der Bundesrepublik ein permanenter Skandal. Beginnend in den frühen fünfziger Jahren haben die maßgeblichen Parteien immer wieder neue illegale, gegen Geist und Text des Grundgesetzes verstoßende Praktiken entwickelt, die regelmäßig im «Wechselspiel» vom Bundesverfassungsgericht untersagt wurden. Die Parteien versuchten stets, die staatlichen Zuwendungen auszuweiten und Großspenden durch großzügige Steuerbegünstigungen etc. möglichst attraktiv zu machen. Erst 1992 hat das Bundesverfassungsgericht schließlich nachgegeben und eine staatliche Teilfinanzierung der Parteien legalisiert. Privatspenden sind weiterhin legal in unbegrenzter Höhe möglich; die Spender müssen allerdings ab 20 000 Mark im Rechenschaftsbericht ausgewiesen werden.

Neben diesem Dauerkampf um die legalen Wege gab es parallel stets in erheblichem Umfang illegale Varianten der Parteienfinanzierung, die in einzelnen Korruptionsskandalen sichtbar wurden. Der Gesetzgeber erleichterte (sich) die illegalen Praktiken, indem er den gesamten Bereich als möglichst (straf)rechtsfreien Raum ausgestaltete. Mit Blick auf die kohlsche Praxis fällt auf, dass er die in seiner Regierungszeit verabschiedeten Regelungen zur Parteienfinanzierung allenfalls augenzwinkernd zur Kenntnis genommen haben dürfte, um sich ungeniert seines heimlichen Kassensystems zu bedienen.

Hier kommt ein weiterer Verstoß des «Systems Kohl» gegen Art. 21 GG ins Spiel, der zusätzlich den Gleichheitsgrundsatz des Art. 3 verletzt. «Ihre innere Ordnung muss demokratischen Grundsätzen entsprechen», fordert das Grundgesetz von den Parteien. Nur durch innerparteiliche Demokratie ist gesichert, dass die politischen Bürgerrechte (hier der Parteimitglieder) von allen in gleicher Weise praktiziert werden können. Der illegale Reptilienfonds von Helmut Kohl hat die verborgene Unterseite eines Systems innerparteilicher Machtausübung sichtbar werden lassen, für das der Parteivorsitzende von seinen Anhängern bewundert und seinen Konkurrenten beneidet wurde. Mit dem Namen Kohl und seiner 16-jährigen Amtszeit verbindet sich kein politisches Projekt, keine politische Vision. Seinen Lobrednern galt er als «Genie des Gegenwärtigen» (Lothar Gall) und Meister der Personalpolitik, der ein vor allem personenorientiertes Regierungshandeln kultivierte. Innerparteiliche Demokratie war in der Ära Kohl allenfalls im Schwundzustand gegeben. Warum auch? Funktionierte die Zugewinngemeinschaft CDU in den langen Amtsjahren nicht hervorragend? Wer loyal war, wurde – ganz legal – mit Ämtern bedacht. Zusätzlich stand (und steht) für die Ämterpatronage – etwas weniger legal – ein weiter öffentlicher Sektor zur Verfügung von den Landesbanken bis zu den Fernsehanstalten und Wohlfahrtsverbänden. Wer aufmuckte, musste gehen.

Illegale Parteispenden und geheime Auslandskonten verstoßen gegen den politischen Gleichheitsgrundsatz. Großspenden tun dies generell, geht es doch in der Regel um einen politischen

Tausch von Spendengeld für politischen Einfluss und politische Entscheidungen.

Spektakuläre Skandale drohen den Blick für die strukturelle Korruption zu verstellen, die nicht nur im System der Parteienfinanzierung wirksam ist. Je größer die Dominanz des «großen Geldes» im politischen Prozess, desto geringer fallen die politischen Gestaltungsansprüche und -möglichkeiten zugunsten der Vielen aus. Hierin war Helmut Kohl ein Hungerkünstler. Aber auch von der rot-grünen Nachfolgeregierung gehen diesbezüglich keine anderen Signale aus, siehe Rüstungsexportgenehmigungen, EU-Richtlinie in Sachen Altautos oder Atomenergiepolitik.

Mit dem Geldbedarf der Parteien steht nicht zuletzt die Qualität politischer Bürgerrechte zur Debatte. Parteiendemokratie verliert in dem Maße an demokratischer Substanz, wie bezahlte professionelle Akteure und Kampagnen aktive Bürgerinnen und Bürger ersetzen und überflüssig machen. Der gesteigerte Finanzbedarf der Parteien ist auch eine Konsequenz des Trends, dass politisches Engagement verstärkt unterhalb der Parteien gesucht wird. In den Skandalisierungen sollte es deshalb in demokratisch-grundrechtlicher Perspektive um die Überwindung jenes mit großem finanziellen Aufwand reklamierten «repräsentativen Absolutismus» (Wolf-Dieter Narr) gehen, mit dem die Parteien die politischen Gestaltungsansprüche von aktiven Bürgerinnen und Bürger abwehren, wie sie zum Beispiel in Bürgerinitiativen, Selbsthilfegruppen, sozialen Bewegungen oder an «runden Tischen» vorgebracht werden.

Jeder hat das Recht auf freie Entfaltung seiner Persönlichkeit

Art. 2. (1) Jeder hat das Recht auf freie Entfaltung seiner Persönlichkeit, soweit er nicht die Rechte anderer verletzt und nicht gegen die verfassungsmäßige Ordnung oder das Sittengesetz verstößt.

(2) Jeder hat das Recht auf Leben und körperliche Unversehrtheit. Die Freiheit der Person ist unverletzlich. In diese Rechte darf nur aufgrund eines Gesetzes eingegriffen werden.

Bettina Sokol
DNA-Profile – freiwillig und auf Vorrat?

Das Bundeskriminalamt führt seit April 1998 eine zentrale Verbunddatei, in der Ergebnisse molekulargenetischer Untersuchungen der Desoxyribonukleinsäure aus dem menschlichen Zellkern – kurz: DNA-Analysen – gespeichert werden. Erst im September 1998 schuf der Bundestag mit dem DNA-Identitätsfeststellungsgesetz eine gesetzliche Grundlage für diese Datei. Zum Zwecke der Identitätsfeststellung in künftigen Strafverfahren ermächtigt das Gesetz nach richterlicher Anordnung zur Speicherung der DNA-Analysen von Personen, die entweder der Begehung einer Straftat von erheblicher Bedeutung beschuldigt sind oder früher wegen einer solchen verurteilt worden waren (Altfälle). Im Juni 1999 wurde das Gesetz um Übermittlungs- und Abgleichsregelungen zur leichteren Erfassung dieser Altfälle ergänzt.

Nach knapp einjährigem Betrieb der DNA-Analyse-Datei erschienen im März 1999 in der Presse kritische Hinweise darauf, dass die versprochenen Fahndungserfolge bislang wohl überwiegend ausgeblieben seien. Dem hielt die Polizei entgegen, die Sammlung befinde sich ja noch im Aufbau. Der Gesamtdatenbestand belief sich im April 1999 bundesweit allerdings schon auf 3013 Datensätze, von denen 530 Spuren und 2483 Personen betrafen.

Grundrechtlich bedeutsam sind sowohl die Entnahme des Körpermaterials als auch die Kenntnis der durch die Untersuchung gewonnenen Ergebnisse und deren Speicherung. Besonders heikel ist die Verfügbarkeit genetischer Informationen in einer bundesweiten Verbunddatei. Auskünfte aus der Datei dürfen nämlich für Zwecke eines Strafverfahrens, der Gefahrenabwehr und der internationalen Rechtshilfe erteilt werden – also nicht gerade eng definierte Zwecke. Angesichts der raschen Fortschritte der Wissenschaft auf dem Gebiet der Genforschung stellt sich auch die Frage, welche Erkenntnisse möglicherweise künftig aus der DNA-Analyse gezogen werden können.

Das Gesetz, das bereits im *Grundrechte-Report 1999* grundsätzliche Kritik durch Johannes Hentschel erfahren hat, wirft auch in seiner Umsetzung zahlreiche Probleme auf, von denen hier nur zwei besonders praxisrelevante Fragen thematisiert werden sollen, nämlich in welchen Fällen eine Aufnahme in die Datei erfolgt und ob eine Entnahme und Untersuchung der Körperzellen auch ohne richterliche Anordnung auf der Grundlage einer Einwilligung möglich sein kann.

Wann wird ein DNA-Profil gespeichert?

Zunächst einmal muss eine Straftat von erheblicher Bedeutung vorliegen, insbesondere ein Verbrechen, ein Vergehen gegen die sexuelle Selbstbestimmung, eine gefährliche Körperverletzung, ein Diebstahl in besonders schwerem Fall oder eine Erpressung. Diese nicht abschließende Aufzählung, die das Gesetz selbst enthält, wird in der Rechtsprechung und in der Literatur unterschiedlich weit ausgelegt. Nach vorherrschender Auffassung muss eine solche Straftat mindestens dem Bereich der mittleren Kriminalität zuzurechnen sein. Umstritten war zeitweilig auch, wer die Zuständigkeit für die richterlichen Anordnungen hat. Nachdem diese Frage anscheinend geklärt ist, sind inzwischen Anordnungen etwa in Fällen von Mord, Totschlag, Vergewaltigung, sexuellem Missbrauch, gefährlichen Körperverletzungen und Rauschgiftdelikten ergangen. Das Landgericht Koblenz (StV 1999, 141) hielt es allerdings für unverhältnismäßig, derartige Anordnungen bei Verstößen gegen das Betäubungsmittelgesetz zu treffen, weil die Täterinnen oder Täter nicht delikttypisch «Identifizierungsmaterial» hinterließen, das in Verfahren wegen künftiger Straftaten von Belang sein könnte.

Äußerst besorgniserregend sind allerdings Vorfälle, die die Befürchtung bestätigen könnten, dass der von der Aufnahme in die DNA-Analyse-Datei betroffene Personenkreis ausufernd weit gezogen werden und insbesondere politisch missliebige Personen verdeckt erfassen könne. Ausweislich einer kleinen mündlichen Anfrage im niedersächsischen Landtag sind zahlreiche Ermittlungsverfahren anhängig, die die Auseinandersetzungen anlässlich der 1.-Mai-Demonstration 1999 in Braunschweig betreffen. Bekannt geworden ist danach der Fall eines Braunschweigers, der Beschuldigter in einem Ermittlungsverfahren wegen gefährlicher Körperverletzung ist und dessen DNA-Analyse aufgrund richterlichen Beschlusses präventiv in die Datei aufgenommen wurde. Ebenfalls gespeichert ist nach einem Beschluss des Landgerichts Göttingen (*Nds.Rpfl.* 1999, 294 f.) ein türkischer Student, der – bis dahin nicht vorbestraft – eine Bewährungsstrafe wegen gemeinschaftlicher gefährlicher Körperverletzung erhalten hatte. Aus dem gerichtlich festgestellten Sachverhalt geht hervor, dass er auf einer Studentenfete bei Auseinandersetzungen darüber, ob die Fete eine «Faschistenfete» sei, jemandem Verletzungen zugefügt hatte. Diese sah das Gericht zwar nicht als besonders schwer an, es hielt dem Studenten jedoch Fanatismus vor.

Eine Straftat von erheblicher Bedeutung reicht allerdings nicht aus, um eine Speicherung zu rechtfertigen. Da es um Zwecke der Identitätsfeststellung in künftigen Strafverfahren geht, muss in jedem Einzelfall geprüft werden, ob überhaupt Grund zu der Annahme besteht, dass gegen die betroffene Person künftig erneut Strafverfahren wegen einer der einschlägigen Straftaten zu führen sind. Kriterien dieser Negativprognose genannten Prüfung sind unter anderem Art oder Ausführung der Tat oder auch die Persönlichkeit der Täterin oder des Täters. Eine Durchsicht mancher bislang getroffenen richterlichen Anordnungen ergibt große Unterschiede in der Gründlichkeit der Prüfung: Zum einen finden sich Entscheidungen, die sich sehr sorgfältig mit der Eingriffstiefe einer Speicherung und ihrer Bedeutung für die betroffene Person auseinander setzen (LG Münster StV 1999, 141/143) und im Hinblick darauf regelmäßig auch das Vorliegen einer konkreten Gefahr verlangen, um eine eigene Negativprognose zu begründen oder aus Verhältnismäßigkeitserwägungen abzulehnen (LG Waldshut-Tiengen StV 1999, 365 f.). Zum anderen finden sich leider auch Ausführungen, die etwa für die Anwendung des Verhältnismäßigkeitsprinzips nur noch in Ausnahmefällen Raum sehen (OLG Jena, *NJW* 1999, 3571) oder eine eigene Prüfung schlichtweg unterlassen und die Negativprognose aus der Verurteilungsentscheidung übernehmen (AG Düren, Beschluß vom 14. Januar 1999).

«Freiwilligkeit»

In die Datei sollen nach heutigem Diskussionsstand mehr als 30 000 derzeit strafgefangene und untergebrachte Personen sowie mehrere hunderttausend so genannte Altfälle aufgenommen werden. Um dies aber praktisch bewältigen und die DNA-Analyse-Datei zügig füllen zu können, sind mittlerweile einige Länder auf die Idee gekommen, statt der richterlichen Anordnung auch eine Einwilligung der betroffenen Personen zu akzeptieren. Es gibt aber noch unterschiedliche Auffassungen darüber, ob eine Einwilligung sowohl die Entnahme von Untersuchungsmaterial als auch dessen Analyse und Speicherung des Ergebnisses umfassen darf oder ob sie lediglich für die Probenabgabe gelten soll, sodass auf jeden Fall die Untersuchung zwingend der richterlichen Anordnung bedarf.

Eine derartige Differenzierung hat wenig Überzeugungskraft. Letztlich wird Speichel oder Blut ausschließlich im Hinblick auf seine Untersuchung und die Speicherung des Analyseergebnisses abgegeben. Rechtlich stellen sich die vorgeschaltete Körperzellenentnahme und die molekulargenetische Untersuchung als einheitliche Handlung dar, die auf die Gewinnung einer einzigen Erkenntnis gerichtet ist (vgl. BGH, B. v. 31. März 1999). Eine Sammlung von nicht untersuchten Körperzellenproben auf Vorrat ist danach ebenso unzulässig wie die Umgehung der unverzichtbaren und auch gesetzlich vorgesehenen richterlichen Negativprognose.

Eine Einwilligung in die Körperzellenentnahme, Analyse und Ergebnisspeicherung kann zudem kaum rechtswirksam erteilt werden. Dafür wäre nämlich erforderlich, dass die betroffene Person umfassend über den Zweck der Datenverarbeitung, vorgesehene Übermittlungen sowie weitere künftige Verwendungen informiert ist. Außerdem müsste sichergestellt sein, dass die Einwilligung tatsächlich freiwillig erteilt wird, also ohne äußere

Einflussnahme. Ist es schon fraglich, ob die umfassende Information in einer Weise leistbar ist, die die Datenverarbeitung für die Betroffenen wirklich überschaubar macht, so kann jedenfalls von einer Freiwilligkeit der Einwilligungserklärung kaum je die Rede sein. Zumindest inhaftierte Beschuldigte oder Verurteilte dürften sich von der Einwilligung Erleichterungen ihrer Situation oder die Vermeidung befürchteter negativer Folgen einer Verweigerung versprechen. Dann ist allerdings keine Freiwilligkeit mehr gegeben, sondern die Wahl des vermeintlich kleineren Übels als Ausweg aus einer psychischen Drucksituation. Gegen derlei Tendenzen haben sich auch die Datenschutzbeauftragten des Bundes und der Länder in ihrer Entschließung vom Oktober 1999 gewandt und die richterliche Anordnung von DNA-Analysen für unerlässlich gehalten.

Literatur:

Rainer Hamm, Bürger im Fangnetz der Zentraldateien, *Neue Juristische Wochenschrift* (NJW) 1998, S. 2407.

Kai Stumper, Informationelle Selbstbestimmung und DNA-Analysen, Frankfurt am Main 1996.

Norbert Konrad
Offenbarungspflicht vor Opferschutz
Psychotherapie im Strafvollzug

Wenn ein Psychologe Gespräche mit einem Strafgefangenen führt, ist nach dem am 26. August 1998 geänderten Strafvollzugsgesetz das Berufsgeheimnis nur mit Einschränkungen geschützt, nicht im gleichen Maße wie das des Arztes. Er muss sich gegenüber dem Anstaltsleiter offenbaren, soweit dies für die Aufgabenerfüllung der Vollzugsbehörde oder zur Abwehr erheblicher Gefahren für Leib oder Leben des Gefangenen oder Dritter erforderlich ist. Bedenken gegen den neuen § 182 Abs. 2 Satz 2 wurden schon bald nach dessen In-Kraft-Treten laut. Doch das Bundesverfassungsgericht verwarf per Beschluss vom 20. August 1999 (2 BvQ 30/99) den Antrag eines Strafgefangenen auf Erlass einer einstweiligen Anordnung mit folgender Begründung: «Dem Antragsteller kann auch zugemutet werden, die von ihm angestrebten Gespräche mit dem Anstaltspsychologen trotz dessen Offenbarungspflicht zu realisieren. Dabei ist zu berücksichtigen, dass § 182 Abs. 2 Satz 2 StVollzG – entgegen den Befürchtungen des Antragstellers – eine beliebige Weitergabe personenbezogener Daten nicht zulässt. Die Weitergabe ist vielmehr auf das Erforderliche begrenzt, wobei die Regelung hinreichend Raum bietet, um gegebenenfalls auch den Grundrechten des Antragstellers und seiner besonderen Angewiesenheit auf eine psychologische Betreuung gerecht zu werden.»

Es ist allerdings noch umstritten, inwieweit Interpretationsspielraum bei der Bestimmung des «Erforderlichen» besteht. Manche Juristen und Psychologen sehen nur noch einen ganz geringen Anwendungsbereich für eine innerbehördliche Schweigepflicht; nach ihrem Verständnis ermöglicht das geänderte Gesetz einen umfassenden Zugriff auf alle Inhalte einer Psychotherapie einschließlich bewusster und unbewusster Einstellungen zu den begangenen Straftaten ebenso wie Gefühle und Phantasien gegenüber Mitgefangenen, Angehörigen oder Lebensgefährten. Demgegenüber wird auch die Ansicht vertreten, dass Gewalt- und Sexualphantasien, die in Psychotherapien thematisiert werden, zwar in den Schutzbereich des § 203 StGB (ärztliche Schweigepflicht) fallen, nicht jedoch eine wertende Stellungnahme (etwa «Aus der Psychotherapie habe ich Bedenken im Hinblick auf eine Flucht- oder Missbrauchsgefahr bei Vollzugslockerungen»).

Soweit als Argumente für die Gesetzesänderung die herrschende Kriminalitätsfurcht und das Unverständnis von Bürgern und Parlamentariern gegenüber den verschwiegenen Therapien und Therapeuten angeführt werden, handelt es sich um behandlungstechnisch fremde Argumente. Gegner der Gesetzesänderung führen an, dass der Therapeut vor der paradoxen Situation stehe, in einer durch Misstrauen geprägten Organisation einen «Freiraum» schaffen zu müssen, in dem ein von Vertrauen getragenes Arbeitsbündnis entstehen soll. Der Therapeut bewege sich darüber hinaus zwischen der Skylla einer staatsanwaltlichen Ermittlungshaltung, d. h. der Prüfung, ob die Angaben des Klienten nicht doch für eine Gefährdung sprechen, und der Charybdis eines «Furor sanandi», weil er bemüht sei, die vermeintliche Gefährlichkeit durch vermehrte therapeutische Anstrengungen auszuräumen. In beiden Fällen wird jedoch die therapeutische Haltung aufgegeben.

Aufseiten des Klienten ist es schwer genug, schambesetzte Inhalte zu berichten. Wenn er Grund hat, die Offenbarung eines Geheimnisses und damit weitere Beschämung fürchten zu müssen, wächst natürlich die Tendenz zu schweigen. Die Vermutung, dass potentiell jede der Äußerungen in der Therapie im Hinblick auf irgendeinen therapeutischen Fortschritt oder angestrebte Vollzugslockerungen bewertet wird, verzerrt die Therapiesituation, bewusst oder unbewusst. Erfahrungen aus erfolgreichen Behandlungen im Maßregelvollzug zeigen darüber hinaus, wie wichtig die Abgrenzung zwischen der Psychotherapie und der Institution ist. Daher kann es indiziert sein, dass der – in der Regel externe – Therapeut keine Beurteilungen abgibt und nicht bei Vollzugsentscheidungen mitwirkt.

Die Gesetzesänderung hat bei einem Großteil der psychotherapeutisch im Justizvollzug Tätigen heftigen Widerspruch hervorgerufen. Argumentiert wird, dass die Außerkraftsetzung der Schweigepflicht und mit ihr untrennbar verbunden der Beurteilungsabstinenz den Ausbau einer vertrauensvollen therapeutischen Beziehung im Justizvollzug auf das Schwerste belastet und damit Psychotherapie als Mittel des Opferschutzes wirkungslos macht, sodass über die Förderung von Tendenzen der Klienten zum Verschweigen und zu verstärkter Objektmanipulation letztlich sogar zusätzliche Gefahren geschaffen würden.

Bislang gibt es kaum wissenschaftliche Beiträge, die sich fundiert mit der geltenden Rechtslage, speziell den innerbehördlichen Offenbarungs- und Schweigepflichten psychotherapeutischer Fachkräfte, auseinander setzen. Die Notwendigkeit der Verschwiegenheit im Justizvollzug ist erfahrungswissenschaftlich noch nicht ausreichend untermauert. Dieser Mangel ist sicher auch darin begründet, dass universitäre forensisch-psychiatrische und forensisch-psychologische Institutionen nur in sehr bescheidenem Umfang an der psychotherapeutischen Versorgung von Gefangenen beteiligt sind. Erste Ergebnisse eines am Institut für Forensische Psychiatrie der Freien Universität Berlin durchgeführten Forschungsprojektes zur Effizienz eines psychotherapeutischen Settings innerhalb des Justizvollzuges, dessen unabdingbarer Bestandteil die Einhaltung der Schweigepflicht darstellt, belegen, dass dieses Setting zumindest bei einem Teil der Patienten (auch) eine spezialpräventive Funktion erfüllt. Es ist zu hoffen, dass diejenigen, die es mit dem Opferschutz ernst meinen, wissenschaftliche Ergebnisse auch in einen rationalen Umgang mit dem Strafvollzugsgesetz einfließen lassen.

Rolf Gössner

Spudok: Einmal verdächtig, immer verdächtig

Bürgerinnen und Bürger unter Dauerverdacht

Die Göttinger Polizei ermittelt mit rechtswidrig gespeicherten personenbezogenen Daten gegen Göttinger Bürger und Bürgerinnen. Dies kam im Zuge der Ermittlungen wegen eines Brandanschlages auf das Arbeitsamt in Göttingen in der Nacht zum 7. November 1997 ans Licht. Brandstifter hatten im Eingangsbereich Benzin ausgekippt und angezündet. Alarmstufe 1 für die ermittelnde Polizei, die aufgrund eines «Bekennerschreibens» von einem «terroristischen» Anschlag ausging. Routiniert hielt sie sich an die üblichen Verdächtigen aus der linken Göttinger Szene (vgl. *Grundrechte-Report 1999*, S. 150). Dabei geriet auch eine ganze Reihe angesehener Bürgerinnen und Bürger ins Fahndungsvisier, unter ihnen Rechtsanwälte und Ärzte, Journalisten und Pfarrer, Stadträte und Fotografen, Fraktionsmitarbeiter und Ministerialbeamte, Angestellte und Hausfrauen. Auch eine 68-jährige Ehrenbürgerin der Stadt Göttingen, die seit ihrer Kindheit auf einen Rollstuhl angewiesen ist, wird von der Sonderkommisison 413 des Landeskriminalamts und der Göttinger Polizei auf der Verdächtigenliste geführt. Insgesamt sind dort 105 Personen mit Namen, Geburtsdaten und auch Adressen verzeichnet. Die Fahnder legten diese Liste auch dem brandgeschädigten Arbeitsamt vor, das per Datenabgleich (Rasterfahndung) prüfen sollte, «ob diesen Personen Leistungen versagt, gekürzt oder gestrichen wurden» – für die Ermittler ein mögliches Motiv der Brandstifter.

Der Brand, der einen Schaden von einer halben Million

Mark anrichtete, konnte rasch gelöscht werden – die personenbezogenen Daten, die für die Ermittlungen genutzt wurden, jedoch bis heute nicht, obwohl sie nach Datenschutzrecht längst hätten gelöscht sein müssen. Wie kamen die 105 Männer und Frauen, die zumeist in den achtziger Jahren als Studenten politisch aktiv gewesen waren und inzwischen längst Karriere gemacht haben, in den schweren Verdacht der Brandstiftung und der Bildung einer «terroristischen Vereinigung»?

Die Liste hat eine lange Geschichte: Sie basiert offenkundig auf alten Kriminalakten und personenbezogenen Daten aus so genannten Spurendokumentationsdateien (Spudok), die schon zu Beginn der achtziger Jahre im Rahmen von Terrorismus-Ermittlungen angelegt worden waren. Darin waren zahlreiche Mitglieder von Bürgerinitiativen sowie Personen aus der damaligen Göttinger linken Szene erfasst worden, darunter auch der heutige Bundesumweltminister Jürgen Trittin – obwohl gegen ihn und die anderen Betroffenen keinerlei Straftat-Verdacht vorgelegen hatte und daher auch keine strafrechtlichen Ermittlungsverfahren geführt worden waren. Nach heftigen öffentlichen Protesten veranlasste das Bekanntwerden der Spudok-Dateien seinerzeit sowohl die oppositionelle SPD-Fraktion als auch die Grünen im Landtag zu geharnischten Anfragen an die Landesregierung. In seiner Antwort versicherte der damalige Innenminister E. Möcklinghoff (CDU) am 21. November 1985, dass die Göttinger Spudok-Dateien bereits im Februar 1983 gelöscht – wörtlich: «vernichtet» – worden seien. Den Registrierten wurde versichert, dass gegen sie zu keinem Zeitpunkt ein Straftatverdacht bestanden habe.

Trotz dieser amtlichen Versicherung, die das Eingeständnis rechtswidriger Datenspeicherung enthielt, tauchten die angeblich gelöschten Daten jener unbescholtenen Personen anlässlich der neuen Ermittlungen im Februar 1998 wieder in den Ermittlungsakten auf – zum Teil mit denselben Schreibfehlern in den

Namen wie Anfang der achtziger Jahre in den Spudok-Dateien. Noch anderthalb Jahrzehnte nach der angeblichen Vernichtung der Dateien richtete sich also der Verdacht der Polizei gegen die schon damals zu Unrecht Verdächtigten. Darunter finden sich auch Personen, die schon seit mehr als zehn Jahren in anderen Städten, teilweise im Ausland, leben. Ein eklatanter Verstoß gegen das Grundrecht auf informationelle Selbstbestimmung.

Die Betroffenen erinnern sich noch gut, was es Ende der siebziger Jahre bedeutete, unter Terrorismusverdacht zu stehen und Opfer der damaligen Berufsverbotepraxis zu werden. In Göttingen mit seiner lebhaften linken Szene jagte seitdem ein Terrorismus-Ermittlungsverfahren das andere. Der berühmt gewordene Artikel in den «Göttinger Nachrichten», aus dem die Ermittler die – gründlich reflektierte – «klammheimliche Freude» des Autors «Mescalero» über das tödliche Attentat der «Roten Armee Fraktion» (RAF) auf Generalbundesanwalt Siegfried Buback herausgesondert hatten, führte zu geradezu hysterischer Diffamierung und Verfolgung von Professoren und Studenten. Der Terrorismusverdacht der folgenden Jahre erfasste bis in die jüngste Zeit Hunderte meist junger Menschen. Vorläufiger Höhepunkt war ein aufwendiges Ermittlungsverfahren in den neunziger Jahren: Mehr als vier Jahre lang hatten die Ermittlungsbehörden nach Beweisen dafür gesucht, dass die «Autonome Antifa (M)» in Göttingen, die konsequent neofaschistische Tendenzen in Niedersachsen aufspürt und ihnen entgegenwirkt, eine «kriminelle» oder gar «terroristische Vereinigung» sei. Der Ermittlungsaufwand war gigantisch, füllte 115 Aktenordner und verschlang viele Millionen Mark. Seit 1991 ermittelten das Landeskriminalamt (SoKo 606), ein eigens geschaffenes «Mobiles Einsatzkommando» und die Generalstaatsanwaltschaft in Göttingen und Umgebung. Dabei nutzten sie sämtliche Sonderermächtigungen und verdeckten polizeilichen Mittel und Methoden, die das Anti-Terror-Sonderrechtssystem (§§ 129, 129a StGB) bietet. Von dieser Ausforschung der linken Szene wurden Hunderte, möglicherweise Tausende von Menschen betroffen, auch bloße Kontaktpersonen. Politische Aktions- und Bündnispartner der Antifa (M) wurden in die Vorfeld-Ermittlungen einbezogen – bis hin zu den Grünen, zur SPD, zu Kirchen und Gewerkschaften. Die Polizei hörte fast 14 000 Telefongespräche ab, observierte ihr verdächtig erscheinende Personen langfristig, zum Teil rund um die Uhr, überwachte politische Veranstaltungen, teilweise mit Video, durchsuchte zahlreiche Wohnungen, Arbeitsplätze, Buchläden, Druckereien und die örtliche Zeitung. Das Resultat: Anklagen gegen 17 Beschuldigte – doch der überwiegende Teil der Anklagen wurde vom zuständigen Gericht mangels Substanz abgelehnt, der Rest später gegen Geldbuße eingestellt.

Die Landtags-Grünen haben die Landesregierung aufgefordert, alle Betroffenen umgehend aus den Verdächtigenlisten zu streichen und zu rehabilitieren; und sie haben die Liste mit den Namen der 105 Göttinger Dauerverdächtigen dem Datenschutzbeauftragten des Landes zur Prüfung übergeben. Er hat zu klären, aufgrund welcher Missstände es – entgegen allen Datenschutzregelungen – zu diesem elektronischen Langzeitverdacht kommen konnte, weshalb die Datenschutzkontrolle versagte, ob die Daten an weitere Stellen übermittelt wurden und wie künftig die fatale Konsequenz «einmal verdächtig, immer verdächtig» durchbrochen werden kann. Innenminister Heiner Bartling (SPD) stellte sich jedoch gleich vor und hinter die ihm unterstellte Polizei: «Wenn ein ähnlicher Brandanschlag erfolgen sollte, will ich auf das zurückgreifen können, was ich in der Vergangenheit ermittelt habe, damit ich schneller zu Ermittlungserfolgen komme.» Darum «kann und will» er, wie er im Landtag ausführte, nicht verhindern, dass dann wieder Verdächtige von der Liste der 105 in die Ermittlungsmaschine geraten. Also doch: Einmal verdächtig – immer verdächtig?

Thilo Weichert
Total normal?
Videoüberwachung im öffentlichen Raum

In Großbritannien wird der öffentliche Raum bereits mit mehr als 1,5 Millionen Videokameras unter dem harmlosen Namen «Closed Circuit Television» (CCTV) überwacht. Dafür werden jährlich etwa 400 Millionen Pfund ausgegeben. In städtischen Ballungsgebieten gibt es Bereiche, in denen es nicht mehr möglich ist, der Beobachtung zu entgehen. Die Kameras sind oft in unerreichbarer Höhe versteckt installiert; sie sind ferngesteuert schwenkbar und ermöglichen per Zoom eine bis zu 40fache Vergrößerung. Vielfach sind sie so eingerichtet, dass sich jede Beschädigung einer Kamera von einer anderen beobachten lässt. In einem Londoner Vorort wird die Gesichtserkennung erprobt: Das System gibt automatisch Alarm, wenn auf dem Bildschirm ein Gesicht auftaucht, dessen Merkmale denen einer gesuchten Person aus einer polizeilichen Datenbank ähneln; die Person wird grün auf dem Bildschirm eingekreist und fortan vom Kamerasystem automatisch verfolgt, bis ein Beamter oder ein privater Sicherheitsbediensteter sie vor Ort überprüft hat. Das elektronische Lesen von Autokennzeichen mit Kameras an speziellen Orten wie dem Kanaltunnel oder den Ausfallstraßen Londons funktioniert längst reibungslos.

Ist das alles hierzulande unmöglich? In Großbritannien hätte man dies vor zehn Jahren noch für unmöglich gehalten. Nachdem aber fälschlicherweise verbreitet wurde, der Mord am zweijährigen James Bulgar durch zwei Heranwachsende 1993 sei durch Videoüberwachung aufklärbar gewesen, gab es dort kein Halten mehr. Aktuelle Umfragen in der deutschen Bevölkerung nach Videoüberwachung auf öffentlichen Plätzen ergeben eine Akzeptanz von 50 bis 60 Prozent. Es kommt nicht von ungefähr, dass deutsche Politiker diese verdachtslose «Kriminalitätsbekämpfung» propagieren. Zunächst tat sich der neue hessische Innenminister Volker Bouffier (CDU) besonders damit hervor. Er empfahl Videoüberwachung selbst auf Schulhöfen, «um Fahrraddiebstähle zu vermeiden». Im September 1999 forderten dann die CDU-Fraktionsvorsitzenden aller Bundesländer dieses «Mittel der vorbeugenden Kriminalitätsbekämpfung».

Schon jetzt wird tatsächlich mancher Schulhof und mancher Spielplatz per Kamera überwacht, in Hamburg sogar zwei neue Wohngebiete (in Boberg und Wilhelmsburg). Dies ist zwar noch die Ausnahme, aber seitdem in München 1958 die Polizei die ersten stationären Verkehrsüberwachungskameras eingerichtet hat, hält eine Entwicklung an, die gewiss nicht zu Ende ist. 1976 war Hannover die erste Stadt, die mit 25 ferngesteuerten stationären Zoom-Kameras den Dauereinsatz praktizierte. Seit den siebziger Jahren werden so Bahnsteige, Rolltreppen, Tunnel, Kreuzungen, Fußgänger- und Einkaufszonen, Warenhäuser sowie Bahnhöfe erfasst.

Derzeit ist Großbritannien wohl Weltmeister im Videoeinsatz. Wenig bekannt ist, dass die Kameras zu einem sehr großen Teil aus Deutschland stammen und dass deutsche Unternehmen diese Überwachungstechnik mit großem Erfolg in Diktaturen in der so genannten Dritten Welt exportieren. Noch heute werden Aktivisten des Studentenprotests auf dem «Platz des Himmlischen Friedens» von 1989 in China mithilfe von Videoaufzeichnungen identifiziert – und dann festgenommen, gefoltert und bestraft.

Die Kameras wurden im Laufe der Zeit billiger, kleiner und leistungsfähiger. Sie sind, zum Beispiel durch Infrarot-Technik, nachtsichtfähig und in der Lage, durch bestimmte Materialien, etwa Kleidung, hindurchzuschauen. Sie können im Helm eines Polizeibeamten oder im Knopfloch eines Journalisten untergebracht werden. Die Auswertung der Bilder erfolgt regelmäßig in Lagezentren mit Überwachungspersonal, das vor vielen Bildschirmen sitzt und jede der Kameras aus sicherer Entfernung steuern und zoomen kann. Die Bilder lassen sich mit Tonaufzeichnungen koppeln und Ton- wie Bildsignale werden zunehmend automatisiert ausgewertet. Dies kann durch einfache Bewegungsdetektion erfolgen oder durch hochkomplizierte biometrische Verfahren wie Gesichtserkennung bei vollautomatischem Abgleich mit Bilddateien. Personen können gekennzeichnet werden, um vom Gesamtsystem über mehrere Kameras hinweg verfolgt zu werden. Automatische Mustererkennung erlaubt es sogar, verdächtiges Verhalten, zum Beispiel in einer Einkaufspassage, von «normalem» Verhalten zu unterscheiden. Die Digitalisierung der Bild- und Tonaufnahmen erlaubt die Übertragung ins bzw. im Internet. Web-Kameras erfreuen sich immer größerer Beliebtheit bei privaten, kommerziellen und öffentlichen Anwendern. Dadurch ist die zeitnahe Beobachtung von deutschen Nachtbildern durch Billiglohnkräfte auf der anderen Seite des Globus möglich. Eine völlig neue Dimension wird durch die Luft- und Satellitenüberwachung aufgestoßen. Aus der Militärtechnik stammende Anwendungen ermöglichen über Satellit das Lesen von Zeitungsüberschriften.

Duckmäuser und Minderheiten

Auf deutschen Bahnhöfen arbeiten die privatisierte Deutsche Bahn AG und der Bundesgrenzschutz eng bei der Videoüberwachung zusammen. Private Anwender stellen ihr Bildmaterial bei Bedarf gern der Polizei zur Verfügung, etwa um vermeintliche Drogendealer vor einem Kaufhaus zu identifizieren und zu vertreiben. Zunehmend richten sich Kameras auch auf Arbeitsplätze, etwa in Verkaufsräumen. In den Filialen eines großen

Schlüsseldienstes dienen sie nicht der Verhinderung von Überfällen, sondern der Mitarbeiterkontrolle. Deutsche Privatkindergärten planen, die Betreuung von Kindern per Web-Kameras ins Internet zu übertragen, damit Eltern, Verwandte oder sonst wer die «Trennung von den Kleinen überwinden» und zugleich die Pädagogik der Erzieherinnen überprüfen können. Und viele Hausbesitzer umstellen ihren Wohnraum mit Geräten, um sich vor Bösewichten zu schützen.

Am folgenschwersten für die Gesellschaft ist aber die Überwachung des öffentlichen Raums. Von diesem «Community Policing» sind zu über 99 Prozent rechtstreue fremde Menschen betroffen. Sie können, da die Kameras teilweise verdeckt angebracht sind, nicht im Geringsten mehr einschätzen und selbst bestimmen, wie sie sich ins Bild setzen – der Blick des großen Bruders kann überall sein.

Wie das Bundesverfassungsgericht in mehreren Entscheidungen erklärt hat, führt die Annahme, beobachtet zu werden, dazu, dass Menschen versuchen, nicht durch individuelle Verhaltensweisen aufzufallen. Letzlich wirkt sich das so aus, dass sie auf die Ausübung von Grundrechten, zum Beispiel die Meinungs- oder die Versammlungsfreiheit, verzichten.

Der Sicherheitsgewinn durch die Kameras scheint allerdings nur auf den ersten Blick groß zu sein; an überwachten Plätzen nimmt die Kriminalität regelmäßig ab. Erreicht wird allerdings keine Verhinderung von Straftaten, sondern nur eine Verdrängung: Mögliche Täter weichen auf (noch) nicht überwachte Orte aus. Kameras können «böse Menschen» nicht zu guten machen; destruktive Energie wird bestenfalls auf ein anderes Objekt gelenkt. Keine Wirkung zeigt die Überwachung auf Rausch- und Affekttäter. Schwere Straftaten werden in aller Regel nicht erfasst – allenfalls als ein zufälliger Nebeneffekt –, sondern fast ausschließlich leichte Ordnungsverstöße, etwa öffentliches Urinieren oder unbefugtes Rauchen. Der Videoeinsatz in der Fußgängerzone von Westerland auf Sylt erhöhte nicht die dortige Sicherheit, verdrängte aber sich dort aufhaltende Jugendcliquen, so genannte Punks. Der Haupteffekt ist die Verdrängung von Minderheiten, die von der «Norm» abweichen: Ausländer, Obdachlose, Jugendliche.

Das Problem ist nicht eine einzelne Kamera, deren Einsatz, etwa zur Sicherung eines Straßentunnels, gerechtfertigt sein kann. Das Problem liegt in der Gesamtheit der Überwachung, aus der es oft kein Entrinnen gibt. Daraus kann eine Kultur der Kontrolle und des Duckmäusertums entstehen, die in früher Jugend beginnt. Wer schon als Kind unter totaler visueller und akustischer Überwachung stand, der wird als Heranwachsender in Selbstbestimmung und freiheitlichem Verhalten eingeschüchtert sein.

Für den Gesetzgeber war Videoüberwachung bis vor kurzem kein Thema. Ein Referentenentwurf für ein Bundesdatenschutzgesetz zeigte 1999 erstmals Bereitschaft zur Eingrenzung im Interesse informationeller Selbstbestimmung und Privatheit. Ob dies wie geplant mit Generalklauseln gelingt, ist sehr fraglich. Es kommt darauf an, über die Tatsache der Beobachtung, deren Zweck, den Beobachter und die Art des Datenhandlings Klarheit herzustellen. Privatheit muss auch und gerade im öffentlichen Raum möglich sein. Die Sensibilität hierfür kann nur durch Transparenz und durch öffentliche Debatte geschaffen werden.

Alle Menschen sind vor dem Gesetz gleich

Art. 3. (1) Alle Menschen sind vor dem Gesetz gleich.

(2) Männer und Frauen sind gleichberechtigt. Der Staat fördert die tatsächliche Durchführung der Gleichberechtigung von Frauen und Männern und wirkt auf die Beseitigung bestehender Nachteile hin.

(3) Niemand darf wegen seines Geschlechtes, seiner Abstammung, seiner Rasse, seiner Sprache, seiner Heimat und Herkunft, seines Glaubens, seiner religiösen oder politischen Anschauungen benachteiligt oder bevorzugt werden. Niemand darf wegen seiner Behinderung benachteiligt werden.

Romani Rose
Bürokratischer Rassismus
Sinti- und Roma-Dateien in Bayern

Bis heute praktiziert der Freistaat Bayern eine Rassen diskriminierende Sondererfassung von Sinti und Roma. Die übrigen Bundesländer und die Behörden des Bundes haben diese rechtsstaatswidrige Praxis in den vergangenen Jahren nach Protesten des Zentralrats Deutscher Sinti und Roma und der Kritik verschiedener Datenschutzbeauftragter abgestellt. In den Datenbanken und Akten der bayerischen Polizei werden immer noch Dateien über den so genannten «Sinti/Roma-Typ», «Zigeunertyp» und Datenlisten mit der alten Nazi-Bezeichnung «Landfahrer» gesammelt. Der Bericht des bayerischen Datenschutzbeauftragten, Reinhard Vetter, vom 16. Dezember 1998 deckte weitere skandalöse Praktiken auf. Danach werden Sinti und Roma in Extradateien der Polizei ohne Anlass und Rechtsgrund mit ihren Personalien (inkl. Autokennzeichen).

Die bayerische Polizei rechtfertigt diese Speicherung als angebliche «vorbeugende Verbrechensbekämpfung» und erklärt, Sinti und Roma «könnten eine öffentliche Gefahr» sein. Diese Begriffe der «vorbeugenden Verbrechensbekämpfung» und «öffentlichen Gefahr» verwendete einst die nationalsozialistische Propaganda zur Kriminalisierung und zur Rechtfertigung der Rassenpolitik gegenüber den Juden und den Sinti und Roma.

Als Vorsitzender des Zentralrats Deutscher Sinti und Roma habe ich von Bayerns Ministerpräsident Dr. Edmund Stoiber die Abschaffung dieser Praktiken gefordert. Im gleichen Sinne richtete der Zentralrat eine Stellungnahme an die Konferenz der «Organisation für Sicherheit und Zusammenarbeit in Europa» (OSZE) Anfang Dezember 1997 in Warschau, die überprüfen sollte, wie weit die Minderheitenrechte in den Mitgliedsstaaten verwirklicht sind. Doch bei der bayerischen Staatsregierung führte weder der eine noch der andere Vorstoß zu einer positiven Reaktion.

Im Juli 1998 reichte der Zentralrat Deutscher Sinti und Roma zusammen mit seinem bayerischen Landesverband und den Auschwitz-Überlebenden Franz Rosenbach und Hugo Höllenreiner eine Verfassungsklage gegen die bayerische Behördenpraxis ein. Der Bayerische Verfassungsgerichtshof muss nun klären, ob ein Verstoß gegen das Rechtsstaatsgebot in Artikel 3 der bayerischen Verfassung und gegen das Gebot für den Schutz der Menschenwürde aus Artikel 100 vorliegt. Verletzt ist nach Auffassung der Kläger auch der Grundsatz der Gleichheit vor dem Gesetz aus Art. 118 Abs. 1 der Bayerischen Staatsverfassung. Ein Aufgreifen stigmatisierender Klischees und Stereotype berge die Gefahr in sich, dem Rassen- und Völkerhass Nahrung zu geben, heißt es in der Klageschrift.

Zur Vorgeschichte ist noch der Hinweis notwendig, dass

nach 1945 die zuvor im Reichssicherheitshauptamt zuständigen SS-Angehörigen im bayerischen Landeskriminalamt mit den früheren «Zigeunerrasseakten» die Erfassung der Minderheit fortführten. Der so genannten «Landfahrerzentrale», die als Nachfolgerin der NS-«Zigeunerzentrale» des Reichssicherheitshauptamtes nun mit Bundeszuständigkeit weiterarbeitete, gehörten als Leiter der ehemalige SS-Hauptsturmführer Supp und neben weiteren der Beamte Rudolf Uscholt an, der noch 1951 in der offiziellen bayerischen Polizeizeitung die Rassenideologie der Nazis vertrat und offen eine neuerliche Konzentrationshaft der so genannten «Zigeunermischlinge» anregte. Aus einem Vermerk der bayerischen Landespolizei vom 23. Juli 1964 geht hervor, dass die übernommenen nationalsozialistischen Karteien und Akten zur «Zigeunererfassung» lediglich mit einem neuen Aktendeckel zum Zwecke einer neutralen Firmierung, wie es hieß, versehen werden sollten.

Ostern 1980 führten Sinti und Roma, unter ihnen auch Überlebende der Vernichtungslager Auschwitz, Bergen-Belsen, Dachau und anderer Lager, in der KZ-Gedenkstätte Dachau einen Hungerstreik durch, um von der bayerischen Staatsregierung die Beendigung dieser Praxis zu verlangen. Der Hungerstreik wurde im Vertrauen darauf beendet, dass auch in Bayern die besondere Erfassung von Angehörigen der Minderheit endgültig eingestellt würde – doch sie ging und geht weiter. Bei der am Tag der Klageeinreichung beim Bayerischen Verfassungsgerichtshof durchgeführten Pressekonferenz in München erklärte der Vorsitzende der Südschleswigschen Vereinigung der nationalen dänischen Minderheit, Heinrich Schultz, seine ausdrückliche Unterstützung der Verfassungsbeschwerde. Er betonte, dass er auch für die dänische Minderheit in Deutschland eine derartige polizeiliche Datenerfassungspraxis für rechtsstaatswidrig und generell unzulässig halten würde, da sie gegen das «Rahmenübereinkommen zum Schutz nationaler Minderheiten» verstoße.

Auch die US-amerikanische Regierungsdelegation kritisierte bei der OSZE-Tagung am 4. November 1998 in Warschau die bayerische Staatsregierung wegen ihrer Erfassung der «Rassenzugehörigkeit von Sinti und Roma». Am Rande dieser OSZE-Konferenz erklärten Vertreter skandinavischer Länder und weiterer westeuropäischer Staaten, dass sich der Überprüfungsausschuss des Europarates damit befassen müsse, wenn «diese Praxis nicht vor Abgabe des Ersten Staatenberichts Deutschlands zum Rahmenübereinkommen zum Schutz nationaler Minderheiten innerstaatlich bereinigt» sei. Der Zentralrat schrieb deshalb nochmals den Chef der bayerischen Staatskanzlei, Minister Erwin Huber, an, der in seinem Schreiben vom 4. Januar 1999 bei der bayerischen Haltung blieb. Der bayerische Senat teilte gleichzeitig mit, dass er sich an dem Verfahren beim Verfassungsgerichtshof «nicht beteiligen» wolle.

Am 21. Januar 1999 behandelte der Rechtsausschuss des bayerischen Landtags die Verfassungsklage des Zentralrats. Dessen Vorsitzender, Dr. Hahnzog (SPD), beantragte, dass der Klage stattgegeben werden solle. Er selbst wolle sich als Vertreter des Landtags in das Verfahren einschalten, da «die Staatsregierung keinerlei zwingende Gründe für die Verwendung des Begriffs ‹Sinti/Roma› nennen könnte». Die Mehrheit der CSU-Abgeordneten jedoch lehnte diesen (auch von den Grünen/B. 90 mitgetragenen) Antrag ab und teilte dem Verfassungsgerichtshof mit, dass auch der Landtag «sich nicht beteiligen wolle».

Mit der Initiative *Internationale Künstler gegen Rassismus* in London und deren Sprecherin, Frau Vanessa Redgrave, mobilisierte daraufhin der Zentralrat eine internationale Kampagne gegen den bayerischen Ministerpräsidenten Edmund Stoiber. In den in der *New York Times* in Englisch und in der *Welt* am 16. April 1999 als Anzeige erschienenen Appellen forderten die internationalen Persönlichkeiten (u. a. Ignatz Bubis, Simon

Wiesenthal, Gregory Peck, Senta Berger, Armin Mueller-Stahl, Tim Robbins, Matt Damon, Wynona Ryder, Dieter Hildebrandt, Johannes Mario Simmel, Ralf Giordano u. v. a. aus allen Teilen der Welt), die bayerische Staatsregierung müsse die «Rassen diskriminierende Sondererfassung als Konsequenz aus dem Völkermord an 500 000 Sinti und Roma und sechs Millionen Juden abschaffen». Der deutsche Botschafter in den USA, Jürgen Chobrog, wies den Zentralratsvorsitzenden bei einem persönlichen Gespräch am 19. April 1999 in Washington darauf hin, dass dieser Appell in der *New York Times* bei den US-Bürgern erhebliche Beachtung gefunden habe und man sich eine geänderte Haltung Bayerns wünsche.

In der ergänzenden Äußerung der bayerischen Staatsregierung vom 2. August 1999 wurden zwar einige Erfassungsformulare vorgelegt, es stellte sich dabei aber wiederum heraus, dass die Unterlagen unvollständig waren und auch Auskünfte zurückgehalten werden. Ebenso täuschte die Staatsregierung vor, dass die Erfassung von Sinti und Roma nur «auf freiwilliger Basis» der Betroffenen erfolge und die vom Datenschützer gerügte Praxis der Erfassung von Autokennzeichen etc. bereits im Dezember 1998 eingestellt worden sei. Diese Behauptungen sind erneut eine belegbar falsche Darstellung der Sachverhalte. Der Zentralrat ist entschlossen, auch eine eventuell abweisende Entscheidung des Bayerischen Verfassungsgerichtshofs nicht hinzunehmen und beim Bundesverfassungsgericht zu klagen. Mit dem Vorsitzenden des Menschenrechtsausschusses der Parlamentarischen Versammlung der OSZE, dem Bundestagsabgeordneten Gert Weisskirchen, fanden jetzt Gespräche für die Durchführung eines offiziellen OSZE-Hearings über die Sondererfassung in Bayern statt.

Herbert Steininger

Erworbene Rentenansprüche sind Eigentum

Versorgungsunrecht in Ostdeutschland teilweise gemildert

In den Urteilen des Bundesverfassungsgerichtes (BVerfG) vom 28. April 1999 zur Verfassungsmäßigkeit der Überführung von Ansprüchen und Anwartschaften aus Zusatz- und Sonderversorgungssystemen der DDR in die gesetzliche Rentenversicherung sind nach fast neun Jahre währenden juristischen Auseinandersetzungen Entscheidungen von einigem Gewicht für viele Betroffene gefallen. Das Leiturteil (Az.: 1 BvL 32/95 und 1 BvR 2105/95) geht davon aus, dass die in der DDR erworbenen und im Einigungsvertrag als Rechtspositionen der gesamtdeutschen Rechtsordnung anerkannten Ansprüche und Anwartschaften aus Zusatz- und Sonderversorgungssystemen den Schutz des Art. 14 Abs. 1 Satz 1 GG (Eigentumsschutz) genießen. Dies ist von erheblichem juristischem, politischem und moralischem Gewicht, denn damit wird der bisherige unhaltbare und von den Betroffenen nicht nur wegen seiner enormen materiell benachteiligenden Wirkung, sondern auch wegen seines diskriminierenden Charakters zurückgewiesene Rechtsstandpunkt der früheren Regierungskoalition im Deutschen Bundestag, der damaligen Bundesregierung und von Sozialgerichten aller Ebenen korrigiert. Dieser hatte Ansprüche und Anwartschaften aus Zusatz- und Sonderversorgungssystemen der DDR nicht als eigentumsgeschützte Rechtspositionen im Sinne des Art. 14 Abs. 1 GG anerkannt.

Im genannten Leiturteil hat das BVerfG unter Hinweis auf den Gestaltungsspielraum des Gesetzgebers zugleich festgestellt, dass die so genannte Systementscheidung (d. h. die Überführung erworbener Ansprüche und Anwartschaften aus Zusatz- und Sonderversorgungssystemen in die gesetzliche Rentenversicherung nur bis zur Beitragsbemessungsgrenze) verfassungsrechtlich nicht zu beanstanden sei. Diese Entscheidung hat weit reichende negative Folgen für alle, die in der DDR Ansprüche und Anwartschaften auf zusätzliche Altersversorgung erworben hatten. Die Betroffenen haben gemäß dieser Entscheidung nur noch Anspruch auf eine gesetzliche Rente, nicht aber darüber hinaus auf eine Zusatzversorgung, wie sie ihre Berufskollegen in den alten Bundesländern ganz selbstverständlich erhalten. Das bedeutet: Die grundsätzliche Entscheidung, dass erworbene Ansprüche und Anwartschaften dem Schutz von Art. 14 Abs. 1 GG unterliegen, hat für die meisten Betroffenen nur sehr geringe oder gar keine Auswirkungen auf die Höhe ihrer Rente. Nur für einen relativ kleinen Teil der Anspruchsberechtigten älterer Rentnerjahrgänge (vor allem für die «Bestandsrentner», die bereits am 3. Oktober 1990 Rentner waren) ergeben sich aus dieser grundsätzlichen Entscheidung unmittelbar unterschiedlich positive Auswirkungen auf die Höhe ihrer Altersbezüge. Dennoch bleibt selbst deren Höhe auch künftig weit hinter der Höhe von Altersbezügen zurück, die Angehörige vergleichbarer Berufsgruppen in den alten Bundesländern beziehen.

Damit bleiben in den neuen Bundesländern nicht nur derzeitige Ruheständler, sondern auch künftige Rentner mit erworbenen Anwartschaften auf Versorgungsleistungen diskriminiert. Erwerbsbiographien von Versorgungsberechtigten, also auch von Akademikern der DDR, werden nach den Urteilen des BVerfG weiterhin nicht für vergleichbar mit Erwerbsbiographien von Berufskollegen in den alten Bundesländern gehalten.

Die Urteile des BVerfG bewirken im Einzelnen, dass die vorläufige Zahlbetragsbegrenzung nach § 10 Abs. 1 Satz 2 des Gesetzes zur Überführung der Ansprüche und Anwartschaften aus Zusatz- und Sonderversorgungssystemen der DDR (AAÜG) für nichtig erklärt wurde. Nach dieser nunmehr beseitigten Rechtsvorschrift, die das BVerfG für verfassungswidrig erklärt hatte, durften Renten von Anspruchsberechtigten den Betrag von 2700 Mark nicht übersteigen. Weiterhin wurde entschieden, dass die Zahlbetragsgarantie verfassungskonform als Realwertgarantie und nicht als Nominalwertgarantie, wie seit 1991 gehandhabt, auszulegen sei. Die Verweigerung der Realwertgarantie des Zahlbetrages bewirkte, dass die Betroffenen vom 1. Januar 1991 an von jeglicher Rentenanpassung ausgeschlossen waren. Das bedeutete, dass der Realwert ihrer Rentenbezüge von Jahr zu Jahr sank. Nunmehr wird im Urteil der Anspruch auf Anpassung des Zahlbetrages vom 1. Juli 1990 an die Lohn- und Einkommensentwicklung vom 1. Januar 1992 an festgestellt. Vorenthaltene Rentenbeträge sind nachzuzahlen. Diese Entscheidung wiederum kann nur für Anspruchsberechtigte wirksam werden, deren Zahlbetrag per 1. Juli 1990 höher war als ihre monatliche Renten (brutto) am 1. Januar 1992.

Darüber hinaus wird in den Urteilen im Sinne des Gleichheitsgebotes von Art. 3 Abs. 1 GG eine verfassungsgemäße Regelung zur Neuberechnung der Renten aller Bestandsrentner mit Versorgungsansprüchen gefordert. Bisher wurden deren Renten nach § 307 b Abs. 1 des Sozialgesetzbuches VI auf der Basis ihres gesamten Erwerbslebens berechnet, während die Renten der Bürgerinnen und Bürger ohne Anspruch auf zusätzliche Versorgungsleistungen auf der Basis ihrer Einkommen in den letzten zwanzig Jahren ihrer versicherungspflichtigen Tätigkeit berechnet wurden. Anspruchsberechtigte auf zusätzliche Versorgungsleistungen wurden dadurch benachteiligt. Ihre Renten müssen nun nach der Entscheidung des BVerfG auf der Grundlage nur der letzten zwanzig Jahre ihrer versicherungspflichtigen Tätigkeit neu berechnet werden. Das entsprechende

Urteil des BVerfG verpflichtet den Gesetzgeber, die erforderlichen Rechtsvorschriften bis zum 30. Juni 2001 zu erlassen.

Diese Entscheidungen werden einer nicht unbeträchtlichen Zahl von Betroffenen der älteren Rentnerjahrgänge Verbesserungen für ihre Altersbezüge einbringen. Es kann aber nicht übersehen werden, dass durch die Entscheidung zur Zahlbetragsbegrenzung – gemessen an allen Zusatzversorgungsberechtigten – nur ein relativ kleiner Personenkreis begünstigt wird und dass das Urteil zur Zahlbetragsgarantie für Betroffene mit geringeren in der DDR erworbenen Versorgungsansprüchen in der Regel nur geringfügig oder gar nicht rentenwirksam wird. Über diese Einschränkungen hinaus sind gemäß dem Spruch des BVerfG von den genannten Urteilen nur Personen berührt, die innerhalb des Besitzschutzzeitraumes laut Einigungsvertrag (30. Juni 1995) in den Ruhestand gegangen sind.

Für Rentner mit Ansprüchen auf Zusatzversorgung, deren Rentenbeginn nach diesem Datum liegt («Neurentner»), ergeben sich daraus für deren Altersbezüge erhebliche negative Konsequenzen. Da jegliche Besitzschutzregelungen für sie entfallen, erhalten sie Renten bestenfalls auf dem Niveau eines Facharbeiters. Damit ergeben sich neue, gravierende Formen von Ungleichbehandlung gegenüber den «Bestandsrentnern» in den neuen Bundesländern, von der Ungleichbehandlung gegenüber ihren Berufskollegen aus den alten Bundesländern gar nicht zu reden.

Das Bundesverfassungsgericht hat in allen Fällen entschieden, dass bestandskräftige, also nicht mehr anfechtbare Rentenbescheide von den Urteilen für die Zeit vor ihrer Bekanntgabe unberührt bleiben. Es hat dem Gesetzgeber allerdings freigestellt, die Wirkung seiner Entscheidungen rückwirkend auch auf bereits bestandskräftige Bescheide zu erstrecken, wenngleich er durch die Verfassung dazu nicht verpflichtet ist.

Es muss bedacht werden, dass viele seit 1991 Betroffene aufgrund ihrer Unerfahrenheit und daraus resultierender Scheu, ja Angst vor der Berührung mit Gerichten, insbesondere aber wegen ihres Alters oder wegen Krankheit ihre Bescheide nicht angefochten haben. In zahlreichen Fällen haben Betroffene den jahrelangen Kampf durch die Instanzen der Sozialgerichtsbarkeit wesentlich aus Alters- oder Krankheitsgründen, aber auch aus finanziellen Gründen aufgegeben, sodass zum Zeitpunkt der Urteilsverkündung am 28. April 1999 kein einziges Verfahren mehr anhängig war.

Es bleibt festzustellen, dass auch nach den Urteilen des BVerfG, in deren Folge einige besonders krasse Auswirkungen des Versorgungsunrechtes beseitigt oder gemildert wurden, für die Betroffenen erhebliche Benachteiligungen und Diskriminierungen weiter bestehen bleiben. Diese sind mit Artikel 14 der Europäischen Konvention zum Schutze der Menschenrechte und Grundfreiheiten vom 4. November 1950 sowie mit Artikel 1 des Zusatzprotokolls zur EMRK vom 20. März 1952 unvereinbar.

Anetta Kahane

Der Ausschluss des Anderen

Eine deutsche Tradition mit neuer Blüte

In Ostdeutschland ist vermehrt zu beobachten, dass die Grundrechte dort lebender Flüchtlinge und Migranten verletzt werden. Jeder der so genannten Tabubrüche in Politik, Verwaltungsrealität und öffentlichem Diskurs hat in der wirklichen Welt der ostdeutschen Kommunen schwer wiegende Verletzungen des ersten Artikels des Grundgesetzes zur Folge. Auch das Recht auf Freizügigkeit gilt hier für bestimmte Gruppen schon lange nicht mehr. Der rechtsextreme Strategiebegriff von den «national befreiten Zonen» ist viel mehr als durch die rechten Kameradschaften von der enormen Indolenz des Durchschnitts der Gesellschaft allen potentiellen Opfern gegenüber durchgesetzt worden. Der Schutz von «Feindgruppen» der Rechtsextremen, wie Ausländer, Alternative, Linke, Juden, Schwule, Behinderte und Obdachlose, gehört nicht in das allgemeine Repertoire demokratischer Grundwerte. Ganz im Gegenteil, es sind viele Fälle bekannt, bei denen von kommunalen Funktionsträgern wegen unangebrachter Andersartigkeit bei den Opfern auf Anpassung an die Verhältnisse gedrungen wird. Überfälle, Brandstiftungen, Hetzjagden, Bedrohungen, Sachbeschädigungen, Nötigungen usw. sind so sehr Teil von Normalität geworden, dass sie tatsächlich in manchen Regionen zu einer «Disziplinierung» von Opfergruppen geführt haben. Ausländer oder andere als undeutsch empfundene Personen bewegen sich nur in Gruppen, nur zu bestimmten Tageszeiten und nur auf ausgesuchten Routen in ihrem Umfeld.

Diese Entwicklung hat Geschichte. Richard von Weizsäcker beschrieb einmal in einem Interview, aus welchen Gedanken und Erfahrungen heraus er seine berühmte Rede zum 8. Mai 1985 verfasst hatte. Er sprach dabei lange über die Passage, in der er erklärt hatte, dass während der Nazizeit jeder Deutsche gewusst haben konnte, was mit den Juden geschieht. Sie wurden abgeholt, sie wurden enteignet, sie wurden deportiert, und man hätte wissen können, dass die Atmosphäre, in der es geschah, zumindest lebensbedrohlich für sie war.

Es gibt im Englischen einen Begriff, der beschreibt, was selbst so liberale, aufrechte und «gute» Deutsche wie Richard von Weizsäcker offenbar bis heute vollkommen in sich verinnerlicht haben. «Othering» heißt dieser Begriff, jemanden zum «Anderen» zu machen. Othering ist der erste Schritt zur – und wieder gibt es hierfür nur das treffende englische Wort – «Exclusion», dazu, den anderen auszuschließen, ihn anders zu behandeln, für den Umgang mit ihm andere Kriterien, Werte oder Spielregeln festzulegen.

Gewiss sind die Spielregeln in einem demokratischen Rechtsstaat andere als die der barbarischsten aller Herrschaftsformen der uns bekannten neueren Geschichte. Dennoch bleibt, um es konkret zu sagen, die Frage nach den Traditionen einer Kultur, die einer Fortsetzung von Othering und Exclusion nicht entschlossen genug entgegentritt.

Unter dem wachen Auge der Alliierten war nach dem Krieg und Massenmord mit enormem Aufwand und mit Anstrengungen in Westdeutschland eine Balance zustande gekommen, deren Mittelpunkt Grundgesetz, Wohlstand und eine sich langsam entwickelnde Zivilgesellschaft bildeten. Dass sie in vielen ihrer Teile fragil blieb und an manchen Stellen eine Illusion, ist nicht verwunderlich angesichts der vorangegangenen Verbrechen. Dennoch schien es diese Balance zu geben, stark etatistisch ausgerichtet, aber mit der Hoffnung auf eine entstehende demokratische Kultur. Die Wiedervereinigung aber machte deutlich, wie selbstgefällig diese Hoffnung war. Die Inkorporation der DDR verlängerte die Koordinaten der demokratischen Systeme auf den Osten, ohne dabei gleichzeitig ausreichend und nachdrücklich ihre Funktionen zu vermitteln. So erscheinen sie vollkommen leer und nur als unvollkommener Ausdruck ihrer selbst. Was sie bedeutet haben mögen, welchen Sinn sie haben, wofür und wogegen sie eingesetzt wurden, kann in den seltensten Fällen vermittelt werden. Ganz so, als würde die Last der Nachkriegszeit mit einem Mal abfallen, stand zuerst das Asylrecht zur Disposition. In unmittelbarer Folge des öffentlichen Pogroms in Rostock wurde der «Asylkompromiss» verkündet. Damit gab die Demokratie einer sozialen Bewegung gegen Ausländer, die sich im Ostteil Deutschlands entwickelt hatte, Recht und schuf so einen neuen Standard.

Diese Entwicklung hatte bereits lange vorher in der alten Bundesrepublik begonnen. Der Geist des Grundgesetzes war an dieser Stelle immer ungeliebt geblieben. Deshalb hat sich hier etwas durchgesetzt, das wesentlich auf die Balance in Richtung völkische Tradition gedrückt hat. In Deutschland wurde die Frage, welcher Ausländer darf eigentlich hinein, immer verknüpft mit der Frage, wie behandelt man diejenigen, die schon da sind. Als innere Abwehr gegen die langsame Auflösung einer geschlossenen kulturell-ethnischen Nation durch Zuwanderung kam es besonders bei der Behandlung von Flüchtlingen zu der verhängnisvollen Auffassung, dass man sie schlecht behandeln müsse, damit sie womöglich wieder gingen, und als Abschreckung für alle, die noch zu kommen beabsichtigen. Dies hat die Atmosphäre in der Bundesrepublik nachhaltig vergiftet. Im Westen wurde die Unterscheidung, welches «gute» Ausländer, also etwa nötige «Gastarbeiter», und welches «schlechte», also Flüchtlinge waren, denen a priori niedere Motive für ihre Flucht unterstellt wurden, mit der Zeit immer dünner.

Im Osten jedoch schlug das Rassistische dieser vermeintlichen Differenzierung ganz unmittelbar zu Buche. Ja, das heuchelnde Element der Botschaft einer Unterscheidungsmöglichkeit von «guten» und «schlechten» Ausländern wurde von großen Teilen der ostdeutschen Bevölkerung als ein Beleg dafür genommen, dass die Demokratie als System zu schwach und unentschlossen sei, mit einem selbst geschaffenen Problem fertig zu werden: der «Überfremdung» des deutschen Volkes. Vom Osten her wahrgenommen, muten sowohl die Gesetze als auch die öffentlichen Diskurse über Migranten, Flüchtlinge und den Umgang mit Minderheiten merkwürdig an, denn sie scheinen darauf hinzudeuten, dass nunmehr hoffnungslose «Gutmenschen» oder linke, politische Außenseiter sie aus rein prinzipiellen oder moralischen Gründen verteidigen. Selbst die Chance durch das neue Staatsbürgerschaftsrecht, gerade weil es halbherzig ist, kann an diesem Eindruck nichts ändern.

Die lokale Form von Othering und Exclusion *im Osten* hat viele Gesichter. Einige als prototypisch zu betrachtende Fälle seien hier genannt. So empfahl kürzlich der Bürgermeister des Brandenburger Städtchens Spremberg nach einem Überfall auf Flüchtlinge, das Asylheim generell ab 22 Uhr zu schließen, damit seine Bewohner niemanden durch späte Anwesenheit provozieren. In Zittau erklärte der Bürgermeister den Teilnehmern eines schwul-lesbischen Treffens nach Übergriffen durch rechte Jugendliche, die Opfer sollten sich doch benehmen und nicht klagen über unzureichenden Schutz, sie könnten froh sein, dass sie überhaupt dort feiern dürften. In Wurzen wurde alternativen Jugendlichen der Schutz vor gewalttätigen Rechtsextremisten verweigert mit dem Hinweis darauf, dass sie allein durch ihre Anwesenheit eine Provokation seien. Und schließlich erschien vor Beginn eines Dorffestes in Belzig die Polizei im Asylheim und forderte die Bewohner auf, nicht bei dem Fest zu erscheinen, um schlechter Stimmung und der Möglichkeit von Übergriffen vorzubeugen. Aus Angst vor Übergriffen aus der Bevölkerung haben die Bewohner eines Asylbewerberheimes in Rathenow (Brandenburg) die Unterbringung in einem anderen Bundesland verlangt. Ein Sprecher des Potsdamer Sozialministeriums erklärte, dass Rathenow zu den Schwerpunkten bei Übergriffen auf Asylbewerber gehöre.

Dies ist und bleibt eine Frage der Perspektive. Wenn die Balance der deutschen Nachkriegsgeschichte sich dem Völkisch-Nationalistischen immer weiter zuneigt, werden Othering und Exclusion zu einer ausgeblendeten Selbstverständlichkeit, mit der man als «ethnisch» Deutscher auch auf Dauer gut leben kann. Solange es dem anderen geschieht, der nicht ethnischkulturell zum Volkskörper passt, was geht es den Deutschen an? Mit einem Antidiskriminierungsgesetz, das sich strafrechtlich gegen die Täter wendet, wäre schon viel geholfen. Doch wäre ein Gesetz, das Opfern die Möglichkeit gäbe, verwaltungsrechtlich ihre Grundrechte einzufordern, ein ebenso notwendiger Schritt, Staat und Gesellschaft zur Einhaltung des Grundgesetzes zu verpflichten.

Letztlich kann den großen Gefährdungen der Demokratie durch soziale Ausgrenzung und die Ethnisierung von Konflikten nur durch Handeln und Kenntnis, wie Richard von Weizsäcker es implizit für jenes Beispiel deutscher Barbarei eingefordert hat, entgegengewirkt werden.

Volker Beck / Günter Dworek
«Kampfkraft der Truppe» geschwächt
Homosexuelle in der Bundeswehr

Die Bundeswehr ist eine der letzten Institutionen unserer Gesellschaft, in der Schwule offen und offiziell diskriminiert werden. Wird die Homosexualität eines Soldaten bekannt, dann ist er von bestimmten Funktionen ausgeschlossen. Es ist Schwulen bei der Bundeswehr verwehrt, in Führungs-, Erziehungs- und Ausbildungsfunktionen tätig zu sein. Sie unterliegen einem klassischen Berufsverbot.

Die Situation ist reichlich absurd: Als Wehrpflichtige werden Homosexuelle akzeptiert. Sie dürfen Befehle entgegennehmen, aber sie dürfen keine geben. Nach der Wörner-Kießling-Affäre von 1984 wurden die Sicherheitsrichtlinien geändert: Seitdem gelten nur noch diejenigen schwulen Bundeswehrangehörigen als Sicherheitsrisiko, die ihre Homosexualität verheimlichen, weil sie dann erpressbar seien. Wenn sie aber ihre Homosexualität offen legen – dann ist ihre Karriere beendet. Wer die Wahrheit sagt, gilt als ungeeignet für alle Führungsaufgaben. Die Benachteiligung der Homosexuellen setzt sich allemal fort.

So erging es im Mai 1998 dem Oberleutnant Winfried Stecher. Er wurde in die Schreibstube zwangsversetzt, nachdem seine Homosexualität bekannt geworden war. Stecher war zuvor als Ausbilder auf einem Luftwaffenstützpunkt tätig. Er hatte in seiner ganzen Bundeswehrlaufbahn durchgängig glänzende Beurteilungen erhalten. Seine Vorgesetzten wie auch seine Untergebenen hatten sich einhellig für Stechers Verbleib eingesetzt. Beim Verteidigungsministerium stießen sie allerdings auf taube Ohren.

Ein ähnlich gelagerter Fall wurde im Juni 1999 vor dem Verwaltungsgericht Lüneburg verhandelt. Das Gericht verurteilte die Bundeswehr, den klagenden Feldwebel als Berufssoldat zu übernehmen. Er hatte 1995 bei einer routinemäßigen Sicherheitsüberprüfung die Frage, ob er homosexuell sei, wahrheitsgemäß mit «ja» beantwortet. Daraufhin hatte die Bundeswehr seine Übernahme abgelehnt, obwohl der Soldat durchgängig gute Bewertungen hatte. Das Gericht betonte nun, die sexuelle Orientierung gehöre zu den vom Grundgesetz geschützten Persönlichkeitsbereichen. Es stellte fest: Die Ablehnung des Feldwebels allein wegen dessen Homosexualität ist ein Verstoß gegen das Willkürverbot des Grundgesetzes (VG Lüneburg, Az.: 1 A 141/97). Leider hat das Verteidigungsministerium dieses richtungweisende Urteil nicht akzeptiert, sondern Rechtsmittel eingelegt.

Bislang hält Verteidigungsminister Rudolf Scharping strikt an der Linie seiner Amtsvorgänger fest und vertritt die Auffassung: «Homosexualität begründet erhebliche Zweifel an der Eignung und schließt eine Verwendung in solchen Funktionen aus, die an

Führung, Erziehung und Ausbildung gebunden sind.» (Schreiben an den Bundesminister für Umwelt, Naturschutz und Reaktorsicherheit, Jürgen Trittin, vom 11. März 1999)

Es wird argumentiert, Schwule seien als Führungskräfte ungeeignet, weil ihnen die Untergebenen den Respekt verweigern würden. Damit würde die «Kampfkraft der Truppe» geschwächt. Für diese Behauptung gibt es aber keinerlei empirischen Beleg. Hier treten vielmehr die Vorurteile der Bundeswehrführung zutage.

Jüngste Meinungsumfragen zeigen: Die große Mehrheit der Bundesbürger hat keine Vorbehalte mehr gegen Schwule in der Bundeswehr. Bei einer entsprechenden Umfrage des Instituts «Forsa» befürworteten 77 Prozent der Befragten, dass Homosexuelle in der Bundeswehr Dienst tun können. 91 Prozent der Befürworter votierten auch dafür, dass Homosexuelle als Ausbilder und Vorgesetzte tätig sein dürfen (*Die Woche* vom 8. Oktober 1999).

Wenn die Bundeswehrführung hartnäckig weiter behauptet, dass man in der Armee ganz anders empfinde als in der Gesellschaft, dann stellt sie der Truppe ein schlechtes Zeugnis in Sachen Demokratie und Toleranz aus. Falls Soldaten tatsächlich verstärkt zu Diskriminierungen und Anfeindungen gegenüber Homosexuellen neigen sollten, dann kann es doch nicht angehen, dass sich die Bundeswehr vor diesen Vorurteilen auch noch verbeugt. Dann müsste es Aufgabe der «inneren Führung» sein, gegen solche antidemokratischen Vorurteilsstrukturen anzugehen.

In einigen anderen NATO-Staaten wie den Niederlanden sind homosexuelle Offiziere und Ausbilder längst eine Selbstverständlichkeit. Dort wird etwaigen Ressentiments in der Armee durch Antidiskriminierungsprogramme aktiv entgegengewirkt.

Am 27. September 1999 wertete der Europäische Menschenrechtsgerichtshof im Falle von Großbritannien den Ausschluss Homosexueller aus den Streitkräften als Verstoß gegen die Menschenrechte. Damit werde das «Recht auf Privatleben» verletzt. Zu den Argumenten der britischen Regierung, die Integration Homosexueller beeinträchtige die «moralische und militärische Effektivität» der Armee, bemerkte das Gericht, hier handele es sich nur um Vorurteile Heterosexueller gegen Homosexuelle. Die Diskriminierung liege auf gleicher Ebene wie die gegen Menschen anderer Rasse, Hautfarbe oder Herkunft.

In Deutschland hat die höchstrichterliche Rechtsprechung die Diskriminierungspraxis der Hardthöhe dagegen bislang gebilligt. Der Wehrsenat des Bundesverwaltungsgerichts schreibt in seinen Entscheidungen bis heute eine Linie fort, die er in den siebziger Jahren entwickelt hatte, ohne zu prüfen, ob die damalige Spruchpraxis noch den heutigen Realitäten standhält. Damals herrschten noch ganz andere Bedingungen im Verhältnis der Gesellschaft zur Homosexualität.

Auch im eingangs geschilderten Fall des Oberleutnants Stecher gab das Bundesverwaltungsgericht dem Verteidigungsministerium Recht (Az.: 1 WB 54.98). Es verwies im Wesentlichen auf seine bisherige Rechtsprechung und ging nicht auf die konkreten Umstände des Falles ein. Es sei unerheblich, dass es bisher keinen Anlass zu Beschwerden oder sonstigen Beanstandungen im Hinblick auf die Homosexualität des Betreffenden gegeben habe. Entscheidend sei, dass diese in der Truppe bekannt geworden sei. Deshalb habe ein ausreichendes dienstliches Bedürfnis für die Wegversetzung bestanden.

Daraufhin hat der Oberleutnant Beschwerde beim Bundesverfassungsgericht eingelegt: wegen Verletzung des allgemeinen Persönlichkeitsrechts (Art. 1 Abs. 1 in Verbindung mit Art. 2 Abs. 1 GG), des Gleichheitsgrundsatzes (Art. 3 Abs. 1 GG) und des Rechts auf gleichen Zugang zu jedem öffentlichen Amte nach Eignung, Befähigung und fachlicher Leistung (Art. 33 Abs. 2 GG).

Das Bundesverfassungsgericht hat mittlerweile die Bundesregierung zur Stellungnahme aufgefordert und unter anderem gefragt: «Auf welcher tatsächlichen Grundlage beruht die ... Einschätzung einer möglichen Störung des Dienstbetriebes der Bundeswehr?» Die Frage trifft genau ins Schwarze. Es scheint so, als würde es «eng» für das Verteidigungsministerium. Rudolf Scharping wäre gut beraten, sich vom Kurs seiner Vorgänger abzusetzen. Ansonsten riskiert er, in Karlsruhe Prügel für die Taten seines Amtsvorgängers Volker Rühe einzustecken. Die rot-grüne Bundesregierung hat sich in ihrem Koalitionsvertrag auf ein Programm «gegen Diskriminierung und zur Förderung der Gleichbehandlung» von Schwulen und Lesben verpflichtet. Es wird höchste Zeit, das auch für die Bundeswehr umzusetzen. Die Geltung der Grundrechte darf nicht am Kasernentor enden.

Katharina Ahrendts
Frauen an die Waffen – Ein Urteil mit weit reichenden Folgen

Der Europäische Gerichtshof (EuGH) hat sich erneut zum Motor der Gleichstellung gemacht und eine der letzten Frauen diskriminierenden Berufszugangsbeschränkungen in Deutschland beseitigt. Am 11. Januar 2000 entschied der EuGH, dass der generelle Ausschluss von Frauen aus der Bundeswehr gegen die europäische Gleichstellungsrichtlinie (76 / 207 / EWG) verstößt. Geklagt hatte die 23-jährige Anlagen-Elektronikerin

Tanja Kreil, deren Bewerbung um eine Stelle als Berufssoldatin im Bereich der Instandsetzung von der Bundeswehr unter Verweis auf Art. 12a Abs. 4 Satz 2 GG abgelehnt wurde, nach dessen Wortlaut Frauen «auf keinen Fall Dienst mit der Waffe leisten» dürfen.

Der Kern des Problems ist ökonomisch

Der EuGH stellt in seinem Grundsatzurteil klar, dass grundsätzlich auch sicherheitspolitische Regelungen der EU-Staaten an der sich auf das Erwerbsleben beziehenden Gleichstellungsrichtlinie zu messen sind. Damit definiert der EuGH den Ausschluss von Frauen aus der Armee zutreffend als ein weniger militärisches als vielmehr ökonomisches Phänomen: Kernpunkt ist der der weiblichen Hälfte der Bevölkerung verwehrte Zugang zu den etwa 330000 vergleichsweise sicheren und gut bezahlten Arbeitsplätzen beim Arbeitgeber Bundeswehr – die ca. 4500 von Frauen besetzten Stellen im Sanitäts- und Militärmusikdienst fallen da kaum ins Gewicht.

Der EuGH blickt hier erheblich nüchterner dem ökonomischen Kern der Angelegenheit ins Auge als seine Kritiker und Kritikerinnen. Diese lehnen die Mitwirkung von Frauen in der patriarchalen Institution Militär teils aus pazifistischer, teils aus differenzfeministischer Perspektive ab. Für sie ist Militärdienst aktive Mittäterschaft an der Aufrechterhaltung undemokratischer, hierarchischer Strukturen und der Akzeptanz und Ausübung von kriegerischer Gewalt. Damit instrumentalisieren sie die Frauen allerdings ebenso bevormundend wie die Urheber des Art. 12a GG, die das Militärdienstverbot als Schutz der Frauen vor feindlicher Waffeneinwirkung und Kriegsgefangenschaft verstanden wissen wollten. Zweck der Grundrechte kann es jedoch nicht sein, der Frau eine eigenverantwortliche

Entscheidung über einen bewaffneten Dienst bei der Bundeswehr zu verwehren.

Weiter erkannten die EuGH-Richterinnen und -Richter, dass ein genereller Ausschluss von Frauen auch nicht durch den in der Gleichstellungsrichtlinie enthaltenen Ausnahmetatbestand gedeckt ist. Dieser erlaubt eine Diskriminierung dann, wenn das Geschlecht eine «unabdingbare Voraussetzung» für die auszuübende Tätigkeit ist. Solche Ausnahmen müssen nach der Rechtsprechung des EuGH immer spezifische Tätigkeiten betreffen, ein umfassendes Dienstverbot für Frauen geht daher viel zu weit.

Um die deutsche Verfassung in Einklang mit europäischem Recht zu bringen, müsste nun das Verbot des Waffendienstes für Frauen in Art. 12a Abs. 4 Satz 2 GG gestrichen werden – zumindest zur Klarstellung der Rechtslage. Schon jetzt spricht vieles dafür, das Verbot (anders als die überwiegende Meinung in der juristischen Literatur) so zu interpretieren, dass es sich ohnehin nicht auf die freiwillige Tätigkeit bei der Bundeswehr bezieht: Die Ansiedlung des Verbots innerhalb des Art. 12a GG, der nur Dienstpflichten regelt, legt dies ebenso nahe wie das Gleichheitsgrundrecht und die Berufsfreiheit, in deren Licht andere Verfassungsnormen auszulegen sind.

Bei der Neugestaltung der Rechtslage bleiben allerdings Spielräume: Der Ausschluss von Frauen von bestimmten Tätigkeiten, etwa in Kampfeinheiten oder auf U-Booten, dürfte dem Europarecht standhalten. Dies wird auch in einem Urteil des EuGH vom Oktober 1999 deutlich, in dem eine britische Regelung, die Frauen den Zugang zu der Elite-Nahkampfeinheit der «Royal Marines» verwehrt, für rechtmäßig erklärt wurde. Trotzdem ist im Sinne einer vollständigen Verwirklichung der Geschlechtergleichheit vom Gesetzgeber der Verzicht auf Regelungen zu fordern, die den Zugang zu bestimmten Tätigkeiten an das Geschlecht und nicht an die Erfüllung sich aus der Tätigkeit konkret ergebender physischer Voraussetzungen binden.

Die Konsequenzen für die Wehrpflicht

Das Urteil geht in seinen Wirkungen weit über seinen unmittelbaren Regelungsgehalt hinaus: So ist wieder Bewegung in die Diskussion um die Wehrpflicht gekommen (vgl. den Beitrag von W. Kaleck in diesem Band): Die Zulassung von Frauen zum freiwilligen Dienst an der Waffe bietet Argumente sowohl für Wehrpflicht-Gegner als auch für Befürworter eines allgemeinen Pflichtjahres für Männer und Frauen, denn es scheint nicht mehr zu rechtfertigen, dass Männer zu einem Dienst verpflichtet werden, für den Frauen sich freiwillig entscheiden dürfen.

Zwar ist der inhumane Zwangsdienst der Wehrpflicht sicherheitspolitisch überholt und mangels Wehrgerechtigkeit verfassungsrechtlich angreifbar und sollte deshalb ohnehin abgeschafft werden, trotzdem drohen die Gegnerinnen und Gegner von Wehrpflicht und neuen Zwangsdiensten in dieser Debatte auf verlorenen Posten zu geraten. Denn mit der Wehrpflicht fiele auch der Zivildienst – eine verheerende Perspektive für das Gesundheits- und Sozialwesen, für dessen Funktionieren die kostengünstige Arbeitsleistung der Zivildienstleistenden unverzichtbar geworden ist. Ökonomische Argumente rechtfertigen die Beibehaltung von Zwangsdiensten aber in keinem Fall.

Auch die fortdauernde Benachteiligung von Frauen im Berufsleben und ihre immer noch bestehende Hauptverantwortung für die Familienlasten taugen nicht als Argumente für eine «ausgleichende» Beschränkung der Wehrpflicht auf Männer: Diese Probleme müssen, etwa durch staatliche Anreize zur Frauenförderung in der Privatwirtschaft, in der die tatsächliche

Gleichberechtigung trotz formaler Gleichheit noch lange nicht erreicht ist, an der Wurzel gepackt werden. Sie dürfen nicht durch kompensatorische Modelle von der Agenda verdrängt werden.

Das Geschlechterverhältnis wird sich verändern

Weniger im politischen Diskurs verhandelt, aber dennoch spürbar werden andere Entwicklungen sein: Die zunehmende Anwesenheit von Frauen in der Bundeswehr wird diese Institution verändern. Der Männerbund Militär ist ein zentraler Ort der Konstruktion von Geschlechteridentitäten, die nun nicht mehr länger unbehelligt von weiblicher Präsenz stattfinden kann. Zum Knackpunkt könnte die diskriminierende Politik der Bundeswehr gegenüber Homosexuellen werden, zeigt doch die Erfahrung aus den US-amerikanischen Streitkräften, dass Frauen dort erheblich häufiger als Männer als homosexuell denunziert und deswegen aus der Armee entlassen werden – die Institution Militär mit ihrem an Männlichkeit orientierten Selbstbild setzt sich massiv zur Wehr gegen Mitglieder, die aufgrund ihres biologischen Geschlechts und durch ihre Überschreitung der Geschlechtergrenzen das Selbstbild der Institution infrage stellen.

Ebenfalls zu erwarten ist die Zunahme sexueller Übergriffe gegen Frauen innerhalb der Armee, die ebenfalls als gewaltsames Bestreben gedeutet werden können, die männliche Macht dort aufrechtzuerhalten. Außerdem ist zu befürchten, dass sich in der Bundeswehr die aus anderen Berufsfeldern bekannten Muster wiederholen, d. h. Frauen mit geringer bewerteten Aufgaben betraut werden und schlechtere Aufstiegschancen haben werden als ihre männliche Kollegen.

Und noch eins scheint sicher: Durch die Aufnahme von Frauen wird die Bundeswehr kein Stückchen besser, sie wird ihren Charakter als hierarchische, zum Zweck des Tötens von Menschen eingerichtete Zwangsinstitution nicht verlieren. Will man Frauen aber nicht instrumentalisieren, schränkt diese Tatsache ihren Anspruch auf Gleichbehandlung nicht ein. Geschlechtergleichheit ist nicht rechtfertigungsbedürftig und gilt auch dort, wo sie Frauen die Möglichkeit einräumt, sich in einer Institution von fragwürdiger Existenzberechtigung zu engagieren. Das EuGH-Urteil hat die Verwirklichung der formalen Gleichheit von Mann und Frau ein entscheidendes Stück vorangebracht – der unter dieser Oberfläche verborgene Sprengstoff ist ebenso gefährlich wie unausweichlich.

Franz-Josef Hanke

Rausgeflogen

Fluggesellschaften schließen Behinderte aus

Am 3. Februar 1999 wollte die Journalistin Sigrid Arnade von ihrem Wohnort Berlin aus zu einer Konferenz der «Aktion Grundgesetz» in Bonn fliegen. Die Deutsche BA, eine Tochtergesellschaft der British Airlines, verweigerte der Rollstuhlfahrerin jedoch die Mitnahme. Ihr Reisebüro teilte ihr mit, der Supervisor der Fluggesellschaft wolle sie nicht ohne eine Begleitung befördern. Beschwerden des Reisebüros blieben ohne Erfolg. So musste die Journalistin kurzfristig auf einen Flug der Lufthansa umbuchen, die die Rollstuhlfahrerin problemlos akzeptierte. Sigrid Arnade ist im Besitz der so genannten «Frequent Travelors Medical Card» (Fremac), die die Flugärzte für behinderte Reisende ausstellen. Doch selbst dieser Ausweis, der Probleme schon im Vorfeld lösen soll, half ihr in diesem Fall nichts. Das Argument fehlender Hilfe bei Reisen ohne Begleitperson leuchtet ihr nicht ein: «Ich könnte ja auch meine 90-jährige Großmutter als Begleitperson mitnehmen: In einem Notfall rette ich im Zweifel aber eher die als sie mich.» Das Flugverbot empfindet sie als Diskriminierung: «Es ist einfach entwürdigend, wenn so mit einem umgegangen wird.»

Dieselbe Erfahrung wie bei der Deutschen BA hatte die behinderte Journalistin gut drei Jahre vorher bereits bei der Fluggesellschaft «Euro-Wings» gemacht, als sie von Berlin nach Nürnberg fliegen wollte. Die Gesellschaft begründete den Ausschluss der Rollstuhlfahrerin seinerzeit mit Sicherheitsargumenten: «Wenn es zu einer Notwasserung käme, könne mir keiner helfen. Eine Notwasserung zwischen Berlin und Nürnberg ist aber höchst unwahrscheinlich. Man müsste dann ausgerechnet die Elbe treffen.»

Das Erlebnis von Sigrid Arnade ist kein Einzelfall: Die deutsche Goalball-Nationalmannschaft, die mit der italienischen Fluglinie Alitalia von einem Wettkampf in dieser speziellen Blinden-Sportart von Slowenien nach Deutschland zurückfliegen wollte, durfte nicht zusammen in einer Maschine reisen. Der Flugkapitän war nur bereit, einen allein reisenden Blinden und einen weiteren mit Begleitperson zu befördern.

Nach den Bestimmungen der Internationalen Luftverkehrs-Vereinigung IACO dürfen Airlines behinderte Fluggäste von der Mitnahme ausschließen, wenn sie keine Begleitperson bei sich haben. Sigrid Arnade wollte jedoch allein fliegen. Die diskriminierenden Regelungen zur Beschränkung der Mitnahme behinderter Reisender sind Übereinkünfte der Mitglieder des internationalen Zusammenschlusses der großen Fluglinien. Pikanterweise gelten sie für amerikanische Gesellschaften und Flüge von und in die Vereinigten Staaten und Kanada aber nicht. Grund hierfür ist der «Anti-Discrimination Act», das nordamerikanische Diskriminierungsverbot. Demnach dürfen

Firmen keine US-Staatsaufträge erhalten, denen eine Diskriminierung Behinderter nachgewiesen wurde. Die Furcht vor dieser Sanktion hat die Airlines aus den nordamerikanischen Staaten veranlasst, für sich eine Ausnahme von der Bestimmung durchzusetzen.

Diese Tatsache beweist, dass auch der deutsche Gesetzgeber durchaus Einfluss auf die Praxis zumindest der deutschen Fluglinien nehmen könnte. Behindertenorganisationen, die sich in der «Aktion Grundgesetz» zusammengeschlossen haben, fordern seit langem ein Gleichstellungs- oder Anti-Diskriminierungs-Gesetz. Konkrete Regelungen sollten damit den Artikel 3 Abs. 3 GG im Alltag durchsetzen. Seit dem 15. November 1994 heißt es dort: «Niemand darf wegen seiner Behinderung benachteiligt werden.»

Die Freiheit des Glaubens und des Gewissens sind unverletzlich

Art. 4. (1) Die Freiheit des Glaubens, des Gewissens und die Freiheit des religiösen und weltanschaulichen Bekenntnisses sind unverletzlich.

(2) Die ungestörte Religionsausübung wird gewährleistet.

(3) Niemand darf gegen sein Gewissen zum Kriegsdienst mit der Waffe gezwungen werden. Das Nähere regelt ein Bundesgesetz.

Till Müller-Heidelberg

Kruzifix

Das Ende einer Debatte?

Das Bundesverwaltungsgericht hat mit Urteil vom 21. April 1999 die bayerische Gesetzesregelung über Kruzifixe in Schulzimmern zwar grundsätzlich akzeptiert, aber nur (und gegen den bayerischen Verfassungsgerichtshof) in einer verfassungskonformen Auslegung, die letztlich dazu führt, dass zwar Kreuze in Schulzimmern aufgehängt werden dürfen, aber bei Protest eines Schülers letztlich beseitigt werden müssen (*Neue Juristische Wochenschrift* 1999, S. 3063). Bereits zweimal wurde im *Grundrechte-Report* (1997 und 1998) über Kruzifixe in bayerischen Schulzimmern berichtet: Das Bundesverfassungsgericht hatte die bayerische Volksschulregelung für verfassungswidrig erklärt, der Freistaat Bayern hatte daraufhin sofort ein neues Gesetz mit weitgehend gleichem Inhalt erlassen. Der Bayerische Verfassungsgerichtshof hatte dies nicht beanstandet.

Nach dem neuen Bayerischen Schulgesetz sollen nun Schülerinnen und Schüler bzw. ihre Eltern der Anbringung eines Kreuzes nur «aus ernsthaften und einsehbaren Gründen des Glaubens oder der Weltanschauung» widersprechen dürfen. Der Schulleiter soll eine gütliche Einigung erreichen. Gelingt dies nicht, so soll er eine Regelung treffen, welche «die religiösen und weltanschaulichen Überzeugungen aller in der Klasse Betroffenen zu einem gerechten Ausgleich bringt; dabei ist auch der Wille der Mehrheit soweit möglich zu berücksichtigen».

Dies nutzte der Familie Obermeier aus Bruckmühl nichts; weder beim Schulleiter noch beim Schulamt, noch bei Verwaltungs- und Oberverwaltungsgericht in München hatte sie Erfolg. Das Bundesverwaltungsgericht hat aber jetzt einen Schlusspunkt gesetzt: Eine verfassungskonforme Auslegung des bayerischen Gesetzes zwingt zur Verhinderung der Diskriminierung der Schüler und Eltern den Schulleiter, niemandem einen Antrag auf Abhängung des Kruzifixes zu offenbaren – «nicht den Eltern, nicht den Schülern und auch nicht den Lehrern, und sei es auch nur mittelbar». Entgegen dem Bayerischen Verfassungsgerichtshof müssen die Darlegungen der Schüler oder Eltern, die die Beseitigung des Kreuzes fordern, auch nicht «objektiv nachvollziehbar» sein, schon gar nicht müssen sie dem Schulleiter überzeugend erscheinen. «Auch nichts zu glauben, kann ein ernsthafter Standpunkt sein.» Und schließlich: Der Hinweis auf den Willen der Mehrheit im Bayerischen Schulgesetz nützt nichts – wenn auch nur ein einziges Kind bzw. seine Erziehungsberechtigten das Abhängen des Kreuzes fordert, muss dies geschehen!

Das bayerische Kultusministerium hat nun endlich ein Einsehen gezeigt und laut *Süddeutscher Zeitung* vom 10. Oktober 1999 die Anwendbarkeit dieses Urteils des Bundesverwaltungsgerichts auf alle bayerischen Schulen anerkannt.

Ulrich Finckh

Ganz oder gar nicht?

Die situationsbezogene Kriegsdienstverweigerung ist nötig

Seit der deutschen Wiederaufrüstung nach dem 2. Weltkrieg ist der grundgesetzliche Schutz der Kriegsdienstverweigerer umstritten. Die gesetzliche Regelung, die Art. 4 Abs. 3 Satz 2 GG fordert, hat anfangs im Wehrpflichtgesetz und inzwischen im Kriegsdienstverweigerungsgesetz nur die allgemeine grundsätzliche Kriegsdienstverweigerung geschützt. «Wer sich aus Gewissensgründen der Beteiligung an *jeder* Gewaltanwendung zwischen den Staaten widersetzt ...» lautet die umstrittene Formulierung. Kann das Gewissen nur pazifistisch-fundamentalistisch jeden Krieg oder gar keinen Krieg ablehnen? Ist nicht der Anlass für Art. 4 Abs. 3 GG gerade der verbrecherische Angriffs-, Eroberungs- und Vernichtungskrieg Hitlers gewesen, den schließlich selbst Generale für so verbrecherisch hielten, dass sie am 20. Juli 1944 putschten und dafür mit ihrem Leben bezahlten? Generale sind bestimmt keine grundsätzlichen Kriegsdienstverweigerer, aber bei diesem Krieg schlug ihr Gewissen. Nach der Formulierung des Grundgesetzes muss die begründete Verweigerung in einer bestimmten Situation geschützt werden, denn es heißt schlicht und einfach: Niemand darf gegen sein Gewissen zum Kriegsdienst mit der Waffe gezwungen werden. Die einschränkende Gesetzesformulierung, die nur noch den grundsätzlichen Pazifisten schützt, wurde von Anfang an infrage gestellt. So gab es Kriegsdienstverweigerer, die nicht auf die deutschen Brüder und Vettern in der DDR schießen wollten. Diese nationale Argumentation wurde aber nicht anerkannt, und es blieb diesen Verweigerern nur der Ausweg, zu argumentieren, dass jeder denkbare Krieg auch ein Krieg gegen andere Deutsche sein werde und deshalb gegen ihr Gewissen verstoße.

Ähnlich war es, als die atomare Drohung den Kalten Krieg bestimmte. Wer nur den Einsatz von Massenvernichtungsmitteln, also A-, B-, C-Waffen oder Flächenbrand- und -splitterbomben ablehnte und deshalb den Kriegsdienst verweigerte, der wurde nicht anerkannt. Er musste den Umweg wählen, dass jeder denkbare Krieg hier und heute den Einsatz dieser schrecklichen Massenvernichtungsmittel bedeuten könne und er deshalb die Beteiligung an jedem Krieg ablehne.

Zum dritten Mal wurde die Frage im 2. Golfkrieg aktuell, als deutsche Truppen in den östlichen Mittelmeerraum verlegt wurden. Das deutsche Militär diente nicht mehr der Aufrechterhaltung des Friedens, sondern sollte den Krieg um das Öl in Kuweit absichern: «Kein Krieg für Öl!» wurde zu einer Parole, die Tausende Soldaten und Reservisten zur Kriegsdienstverweigerung veranlasste. Der Krieg wurde für sie zum Beweis, dass Militär nicht dem Frieden durch Abschreckung und notfalls der Verteidigung, sondern kriegerischen Interventionen für Wirtschaftsinteressen dient. Aber auch sie durften nicht nur diesen speziellen militärischen Einsatz verweigern, sondern konnten ihn nur als Anlass nehmen, sich *generell* als Kriegsdienstverweigerer zu erklären.

1999 zeigte sich dieses Problem erneut, und zwar bei dem militärischen Eingreifen zugunsten der Albaner im Kosovo. Dass die Albaner seit Jahren unterdrückt werden, ist unbestritten. Ihr jahrelanges gewaltfreies Engagement für ihre Minderheitenrechte wurde jedoch nie unterstützt. Erst als ein Teil der Albaner sich Waffen besorgte – ob sie mit Drogenhandel, Menschenschmuggel oder ausländischem Geld bezahlt wurden, ist unklar – und die albanische UÇK Terroranschläge verübte, also im Grunde einen Separationskrieg startete, da griff die NATO plötzlich ein. Die Situation war ziemlich genau dieselbe wie in der Osttürkei mit den kriegerischen Aktionen der kurdischen PKK und der brutalen staatlichen Unterdrückung dieser Minderheit. Aber während die PKK in der Türkei verdammt wird, wurde im ehemaligen Jugoslawien die gewalttätige separatistische UÇK unterstützt.

Im Luftkrieg gegen Jugoslawien wurden die eigentlich zuständigen internationalen Gremien völkerrechtswidrig missachtet. Im Falle von Völkermord ist nach der «Konvention gegen Völkermord» der Internationale Gerichtshof in Den Haag einzuschalten, im Falle von Menschenrechtsverletzungen das Hochkommissariat der Vereinten Nationen und die OSZE, im Falle der Gefährdung des Friedens der Sicherheitsrat der Vereinten Nationen. Lediglich die OSZE wurde um Beobachter gebeten, aber deren Einsatz von westlicher Seite erheblich verzögert und durch die Kriegsdrohung mit Luftangriffen beendet, noch ehe die volle Zahl der Beobachter im Kosovo war. Der begonnene Abzug der jugoslawischen Streitkräfte wurde von Belgrad beendet, als die UÇK nachrückte und die Loslösung von Jugoslawien durchsetzen wollte, was Jugoslawien nicht dulden konnte. Gebietshochverrat ist auch in Deutschland ein schweres Verbrechen, und das Vorgehen gegen baskischen Separatismus in Spanien, korsischen in Frankreich, nordirischen in Großbritannien zeigt, dass auch NATO-Staaten so etwas bekämpfen.

Der Luftkrieg zugunsten der Albaner – verharmlosend «Luftschläge» genannt – war ein Angriffskrieg unter Verletzung des Grundgesetzes und des Völkerrechts. Die Art der Kriegführung mit Angriffen auf E-Werke, Brücken und Kliniken verletzte zudem das Kriegsvölkerrecht. Damit Soldaten sich nicht dagegen wehren, wurden nur Freiwillige eingesetzt, Wehrpflichtige und demonstrierende Soldaten zu Hause gelassen. Das funktionierte auch insofern, als es kaum Verweigerer dieses Krieges gab. Aber der Fall hat wieder das Problem der situationsbedingten Kriegsdienstverweigerung aufgeworfen. Was kann der Soldat tun, der einen solchen Krieg nicht mit seinem Gewissen vereinbaren kann? Angenommen, er ist freiwilliger Soldat auf Zeit oder Berufssoldat: Wie kann er dann grundsätzlich gegen Krieg sein? Gut, er kann sich zum Pazifismus bekehren wie schon König Aschoka vor über 2000 Jahren in Indien, als er Buddhist wurde, oder auch wie die Christen, die sich den Friedenskirchen anschlossen. Wenn das aber nicht der Fall ist und er nur diesen Angriffskrieg, diesen einen Bruch des Völkerrechts, diese Demontage der UNO und diese Angriffe auf zivile Ziele für Unrecht hält, das er nicht mit seinem Gewissen vereinbaren kann – was dann? Nach dem Wortlaut des Grundgesetzes kann er sich auf Art. 4 Abs. 3 GG berufen. Aber das Kriegsdienstverweigerungsgesetz erkennt diese Verweigerung nicht an, und das Bundesverfassungsgericht hat die Regelung im Urteil vom 20. Dezember 1960 gebilligt und auch seither nicht beanstandet. Die mir bekannten Soldaten haben deshalb wohl oder übel eine allgemeine Kriegsdienstverweigerung geltend gemacht, mögen aber nicht darüber sprechen.

Was bisher vor allem theoretisch diskutiert wurde, am intensivsten im Sondervotum der Richter Prof. Dr. Böckenförde und Prof. Dr. Mahrenholz zur Verfassungsgerichtsentscheidung vom 26. April 1985, wird hier wieder konkret. Mit Billigung des Bundesverfassungsgerichtes hat der Gesetzgeber ein Grundrecht radikal eingeschränkt und damit das Menschenrechts- und Demokratieverständnis des Grundgesetzes missachtet. Nicht die Würde des Menschen und die ausdrücklich garantierte Gewissensfreiheit des Einzelnen ist danach entscheidend, sondern der Soldat hat vielmehr selbst dann zu gehorchen, wenn sein Gewissen es ihm verbietet.

Wäre eine situationsbedingte Kriegsdienstverweigerung speziell auf diesen Krieg bezogen zulässig, könnte man grundgesetzkonform sowohl verweigern als auch dazu aufrufen. Weil das geltende Kriegsdienstverweigerungsrecht das Grundgesetz missachtet, kommen Soldaten in die fatale Situation, entweder mit einer unehrlichen generellen KDV den Dienst ganz zu quittieren oder gegen ihr Gewissen Unrechtsbefehle zu befolgen. Und friedenspolitisch aktive Kritikerinnen und Kritiker des Krieges können nicht zu der Lösung raten, die das Grundgesetz verspricht, ehrlich dem eigenen Gewissen folgend diesen Kriegsdienst zu verweigern, der das Völkerrecht missachtet. Es wird Zeit, dass das Kriegsdienstverweigerungsgesetz so geändert wird, dass niemand mehr gegen sein Gewissen zum Kriegsdienst mit der Waffe oder zum Heucheln gezwungen wird.

Literatur:

Eine gute Übersicht der Rechtsprechung und der Kritik gibt die Materialsammlung der Evangelischen Arbeitsgemeinschaft zur Betreuung der Kriegsdienstverweigerer (Hrsg.), Wenn das Gewissen schlägt, Bremen 1984.

Ein Beispiel für die Diskussion über situationsbedingte KDV ist die Dokumentation über die Verleihung des Siegmund-Schultze-Förderpreises für gewaltfreies Handeln 1998: Evangelische Arbeitsgemeinschaft zur Betreuung der Kriegsdienstverweigerer (Hrsg.), Jesch Gwul – Es gibt eine Grenze, Bremen 1999.

Die Meinungs- und Pressefreiheit werden gewährleistet

Art. 5. (1) Jeder hat das Recht, seine Meinung in Wort, Schrift und Bild frei zu äußern und zu verbreiten und sich aus allgemein zugänglichen Quellen ungehindert zu unterrichten. Die Pressefreiheit und die Freiheit der Berichterstattung durch Rundfunk und Film werden gewährleistet. Eine Zensur findet nicht statt.

(2) Diese Rechte finden ihre Schranken in den Vorschriften der allgemeinen Gesetze, den gesetzlichen Bestimmungen zum Schutze der Jugend und in dem Recht der persönlichen Ehre.

Eckart Spoo
Irreführung der Öffentlichkeit
Die Informationspolitik im Krieg gegen Jugoslawien

Die Bürgerinnen und Bürger der BRD waren in einem der wichtigsten politischen Konflikte des Jahres 1999 – ich meine: in dem wichtigsten Konflikt überhaupt – durch unzutreffende Informationen dermaßen fehlorientiert, dass eine demokratische Meinungs- und Willensbildung darüber unmöglich war. Auch Abgeordnete aus beiden Koalitionsfraktionen sagten mir einige Monate nach den Bombardements: Wenn sie richtig informiert gewesen wären, hätten sie sich im Parlament anders verhalten, nämlich dem Angriffskrieg nicht zugestimmt. Die Regierung der Bundesrepublik Deutschland und das von ihr mitgetragene Militärbündnis NATO haben die Öffentlichkeit über Gründe, Ziele, Gegner, Verlauf, Opfer und Ergebnisse ihres Bombenkrieges gegen Jugoslawien systematisch irregeführt. Das erklärt teilweise die monatelange falsche Berichterstattung fast aller

Medien in Deutschland, was die Medien jedoch nicht von ihrer eigenen Verantwortung freispricht.

Die deutsche Regierung setzte sich mit der Beteiligung an dem Bombenkrieg der NATO über das Grundgesetz hinweg. Das gilt speziell auch für die Öffentlichkeitsarbeit, mit der die Bundesregierung und namentlich der Bundesminister, der eigentlich für Verteidigung zuständig ist, Widerstände gegen den Angriffskrieg auszuräumen versuchten.

Hauptmethode, die Öffentlichkeit kriegsbereit zu machen, war die Dämonisierung der Serben und namentlich des jugoslawischen Staatspräsidenten Slobodan Milošević, der als der neue Hitler dargestellt wurde. Immer wieder zog die offizielle deutsche Kriegspropaganda diese Parallele, wovor die *Allgemeine Jüdische Wochenzeitung*, das Organ des Zentralrats der Juden in Deutschland, ähnlich wie eine Gruppe von Überlebenden des KZ Auschwitz mit einer ganzseitigen Anzeige in der *Frankfurter Rundschau* eindringlich warnten. Vor Beginn des Bombenkriegs war Militärminister Rudolf Scharping mit 120 Soldaten in die KZ-Gedenkstätte Auschwitz gereist, um sich und die Bundeswehr mit der Weihe des Ortes zu versehen; so bereitete er die Öffentlichkeit darauf vor, dass das Militär die Aufgabe übernehmen müsse, ein neues Auschwitz zu verhindern, den neuen Hitler unschädlich zu machen. Die permanent wiederholte Botschaft ans deutsche Volk lautete: Wir dürfen – Völkerrecht hin oder her – nicht tatenlos zusehen oder wegsehen.

«Im Kosovo findet ein ethnisch begründeter Völkermord statt», behauptete Scharping und gab Milošević die Schuld. Die Organisation für Sicherheit und Zusammenarbeit in Europa (OSZE), die aufgrund des Holbrooke-Milošević-Abkommens vom Oktober 1998 im Kosovo wachte, wusste von dort ganz anderes zu berichten, namentlich der deutsche Vertreter bei der OSZE, General Heinz Loquai: Belgrad habe sich an das Abkommen gehalten. Doch wie das Verteidigungsministerium gab auch das Auswärtige Amt die Parole aus: «Milošević handelt nicht anders als Hitler» (Staatsminister Ludger Volmer), und von Völkermord sprach auch Bundeskanzler Gerhard Schröder.

Als Opfer des Völkermords wurde der albanische Bevölkerungsteil im Kosovo dargestellt. Das Auswärtige Amt setzte sich mit dieser Darstellung in krassen Widerspruch zu seinen eigenen Berichten an die deutschen Flüchtlingsbehörden und die mit Asylangelegenheiten befassten Verwaltungsgerichte, denen es noch bis zum Beginn der Bombardements mitteilte, im Kosovo gebe es keine Verfolgung von Albanern wegen ihrer Zugehörigkeit zu diesem Bevölkerungsteil. Was als Asylgrund und Abschiebungshindernis nicht anerkannt wurde (vgl. den Beitrag von Heiko Kauffmann), reichte nun als Kriegsgrund aus. Schon in dieser Widersprüchlichkeit regierungsamtlicher Verlautbarungen zeigte sich die Tendenz, die Informationspolitik weniger an Fakten als an jeweiligen Interessen zu orientieren.

Die offizielle Kriegspropaganda illustrierte die Behauptung, die Serben verübten im Kosovo einen Völkermord, mit frei erfundenen Gräuelgeschichten, teilweise vereinheitlicht durch die Public-Relations-Experten des «Media Operation Center» der NATO. Das Stadion von Priština diente danach angeblich als KZ (in Wahrheit wurde dort kein einziger Mensch gefangen gehalten). Von Menschen im Blutrausch, die mit abgeschnittenen Köpfen Fußball spielen, sowie von einer serbischen Soldateska, die schwangeren Frauen den Fötus aus dem Leib geschnitten habe, sprach Scharping mehrmals in der Öffentlichkeit. Schlimmer noch: Die Föten seien geröstet und anschließend wieder eingenäht worden. Je scheußlicher zusammenphantasiert, desto besser eigneten sich diese Geschichten für die Rechtfertigung des Angriffskriegs.

Obwohl sich die OSZE-Mission im Kosovo als nützlich erwies, behauptete die regierungsamtliche Propaganda, es gebe keine Alternative zum militärischen Eingreifen. Als Falschbeweis für die Notwendigkeit des Bombenkriegs diente dann auch die angebliche Weigerung Jugoslawiens, bei den Verhandlungen in Rambouillet nachzugeben. Der Öffentlichkeit wurde wochenlang verheimlicht, welches unannehmbare Ultimatum die NATO an Jugoslawien gestellt hatte: Zugang für NATO-Truppen nicht nur im Krisengebiet Kosovo, sondern in ganz Jugoslawien – in krasser Missachtung der einst respektierten Blockfreiheit des Landes.

Ein angebliches serbisches Massaker an albanischen Zivilisten in Račak – eine finnische Untersuchungskommission kam zu wesentlich anderen Ergebnissen – diente der letzten Einstimmung auf den Bombenkrieg. «Die Verantwortung für die Luftschläge liegt allein bei Milošević», sagte Scharping. Also: Der Angegriffene war schuld, nicht der Angreifer. Ein altes Muster der Kriegspropaganda. Aber trotz aller Irreführung der eigenen Bevölkerung wagten es die NATO und speziell die deutsche Bundesregierung auch Ende März noch nicht, sich offen zum Krieg, dem von ihnen vorbereiteten Angriffskrieg, zu bekennen. Am Tag, als die ersten Bomben und Raketen gegen Jugoslawien abgeschossen wurden, sagte Bundeskanzler Gerhard Schröder: «Wir führen keinen Krieg!»

Die NATO bombte nun angeblich mit dem Ziel, albanische Flüchtlinge und/oder Vertriebene aus dem Kosovo in ihre Häuser zurückzubringen. Aber zu Beginn des Bombenkriegs lebten die meisten Menschen, die dann zu Flüchtlingen oder Vertriebenen wurden, noch in ihren Häusern. Wenn die Verhinderung ethnischer Säuberungen wirklich Kriegsziel der NATO gewesen wäre, dann müsste man diesen Krieg als krassen Misserfolg werten. Die NATO-Aggression verstärkte ethnische Konflikte und löste Fluchtbewegungen aus (nicht nur nach Albanien und Mazedonien, wovon die Öffentlichkeit viel zu hören bekam, sondern auch ins zentrale Jugoslawien).

Durch den ganzen 78-tägigen Bombenkrieg zog sich die Lüge, die so genannten Luftschläge richteten sich nur gegen militärische Ziele; wenn doch einmal zivile Einrichtungen und sogar Zivilpersonen getroffen würden, seien das unbeabsichtigte, unvermeidliche, bedauerliche «Kollateralschäden». In Wahrheit richteten sich die Bombardements jedoch meistens gegen zivile Ziele. Das jugoslawische Militär erlitt verhältnismäßig geringe Verluste, aber die NATO zerstörte u. a. fast die gesamte industrielle Infrastruktur Jugoslawiens, Hunderttausende Arbeitsplätze, die Existenzgrundlage von Millionen Menschen. Diese Wahrheit versuchten die Aggressoren zu verheimlichen. Nachdem zum Beispiel das Krankenhaus von Sudurlica bombardiert worden war, behauptete NATO-Sprecher Jamie Shea, das Krankenhaus sei eine Kaserne gewesen.

Während NATO und Bundesregierung solche Falschmeldungen verbreiteten, versuchten sie zugleich zu verhindern, dass die andere Seite zu Wort kam. Um die Wahrheit über die Schäden und über die Opfer zu unterdrücken, zerbombte die NATO Redaktionsgebäude und Sendeanlagen des dortigen Fernsehens. Als es diesem gleichwohl gelang, dem europäischen Satellitenfernsehen Bilder zu liefern, die geeignet waren, Propagandabehauptungen der NATO zu widerlegen, beschloss auf deutsche Initiative das europäische Satelliten-Konsortium, Sendungen des jugoslawischen Fernsehens abzuschalten. Bilder von getöteten Zivilisten und verwüsteten Wohnhäusern, die in der Bevölkerung der NATO-Staaten den Widerstand gegen den Krieg hätten anwachsen lassen, waren von da an nicht mehr zu sehen. Das Auswärtige Amt versuchte noch im August 1999 (in einem Schreiben an das Kasseler Friedensforum) diesen Eingriff zu rechtfertigen: Der Gewährleistung objektiver Informationsmöglichkeiten stehe «die Einstellung der Übertragung des staatlichen jugoslawischen Senders RTS durch EUTELSAT nicht entgegen», denn dieser Sender diene «ausschließlich den Propagandazwecken der jugoslawischen Regierung, nicht aber objektiver Information». Als hätte der NATO und der Bundesregierung in diesem Krieg Propaganda fern gelegen und als setzte objektive Information nicht gerade den ungehinderten Zugang zu den Darstellungen beider Kriegsparteien voraus.

Wie Scharping mit seinem im Herbst 1999 erschienenen Buch *Wir dürfen nicht wegsehen*, in dem er allerlei Märchen wiederholte, setzte die Bundesregierung auch in ihren Antworten auf parlamentarische Anfragen ihre Desinformation fort. So verletzte sie weiterhin ihre Informationspflichten gegenüber der Bevölkerung. Damit dürfen sich Demokraten schlicht nicht abfinden. Wo solche Entscheidungen wie die Abschaltung der Satelliten-Übertragung jugoslawischer Informationen über die verheerenden Folgen der NATO-Bombardements möglich sind, regierungsamtlich noch Monate später gerechtfertigt werden und ungeahndet bleiben, da ist unser Grundrecht auf Information ausgehebelt.

Dieter Brumm
Hüter der «freien» Information
Staatliche und kommerzielle Beschränkungen der Meinungsfreiheit

Auch nach der 50-Jahr-Feier des Grundgesetzes sind die Meinungsfreiheit und das Recht auf freie Information in der Bundesrepublik Deutschland auf vielfältige Weise unterdrückt oder bedroht. Analysen eines Urteils, mit dem das Bundesverfassungsgericht im Juli 1999 einer Reihe von Beschwerden gegen die Telefonüberwachung (Verbrechensbekämpfungsgesetz von

1994) nur zum Teil folgte, kommen etwa zu dem Schluss: «Mit der Grundrechts-Sensibilität im Parlament ist es nicht mehr weit her. Der Gesetzgeber ist grundrechtstaub geworden» (Heribert Prantl). Parallel dazu beklagen Beobachter die Einschränkungen der Informationsfreiheit durch Kommerzialisierung und damit Nivellierung der Medien und befürchten sogar: «Die Freiheit der Medien ist mehr von innen als von außen bedroht» (Roderich Reifenrath).

Am 17. September 1999 erhöhte das Bayerische Verfassungsgericht eigenmächtig die Hürde für Volksentscheide auf 25 Prozent der Wählerstimmen – obwohl nach der Landesverfassung die «Mehrheit entscheidet». Anlass dafür sind ein anstehendes Volksbegehren für «Unabhängige Richterinnen und Richter in Bayern» (bislang werden sie mit der Mehrheit der CSU im Landtag gewählt) und die erfolgreiche Abschaffung des Senats – der zweiten, ebenfalls von der CSU beherrschten Kammer – durch Volksentscheid 1998. Die Bürgeraktion *Mehr Demokratie e.V.* stellte massive staatliche und kommunale Einschränkungen ihres Informationsrechts fest.

Als «besonders geschickte Form staatlicher Zensur» qualifizierte das Münchner Verwaltungsgericht im März das Vorgehen des Freistaats gegen eine Mahnwache von *amnesty international* beim Besuch des chinesischen Präsidenten Jiang Zemin 1995 in München. Mit einem vor diese Mahnwache gestellten Bus nebst Blaskapelle waren – so das Gericht – die Grundrechte der Demonstranten «nachhaltig» verletzt worden. «Wenn Prävention alles würde, wäre die Freiheit nichts mehr wert», sagte Verfassungsrichter Dieter Grimm über diesen und ähnliche Fälle im Sommer 1999. Das gilt in besonderem Maße auch für den 1998 parteiübergreifend beschlossenen «Großen Lauschangriff», der direkte Zensur erübrigt, indem er den Informantenschutz aushöhlt und so die Meinungsfreiheit immer mehr einengt.

In selbstbewussten Demokratien werden staatliche Beschränkungen der Informations- und Meinungsfreiheit schon deshalb von den Medien angegriffen, weil sie davon mehr oder weniger direkt betroffen sind. Das gilt nicht ebenso für zensurähnliche Schranken bei der Berichterstattung innerhalb dieser Medien selbst, deren Besitzer oder Betreiber ihre kommerziellen oder ideologischen Beweggründe nur selten offen legen. Brisanter noch sind Auswirkungen auf die Gesellschaft, die sich aus den Kämpfen um Marktanteile ergeben. In einem Beitrag zu «50 Jahren Grundgesetz» beschrieb dies Roderich Reifenrath, Chefredakteur der *Frankfurter Rundschau*: «Zu besichtigen sind Qualitätsabstürze auf den Bildschirmen, Sendungen, die das Trivialste noch als Aufklärungsnummer verhökern, Eindringen in jede Privatsphäre, überproportionale Hinwendungen zu Kombinationen aus Seichtem ... Beobachter warnen deshalb vor dem ‹schleichenden Gift› der Medienwirkungen, vor dem Verlust an Identität und Orientierung.»

Die latente Hinrichtung der Realität zu Marktrezepten wird noch ergänzt durch eine Verschwörung des Schweigens angesichts brisanter Themen ohne Aussicht auf kommerziellen Nutzen. Die Siegener Wissenschaftler-Initiative «Nachrichtenaufklärung» hat im Dezember 1998 einige davon aufgelistet: So den bereits technisch möglichen Einsatz von ISDN-Telefonen als ferngelenkte Abhörwanzen oder das schon praktizierte Anzapfen von Kommunikationssatelliten (Telefon, E-Mail, Fax) durch den US-Geheimdienst in Europa.

Medieneigene Zensurfälle werden seltener bekannt – allenfalls wie Spitzen von Eisbergen. Im April 1999 verließen zwei angesehene Redakteure den *Spiegel*: Klaus Wirtgen (60), der 29 Jahre lang für das Magazin aus Bonn berichtet hatte, und Richard Rickelmann von der Düsseldorfer Redaktion. Grund dafür war, dass ihr kritischer Bericht über den damaligen Kanzleramtsminister Bodo Hombach in der Zentralredaktion ohne ihr Einverständnis mit positiven und entlastenden Zusätzen garniert worden war – und sie deshalb ihre Namen als Autoren zurückgezogen hatten.

Anders der Chefredakteur des *Sonntagsblatts* im Bistum Rottenburg-Stuttgart, Uwe Renz (40). Am 18. Juni 1999 wurde ihm fristlos gekündigt; er musste innerhalb einer Stunde die Redaktion verlassen. Sein Bischof und Herausgeber des Blatts, Walter Kasper, war zwar seit Monatsanfang Sekretär des päpstlichen Einheitsrates der Christen in Rom, stellte aber noch beim Ostfilderner Schwabenverlag die Weichen für den Rausschmiss. Zeugen berichten, was dem avancierten Amtsträger alles missfiel: Dass Kirchenkritiker Hans Küng auf einen bischöflichen Kommentar im Blatt antworten durfte, dass übers «Kirchenvolksbegehren» ausführlich informiert wurde und gar ein Foto Oskar Lafontaines erschien.

Zum Bumerang wurde eine Zensurentscheidung des Präsidenten des «Bundes Deutscher Architekten» (BDA), Andreas Hempel. Er kündigte dem erst acht Monate für die renommierte Verbandszeitschrift *Der Architekt* arbeitenden Chefredakteur Wolfgang Jean Stock – weil der gegen die monströsen Umbaupläne des Münchner Olympiastadions von Stararchitekt und BDA-Mitglied Günter Behnisch Front gemacht hatte. Die Folge: Der Redaktionsbeirat der 1951 gegründeten Zeitschrift trat zurück. Zuweilen machen Medienbesitzer angesichts selbstbewusster Autorinnen und Autoren auch nicht vor kapriziösen Strafaktionen Halt – wie bei der Übersetzerin Karin Krieger. Weil sie es gewagt hatte, an dem von ihr übersetzten Bestseller *Seide* von Alessandro Baricco zu ihrem eher dürftigen Honorar Gewinnbeteiligung zu fordern, und das auch durchsetzte, nahm der Piper Verlag ihre Baricco-Übersetzungen vom Markt und ersetzte sie durch willfährigere Mitarbeiter.

Zensur in Deutschland? Eine der Schlussfolgerungen zog schon 1956 Erich Kästner, dem das NS-Regime Schriftverbot erteilt hatte. Er notierte: «Wir haben keine Zensur, weil wir keine brauchen. Wir haben – fortschrittlich wie wir sind – die Selbstzensur erfunden.» Auf diesem Feld sind den Variationen keine Grenzen gesetzt.

Literatur:

Roland Seim, Zwischen Medienfreiheit und Zensureingriffen, Münster 1997.

Dieter Brumm, Zensur und kein Ende, ‹M› – Menschen machen Medien. Zeitschrift der IG Medien, Jahrgänge 36–48.

Christoph Bruch

Der Akt mit den Akten

Zur Diskussion um das Recht auf Akteneinsicht

Bisher ist ein allgemeines Recht auf Akteneinsicht in der Bundesrepublik lediglich in Brandenburg (1998), Berlin (1999) und Schleswig-Holstein (2000) realisiert worden. Dem Brandenburger Akteneinsichts- und Informationszugangsgesetz liegt zudem ein in Artikel 21 der Landesverfassung garantierter Anspruch der Bürger auf Einsicht in die Akten ihrer Landesverwaltung zugrunde: «Jeder hat nach Maßgabe des Gesetzes das Recht auf Einsicht in Akten und sonstige amtliche Unterlagen der Behörden und Verwaltungseinrichtungen des Landes und der Kommunen, soweit nicht überwiegende öffentliche oder private Interessen entgegenstehen.»

Die systematische Stellung des mit dem Titel «Recht auf politische Mitgestaltung» überschriebenen Artikels 21 spiegelt die Legitimation des Akteneinsichtsrechtes wider.

Der Begriff Informationsfreiheits-Gesetz (IfG) betrifft lediglich einen Ausschnitt des Problemfeldes, das mit dem Begriff *Informationsfreiheit* angesprochen wird. Mit Informationsfreiheit ist die Freiheit aller öffentlichen Kommunikationsprozesse gemeint. Dies schließt die Regelung des Akteneinsichtsrechtes bzw. das in die Pressefreiheit eingeschlossene Rechercherecht, das Zensurverbot sowie den Anspruch ein, nicht am Empfang von Informationen gehindert zu werden. Zudem wird im Zusammenhang mit der gestiegenen Bedeutung von Telefon, Radio, TV sowie den neuen Informationstechniken seit einiger Zeit der Anspruch auf Informationsfreiheit mit der Forderung nach einer informationellen Grundversorgung verbunden. Der Begriff Informationsfreiheits-Gesetz ersetzt in der aktuellen politischen Diskussion weitgehend den Begriff *Akteneinsichtsrecht* bzw. -gesetz. Der Grund für diese genau genommen zu weit reichende Benennung liegt in der Argumentation, die zur Legitimation des Akteneinsichtsrechtes vorgebracht wird. Es wird nach dem Verständnis seiner Befürworter als ein Grundrecht der Bürgerinnen und Bürger verstanden, das deren politische Partizipation fördern und eine stärkere Kontrolle der Verwaltung und Regierung durch die Öffentlichkeit bewirken soll.

Das Fehlen eines IfG in den anderen Bundesländern und auf Bundesebene unterscheidet die Bundesrepublik deutlich vom demokratischen Entwicklungsstand der Staaten Westeuropas, Nordamerikas sowie von Australien und Neuseeland, die alle über ein Akteneinsichtsrecht verfügen. In Österreich, Belgien, Estland, Finnland, Ungarn, den Niederlanden, Portugal, Rumänien und Spanien sind diese Bestimmungen sogar in der Verfassung verankert.

Das weitgehende Fehlen eines IfG in der Bundesrepublik

provoziert die Frage nach den Gründen hierfür. Ein IfG wird von seinen Befürwortern als wichtige Bedingung für die politische Partizipation der Bürger gefordert. Dass die Möglichkeit zur freien Information eine grundlegende Voraussetzung zur sinnvollen Ausübung des passiven und aktiven Wahlrechtes ist und als Grundrecht geschützt ist, wird in der Bundesrepublik als herrschende Meinung anerkannt. Als Rechtsgrundlage für die Garantie dieser Informationsfreiheit wird auf Art. 5 Abs. 1 GG verwiesen. Dieser sichert den Bürgern jedoch nur die Freiheit, sich aus allgemein zugänglichen Quellen zu informieren. Die Informationen im Besitz der Verwaltung werden von dieser Garantie ausgeschlossen. Einen weitgehenden Informationsanspruch haben Journalisten. Die Landespressegesetze verpflichten die Behörden aller Verwaltungsebenen einschließlich der Bundesverwaltung, Journalisten Auskunft zu erteilen.

In dieser Regelung findet sich eine Erklärung für das weitgehende Fehlen von IfGs in der Bundesrepublik. Unausgesprochen liegt dem bundesrepublikanischen Verständnis von Informationsfreiheit die Vorstellung zugrunde, der politische Willensbildungsprozess müsse arbeitsteilig organisiert werden. Das entspricht den grundsätzlichen Überlegungen zu einer repräsentativen Demokratie. Diese Ausprägung von Demokratie zeichnet sich durch Vorbehalte gegen die Fähigkeit der Bürgerinnen und Bürger zur Urteilsbildung aus. So wie Ansätze direkter Demokratie von Verfechtern der repräsentativen Demokratie mit der Argumentation abgelehnt werden, den Bürgern fehle für viele Entscheidungen die Kompetenz, verweisen die augenblicklich geltenden Regelungen die Bürger, die an Informationen im Besitz der Verwaltung interessiert sind, an die Medien. Hier kommt die Überzeugung zum Ausdruck, was Journalisten nicht interessiert oder deren Arbeitgeber nicht veröffentlicht sehen wollen, brauche die Bürger nicht zu interessieren. Dieses Demokratieverständnis missachtet Art. 20 Abs. 2 GG, der mit dem Satz «Alle Staatsgewalt geht vom Volke aus» dieses zum Souverän erklärt.

Bündnis 90/Die Grünen setzen solchem Demokratieverständnis ein stärker basisorientiertes entgegen, das sich auch im Koalitionsvertrag der amtierenden Regierung niedergeschlagen hat. Dort bekennt sich das Parteienbündnis dazu, in der laufenden Legislaturperiode ein IfG zu verabschieden. Innerhalb der Koalition wird dieses Anliegen stärker von den Grünen als von der SPD getragen. Wie bei anderen zwischen den Koalitionspartnern strittigen Themen haben Uneinigkeiten in dieser Sache das Erreichen von greifbaren Ergebnissen bisher verhindert.

Die Klage über Reibungsverluste zwischen den Koalitionspartnern darf jedoch nicht dazu führen, die Bürokratie selbst als zentrale Gegnerin von mehr Verwaltungstransparenz aus dem Auge zu verlieren. Das Kontrollieren von Informationsflüssen ist ein wichtiger Machtfaktor, den sich keine Institution gerne beschneiden lässt. Auch verdient die psychologische Dimension der Problematik Beachtung. Das Amtsgeheimnis wird von vielen Mitarbeitern der Verwaltung als ein schützender Kokon wahrgenommen. Der dem Ruf nach einem IfG zugrunde liegende Wunsch nach verbesserten Partizipationsmöglichkeiten und einem gleichberechtigteren Verhältnis zwischen Bürgern und Verwaltung wird in der politischen Diskussion teilweise durch das Argument überdeckt, Verwaltungstransparenz helfe, Korruption und Missmanagement in der Verwaltung zu bekämpfen. Auf diese Anklage reagieren Angehörige der Verwaltung leicht mit einer reflexartigen Ablehnung eines IfG, obwohl sie dem demokratietheoretisch begründeten Anliegen positiv gegenüberstehen.

Die Erfahrungen aus Brandenburg und aus anderen Staaten zeigen, dass die Furcht der Verwaltungsangestellten vor mehr Transparenz unbegründet ist. Ein Recht der Bürgerinnen und Bürger auf Akteneinsicht führt weder zu einer gläsernen Verwaltung noch zu einer Flut von Anträgen auf Akteneinsicht, welche die betroffenen Behörden lahm legen. Auch ist aus dem Ausland bekannt, dass durch ein IfG keine unverhältnismäßigen Kosten verursacht werden.

Das Fehlen eines IfG ist ein demokratischer Makel, den die Bundesrepublik in den entwickelten Industriestaaten nur noch mit Großbritannien teilt. Die Labour-Regierung hat auf diesen Missstand mit einer Gesetzesinitiative für einen britischen *Freedom of Information Act* reagiert. Die Bundesrepublik sollte in dieser Entwicklung zu einem basisorientierteren politischen System nicht das Schlusslicht bilden.

Literatur:

Jean Angelov, Grundlagen und Grenzen eines staatsbürgerlichen Informationszugangsanspruchs, Berlin 2000.

Verena Grundmann

Das Schweigen der Lämmer

Zum politischen Mandat der Verfassten Studierendenschaften

Seit 1994 rollt eine Welle von Klagen gegen Allgemeine Studierendenausschüsse, Studierendenparlamente und Fachschaften, die sich politisch äußern. Die Kläger aus dem rechtskonservativen Spektrum haben erreicht, dass inzwischen elf beklagten Studierendenschaften gerichtlich untersagt wurde, «allgemein politische, nicht hochschulbezogene Äußerungen abzugeben». Was unter «allgemein politisch» zu verstehen sei, konkretisierte das Verwaltungsgericht Bremen am 23. Februar 1999:

«Das Verbot gilt insbesondere für Verlautbarungen und Aktivitäten zur Energiepolitik einschließlich der Castor-Thematik, zur Politik der inneren Sicherheit, ... zur allgemeinen Arbeitsmarktpolitik, ... zur Ausländerpolitik, ... zur Politik gegenüber der Türkei, zur Kurdenfrage.»

Gegen die Studierendenschaft der Freien Universität Berlin wurde am 11. März 1999 ein Ordnungsgeld von 10 000 Mark festgesetzt. Grund dafür war die Veranstaltungsreihe «Kein Thema für die Hochschule?» Der AStA, der 1998 zur Unterlassung politischer Äußerungen verurteilt worden war, wollte in dieser Veranstaltungsreihe «anhand ausgewählter Themen verdeutlichen, was an der Trennung von Hochschul- und Allgemeinpolitik so problematisch und letztlich auch so wissenschaftsfeindlich ist». Dazu wurde etwa in der Veranstaltung «Innere Sicherheit» bewusst die Brücke geschlagen vom gesteigerten Sicherheitswahn an der Uni zur gesellschaftlichen Entwicklung. Das Gericht ließ sich auf diese Diskussion nicht ein. Der AStA habe sich mit den Veranstaltungen «Innere Sicherheit» und «Rassistische Diskurse – Rassistischer Alltag» zu Themen geäußert, die keinen hochschulpolitischen Bezug aufwiesen. In der Veranstaltung «Rassistische Diskurse – Rassistischer Alltag» berichtete der Frankfurter Politikwissenschaftler Alex Demirovic über eine Studie zu Rassismus und Rechtsextremismus an Hochschulen. Das Gericht untersuchte erst gar nicht, was in den einzelnen Veranstaltungen gesagt wurde und ob ein hochschulpolitischer Bezug hergestellt wurde – die Stichworte reichten aus.

Rechtsstreit ohne Ende

Der Rechtsstreit um das politische Mandat von Studierendenschaften ist nicht neu. 1967 klagten erstmals Berliner Studenten gegen die Studierendenschaft der FU, weil sie die US-Regierung kritisiert und ihre Solidarität mit dem Vietcong erklärt hatte. Sie wurde zum Schweigen verurteilt, und zwar mit der Begründung, die Erklärung betreffe keine Selbstverwaltungsaufgaben und sie hätte kein Recht auf freie Meinungsäußerung. Diese Argumentation wurde 1969 durch das Bundesverwaltungsgericht abgesichert, das über eine Solidaritätserklärung der Tübinger Studierenden an die FU Berlin zum Tod von Benno Ohnesorg zu befinden hatte. Der Tod eines Studenten bot nach Ansicht des Gerichts keinen hinreichenden Hochschulbezug.

Die Studierendenschaften versuchen seither, ihre Rolle im universitären und gesellschaftlichen Diskurs zu verteidigen. Sie berufen sich dabei auf das Grundrecht der Lernfreiheit, eine Ausprägung der Wissenschaftsfreiheit, die wiederum der Universität insgesamt einen grundrechtlichen Schutz garantiert. Als Teil der Hochschule muss auch ihnen dieser Schutz zustehen. Ob ihre Äußerungen selbst «wissenschaftlich» sind, ist dabei zweitrangig, denn erstens ist bei einer juristischen Definition dessen, was als «wissenschaftlich» zu gelten hat, Vorsicht geboten, denn sie können ihre Wissenschafts- oder Lernfreiheit auch dadurch wahrnehmen, dass sie sich der Meinungsäußerungsfreiheit bedienen. Eberhard Schultz, Anwalt der Bremer Studierendenschaft, hatte in der Klageerwiderung dargelegt, dass «die Wissenschaftsfreiheit in ihrer Ausprägung der Lernfreiheit gerade auch solche Stellungnahmen schützt, die sich gegen politische und soziale Zustände wenden, welche tendenziell eine Bedrohung eben dieser Wissenschaftsfreiheit darstellen». Er wies darauf hin, dass auch Kritikfähigkeit, Sozialverhalten und Fähigkeit zur kontroversen Diskusssion Lernziele des Studiums sind. Die dafür erforderlichen Verhaltensweisen müssen vom Grundrecht der Lernfreiheit geschützt sein.

Ob der Studierendenschaft dieses Grundrecht zusteht, ist vom Bundesverfassungsgericht nie entschieden worden. Allerdings vertrat das Oberverwaltungsgericht Münster im April 1997 die Auffassung, dass «eine inhaltlich wertende Auseinandersetzung mit Gegenständen des Studienfaches» nicht zu ihren Aufgaben gehöre. Es verhängte ein Ordnungsgeld, weil die Fachschaft Geschichte in Münster eine Gesprächsreihe mit ehemaligen Widerstandskämpfern und KZ-Häftlingen organisiert hatte. Damit wurde der Studierendenschaft das Recht zur wissenschaftlichen Diskussion abgesprochen.

In einzelnen Fällen kommt es sogar zu Strafverfahren. Am 2. November 1999 wurden drei Mitglieder des Marburger AStA zu Geldstrafen bis zu 3000 Mark verurteilt. Als AStA-Vorsitzende oder Finanzverantwortliche wurden sie persönlich wegen Veruntreuung von Geldern belangt, weil der AStA unter anderem ein «Kurdistan-Info» und Flugblätter gegen Auslandseinsätze der Bundeswehr finanziell unterstützt hatte.

Die unpolitische Hochschule

Nach den massiven Verboten in den siebziger Jahren kam es in den Achtzigern nur vereinzelt zu Klagen. Warum rollt die Klagewelle nun wieder? An den Universitäten tobt der Verteilungskampf. Die öffentlichen Mittel werden knapper, zunehmend müssen die Hochschulen sich um Förderung durch private Dritte, also durch Unternehmen, bemühen. Damit werden die Aufgaben der Universität neu definiert: Sie sollen standortgerechte Dienstleistungshochschulen werden. Die in den siebziger Jahren hart erkämpfte Gruppenhochschule, in der alle Gruppen von Hochschulangehörigen in den entscheidenden Gremien vertreten sind und mitreden dürfen, gilt nun als Hindernis bei der Effizienzsteigerung. Detlef Müller-Böling, der Chef des Bertelsmann-Centrums für Hochschulentwicklung, meinte in der *Süddeutschen Zeitung* vom 21./22. Februar 1998, «dass die Gruppenhochschule gescheitert ist. Von vornherein lag ihr die falsche Vorstellung zugrunde, Hochschulen seien Institutionen der demokratischen Austragung von Interessengegensätzen ...» In diesem rein auf ökonomische und technische Effizienz ausgerichteten Hochschulbild hat politischer Diskurs keinen Platz. Die Frage nach der gesellschaftlichen Verantwortung der Hochschulen wird ausgeschlossen. Durch die Urteile werden auch Diskussionsveranstaltungen verboten, denn es wird untersagt, «allgemein politische Tätigkeiten Dritter» zu unterstützen. Wenn eine Studierendenschaft eine Veranstaltung organisiert und ankündigt, wird ihr jeder Satz des Referenten als eigene Äußerung zugerechnet – und verboten. Der studentische Diskussionsrahmen an sich wird zerstört. Damit liegt die kritische Auseinandersetzung allein in den Händen der Lehrenden.

Die Studierendenschaft also als eine Herde schweigender Lämmer? Eine demokratische Gesellschaft kann nicht an einer Obrigkeitshochschule interessiert sein, an der routinemäßig herrschende Lehre eingetrichtert wird. Die Behauptung, Wissenschaft und Politik seien klar voneinander zu trennen, stünden gar im Gegensatz zueinander, ist nicht nur fragwürdig, sie ist ebenso gefährlich. Auf diese These haben sich auch die Wissenschaftler des Nationalsozialismus später berufen. Die unpolitische Hochschule ist nicht wissenschaftlicher, sie kann nur leichter politisch instrumentalisiert werden. Studierende brauchen vielmehr Freiheit, aktuelle gesellschaftliche Fragen in die akademische Diskussion hereinzuholen – damit Theorie entwickelt werden kann, die zur Lösung gesellschaftlicher Probleme von heute und morgen taugt.

Die Versammlungsfreiheit ist gewährleistet

Art. 8. (1) Alle Deutschen haben das Recht, sich ohne Anmeldung oder Erlaubnis friedlich und ohne Waffen zu versammeln.

(2) Für Versammlungen unter freiem Himmel kann dieses Recht durch Gesetz oder aufgrund eines Gesetzes beschränkt werden.

Marei Pelzer
Trotz massiver Beschneidungen: Phantasievolle Bürgerproteste gegen Gelöbnis

Das Recht, kollektiv Kritik und Protest zu artikulieren, ist in einer Demokratie verfassungsmäßig verbürgt. Das Demonstrationsrecht ist sogar zentral für den demokratischen Meinungsbildungsprozess, denn es garantiert, dass auch Minderheiten ihre Meinung im öffentlichen Raum verbringen können. Einschränkungen des Demonstrationsrechts mittels Auflagenerteilung dienen gleichwohl immer häufiger dazu, Protest unsichtbar zu machen.

Auch das öffentliche Rekrutengelöbnis der Bundeswehr, das am 20. Juli 1999 im Bendlerblock in Berlin stattfand, sollte von einer kritischen Gegenöffentlichkeit unbehelligt bleiben. Dennoch hat es ein kleines Grüppchen von Demonstranten geschafft, die Aufmerksamkeit der durch das Gelöbnis geschaffenen Öffentlichkeit auf ihre phantasievolle Protestaktion zu lenken. Rund 20 Mitglieder des politischen Jugendverbandes Jungdemokraten/Junge Linke sowie der Kampagne gegen Wehrpflicht hatten sich unter das Gelöbnis-Publikum gemischt. Auf dem Höhepunkt der Gelöbniszeremonie liefen mehrere Frauen und Männer fast nackt über den Rasen, andere lärmten mit Alarmpiepern und hielten Regenschirme hoch, die Aufschriften wie «Tucholsky hat Recht» oder «Bundeswehr abschaffen» trugen. Diese ungewöhnlich und gewaltfrei inszenierte Kritik an der Bundeswehr und dem Gelöbnis fand ein riesiges Medienecho. Damit haben sich die Gelöbniskritiker gleich einem David im Kampf gegen Goliath den öffentlichen Raum für ihre Kritik erkämpft – angesichts des überdimensionierten Aufgebots an Polizei- und Feldjägereinheiten ein beachtlicher Erfolg für die antimilitaristische Protestbewegung. Von den Gelöbnisveranstaltern wurde die Störung des Gelöbnisses als Sicherheitspanne gewertet und die Demonstranten nun mit Strafverfahren überzogen. Dabei hatte das Verwaltungsgericht Berlin noch am Vortag des Gelöbnisses im einstweiligen Rechtsschutzverfahren festgestellt, die Bundeswehr müsse sich, «wenn sie sich demonstrativ in die Öffentlichkeit begibt, auch öffentliche Proteste gefallen lassen». Dass derartige öffentliche Proteste eine dem Demonstrationsrecht angemessene Wirkung entfalten könnten, hatte man mit allen Mitteln zu verhindern gesucht.

Die Bundeswehr hatte sich für ihre Feierlichkeit den Bendlerblock ausgesucht, auf dessen Gelände sich die Gedenkstätte des deutschen Widerstandes befindet. Damit begab man sich zwar auf ein in der Regel allgemein zugängliches Museumsgelände, ließ zu der umstrittenen Veranstaltung jedoch nur die 2000 geladenen Gäste und die Familienangehörigen der Soldaten zu. Um kritisches Publikum von dem militärischen Zeremoniell fern zu halten, fand das Gelöbnis unter scharfen Sicherheitsvorkehrungen statt. Rund 1160 Polizisten waren im Einsatz. Schon am Vortag war der Bendlerblock weiträumig abgesperrt worden. Die von mehr als 20 Gruppen und Organisationen durchgeführte Demonstration außerhalb des Bendlerblocks war nur unter Auflagen genehmigt worden: Die Lautsprecheranlage sei so auszurichten, dass sie von der Gelöbnisveranstaltung wegstrahle. Weiterhin dürfe die Demonstration lediglich bis auf 200 Meter an die Mauern des Geländes herankommen. Ohne Not, d. h. ohne Gefahr für Leib oder Leben, wurden hier Aufenthaltsverbote für das Gebiet um den Bendlerblock ausgesprochen. Die Versammlungsfreiheit enthält jedoch auch das Recht, den Ort der Kundgebung selbst zu wählen. Öffentliche Orte wie das an den Bendlerblock angrenzende Gebiet können nicht ohne weiteres von dem Grundrecht der Versammlungsfreiheit ausgenommen werden. Die «Würde der Bundeswehr» oder «militärische Rituale» genießen keinen Grundrechtsschutz und können deswegen auch nicht die Beschneidung der Demonstrationsfreiheit rechtfertigen.

Im Verlauf der Kundgebung mussten die Demonstranten außerhalb des Bendlerblocks weitere Grundrechtseingriffe hinnehmen. Als die skandierten «Soldaten sind Mörder»-Parolen der Demonstranten so laut wurden, dass sie auch auf dem Gelöbnisgelände hörbar wurden, schritten die Polizisten ein. Im Wege einer rechtswidrigen «Spontanauflage» ordnete die Polizei an, die Lautsprecheranlage sofort abzuschalten und die «Soldaten sind Mörder»-Parolen zu unterlassen, da man ansonsten einschreiten und die Versammlung auflösen werde. Weiterhin drohten die Beamten mit Strafverfolgung wegen Beleidigung. Angesichts der Rechtsprechung des Bundesverfassungsgerichts zum Tucholsky-Zitat ist das Vorgehen der Polizisten gegen das Rufen der Parole sehr fragwürdig. Deswegen waren auch die beschränkenden «Spontanauflagen» unzulässig, zumal an sie wesentlich strengere Anforderungen gestellt werden müssen als an Auflagen, die schon im Vorfeld der Demonstration angeordnet werden. Die angedrohten Maßnahmen wurden erst nach mühsamen Verhandlungen mit dem Anwalt der Demonstrationsveranstalter wieder zurückgenommen.

Als die Sprechchöre dann erneut lauter wurden, griffen die Polizeibeamten ohne Vorwarnung durch. Hier bediente man sich noch nicht einmal mehr rechtswidriger «Spontanauflagen». Mit Faustschlägen ins Gesicht einzelner Demonstranten bahnten sich die Polizisten den Weg zur Lautsprecheranlage, um diese zu zerstören. Mangels Alternativen entschlossen sich die Demonstranten selbst dazu, die Anlage abzuschalten. Da auch noch ein Megaphon beschlagnahmt wurde, war es der Demonstrationsleitung daraufhin gar nicht mehr möglich, auf die Kundgebungsteilnehmer einzuwirken. Die Demonstration war damit faktisch unterbunden.

Am Rande der Kundgebung hatten Anwohner ein Transparent mit den Worten «Soldaten sind Mörder» aus dem Fenster gehängt. Obwohl dieses Tucholsky-Zitat vom Bundesverfassungsgericht als zulässige Meinungsäußerung für rechtmäßig erklärt worden war, stürmte die Polizei die betreffende Wohnung und riss das Transparent ab – eine weitere unzulässige Beschneidung der Demonstrations- und Meinungsfreiheit.

Den Demonstrationen sowohl im Bendlerblock als auch außerhalb folgte eine umfassende Kriminalisierungswelle. Insgesamt wurden 46 Demonstranten vorläufig in Gewahrsam genommen und sogar erkennungsdienstlich behandelt (Fotos und Fingerabdrücke).

Die von den Feldjägern im Bendlerblock eingefangenen Demonstrantinnen und Demonstranten wurden zu der Gefangenensammelstelle nach Moabit gefahren, dort verhört und einer erkennungsdienstlichen Behandlung unterzogen. Erst nach 3 Uhr nachts wurden die Letzten freigelassen. Dies war erst der Anfang des gegen die Demonstranten eingeleiteten Ermittlungsverfahrens. Noch am selben Abend wurden die Wohnung einer Demonstrantin durchsucht, einige Tage nach dem Gelöbnis 14 weitere Wohnungen sowie das Büro der Jungdemokraten/Junge Linke durchsucht. Der strafrechtliche Vorwurf lautete auf Urkundenfälschung (wegen angeblich gefälschter Eintrittskarten) und auf Hausfriedensbruch, Letzteres obwohl die mit dem Hausrecht ausgestattete Bundeswehr noch nicht einmal Strafantrag gestellt hatte. Bei den Durchsuchungen wurden auch die Rechte von Unbeteiligten verletzt. Die Polizei beschlagnahmte Mitglieder- und Interessentendateien der Jungdemokraten/Junge Linke, wobei die gespeicherten Personen offenkundig nicht mit dem Protest im Zusammenhang standen.

Zwar waren die Proteste der Gelöbnisgegner wirkungsvoll. Dies ist der Phantasie und Entschlossenheit der Demonstranten, ihre Grundrechte wahrzunehmen, geschuldet. Das Vorgehen der Verwaltung und der Polizei stellt dagegen eine weitere Etappe auf dem Weg der Einschränkung des Grundrechts auf Versammlungsfreiheit dar.

Elke Steven

Gipfel oder Tiefpunkt?

Versammlungsrecht bei den Gipfeltreffen 1999

Im Lebensalltag haben sich statt des weitgehenden Schutzes des Versammlungsrechts und der Meinungsfreiheit viele Formen der Einschränkung und Repression durchgesetzt. Mit vielfältigen Methoden wird versucht, Demonstrationen zu verhindern oder sie in ihren Äußerungsformen so zu behindern, dass sie ihren Sinn verlieren. Während der verschiedenen Gipfeltreffen von Politikern in Köln im Juni 1999 (Europäischer Rat vom 3./4. Juni 1999; Treffen der Außenminister der G-7/G-8-Staaten vom 9./10. Juni 1999; Treffen der G-7 bzw. G-8-Staaten vom 18. bis 20. Juni 1999) waren einige dieser Methoden wieder einmal gut zu beobachten.

In der Nähe der Tagungsorte sollten sich gemäß dem polizeilichen Konzept vorrangig ordentliche und die Politiker bejubelnde Bürger und Bürgerinnen aufhalten. Eine entsprechende Sortierung und ihre Aufteilung auf verschiedene städtische Zonen musste folglich durchgesetzt und rechtzeitig begonnen werden. Drogenabhängige, Punks, Bettler, Obdachlose, all jene Bürger und Bürgerinnen also, die bereits den normalen Geschäftsbetrieb stören könnten, wurden lange vor Beginn der Gipfel aus dem innerstädtischen Bereich entfernt.

Immer häufiger werden jedoch auch Demonstrationen an den Orten verboten, an denen sie diejenigen erreichen können, gegen die oder gegen deren Handlungen sich der Protest richtet. In Köln wurde so von der Polizei ein Demonstrationsverbot in unmittelbarer Nähe der Tagungsorte der Politiker selbstverständlich vorausgesetzt, ohne dass dies formal erlassen wurde. Es wurde so getan, als hätten die Politiker ein Recht, nur von dem ihnen zustimmenden und sie bejubelnden Volk umgeben zu sein. Ein von den Politikern hörbares Pfeifkonzert – wie etwa in München beim Weltwirtschaftsgipfel 1992 – durfte es gemäß diesem Konzept nicht geben. Kritik an den Politikern und ihrer Politik scheint einem demokratischen Staat nicht gemäß zu sein.

Das Verwaltungsgericht Berlin hat jedoch im Fall des Protestes gegen das öffentliche Gelöbnis von Bundeswehrsoldaten am 20. Juli 1999 mit Bezug auf das Bundesverwaltungsgericht entschieden, dass die Bundeswehr nicht beanspruchen kann, das Gelöbnis auf einem öffentlichen Platz vor einem ihr wohlgesonnenen Publikum durchzuführen.

Bei Anmeldungen kleinerer Demonstrationen wurde ganz einfach darauf verwiesen, dass in diesem gesamten «Sicherheitsbereich» eine Versammlung nicht möglich sei. Besonders die Anmelder kleiner Demonstrationen – wie etwa der «Tanz ums goldene Kalb» einer 15-köpfigen Demonstrationsgruppe – können sich den Widerspruch kaum leisten und scheuen den Aufwand, zunächst überhaupt auf einem rechtsmittelfähigen Bescheid zu bestehen und dann die Gerichte anzurufen. Gegen kleine Gruppen, die ohne Anmeldung ihrer Demonstration gegen dieses ungeschriebene Verbot verstießen, wurde sofort mit den entsprechenden polizeilichen Maßnahmen vorgegangen: Einkesselung und Ingewahrsamnahme.

Für die großen Demonstrationen war die Nutzung der Plätze in unmittelbarer Nähe des Tagungsortes aus räumlichen Gründen kaum möglich. Der Streit um Kundgebungsorte und Demonstrationswege begann hier fast ein Jahr vor den Gipfeltreffen. Möglichst weiträumig sollten die Demonstrationen von allen Orten, die ihnen weitgehende öffentliche Wahrnehmbarkeit garantiert hätten, fern gehalten werden. In immer neuen Gesprächen wurde das Für und Wider erörtert, sodass der Eindruck entstehen konnte, dass mit diesen Gesprächen die Anmelder auch hingehalten werden sollten, um letztlich die polizeilichen Auflagen ohne gerichtliche Überprüfung durchsetzen zu können.

Die Anmelder der Demonstration gegen den G-7-Gipfel am 19. Juni 1999 bestanden letztlich auf der Zustellung eines rechtsmittelfähigen Bescheides. Nach ihrem einmonatigen Drängen erhielten sie ihn endlich. Dieser Bescheid enthielt zwar die inzwischen üblichen formelhaften Bezüge zum Brokdorf-Urteil, aber nur um dieses in seinem Sinn zu entstellen und ins Gegenteil zu verkehren. Das Urteil des Bundesverfassungsgerichts von 1998 wurde gar nicht berücksichtigt. In einer rückwirkenden Beurteilung eines Demonstrationsverbotes auf der Berliner Oberbaumbrücke bei einer Kundgebung gegen den Autoverkehr stellte das Bundesverfassungsgericht am 21. April 1998 nämlich fest, dass Demonstrationen nicht leichtfertig verboten oder mit ihren Sinn entstellenden polizeilichen Auflagen versehen werden dürfen. Das Bundesverfassungsgericht betonte eindeutig, dass konkrete Erkenntnisse über eine unmittelbare Gefährdung der öffentlichen Sicherheit oder Ordnung Voraussetzung für das Verbot einer Demonstration oder auch nur für polizeiliche Auflagen sind. Erkennbare Umstände, also nachweisbare Tatsachen müssen vorliegen. Vermutungen reichen für einen solch gravierenden Eingriff in das Grundrecht nicht aus. In Köln mussten jedoch vage Formulierungen von irgendwem aus dem Internet, von Personen und Organisationen, die nichts mit den Anmeldern der Demonstration zu tun hatten, herhalten, um Gewalt herbeizureden, die das Verbot begründen sollte. Nicht konkrete Verdachtsmomente wurden aufgeführt, sondern alles wurde in eine Wolke des Verdachts, der Vermutungen und Behauptungen von Gewalt und Gefährdung der öffentlichen Sicherheit eingehüllt.

In diesem Fall genügte der Gang bis zum Verwaltungsgericht, um Recht zu bekommen. Der Richter war eindeutig in seiner Einschätzung der Rechtslage. Die Polizei zog ihren Bescheid zurück und akzeptierte die Anmeldung für den von den Demonstrierenden vorgesehenen Ort.

Auch die Einschüchterung von Demonstrationsanmeldern war und ist immer wieder zu beobachten. Mündlich wurde ihnen die Verantwortung für jedwedes Verhalten aus der Demonstration heraus übertragen und angedroht, dass sie für jedes rechtswidrige Vorkommnis haftbar gemacht würden. Ordnungspolizeiliche Maßnahmen wurden ihnen abverlangt, indem sie die Sprüche auf den in der Demonstration mitgeführten Plakaten und Transparenten auf ihre Rechtmäßigkeit überprüfen sollten.

Die Auseinandersetzungen um das Grundrecht auf Versammlungs- und Meinungsfreiheit finden bei solchen Anlässen jedoch auch alltäglich auf der Straße und häufig ohne rechtliche

Überprüfung statt. Üblich geworden ist es inzwischen, dass die Polizei massiv und in größtmöglicher Zahl vertreten ist. In Köln war die Polizei ständig und überall präsent. Sie besetzte möglichst alle Plätze, bevor überhaupt eine Gruppe sich einfinden konnte, die demonstrieren wollte. Einschüchterung und Abschreckung waren angesagt. Erlaubt war dann nur ein der Polizei genehmes Verhalten und Aussehen. Wer dem nicht entsprach, sollte sofort die ganze Härte des Armes des Gesetzes zu spüren bekommen. Dabei kann ein Verdacht, etwa irgendeinen reibungslosen Ablauf auch nur geringfügig stören zu wollen, schnell entstehen. Schon der Aufenthalt in der Nähe von anderen Verdächtigen, «falsche» Kleidung, Haartracht oder was auch immer die Irritation eines Polizeibeamten auslösen kann, konnte als Kriterium zur Segregation ausreichen. «Kollateralschäden» sind dann zwar bedauerlich, aber wo gehobelt wird, fallen eben auch Späne.

Weitere Methoden zur Verhinderung der Wahrnehmung des Demonstrationsrechts sind das Aufenthaltsverbot und der so genannte Unterbindungsgewahrsam (Vorbeugehaft). Mit dem Argument, man befürchte die Begehung einer Straftat, wird denjenigen, die man pauschal unter diesen Verdacht stellt, das Betreten ganzer Stadtteile oder Innenstädte verboten. Während der Gipfeltreffen in Köln wurde spätnachmittags eine komplette Straßenbahn, in der sich Teilnehmer und Teilnehmerinnen der Intercontinentalen Karawane befanden, angehalten. Die Insassen erhielten kurzerhand einen 24-stündigen Platzverweis für die Innenstadt, sodass sich viele nicht trauten, an der Demonstration am nächsten Vormittag teilzunehmen.

Ein anderes subtiles Mittel der Abschreckung von der Teilnahme an Demonstrationen ist die zunehmende vollständige Videoüberwachung jeder Versammlung unter freiem Himmel. Das Bundesverfassungsgericht hat es als unzulässig bezeichnet, den «staatsfreien Charakter» von Versammlungen durch «exzessive Observationen und Reglementierungen» zu verändern. Es stellte fest, dass auch die optische Dokumentation einer Demonstration durch Video- und Fotoaufnahmen einen Eingriff in den Schutzbereich des Artikels 8 Grundgesetz darstellt. Jedoch scheint dieses Urteil keinerlei Auswirkungen auf die Praxis der Videoüberwachung zu haben. Von Dokumentationstrupps auf Autos, wie auch mittels kleiner handlicher und unauffälliger Videokameras in der Hand einzelner Polizeibeamter wird zunehmend der ganze Demonstrationszug möglichst vollständig überwacht.

Aber wo kein Kläger ist, da gibt es eben auch kein Urteil.

Literatur:

Komitee für Grundrechte und Demokratie, Das Janusgesicht der «bürgernahen» Kölner Gipfel: Repressive Toleranz. Sonderdruck aus dem Jahrbuch 1998/99, 24 Seiten (Einzelexemplar 3 Mark, 10 Exemplare 15 Mark).

Das Fernmeldegeheimnis ist unverletzlich

Art. 10. (1) Das Briefgeheimnis sowie das Post- und Fernmeldegeheimnis sind unverletzlich.

(2) Beschränkungen dürfen nur aufgrund eines Gesetzes angeordnet werden. Dient die Beschränkung dem Schutze der freiheitlichen demokratischen Grundordnung oder des Bestandes oder der Sicherung des Bundes oder eines Landes, so kann das Gesetz bestimmen, dass sie dem Betroffenen nicht mitgeteilt wird und dass an die Stelle des Rechtsweges die Nachprüfung durch von der Volksvertretung bestellte Organe und Hilfsorgane tritt.

Till Müller-Heidelberg

Geheimer Weltrekord

Massenhafte Zunahme der Telefonüberwachung

So gefährlich der Große Lauschangriff auch für Rechtsstaat und Demokratie ist (siehe schon Ilse Bechthold in *Grundrechte-Report 1998*, Seite 153, und Bernd Asbrock in *Grundrechte-Report 1999*, Seite 124) – er betrifft doch zahlenmäßig aus Gründen der Technik, der Kosten und der Kapazitäten nicht viele Fälle. Die geheime Telefonüberwachung nach § 100a der Strafprozessordnung jedoch hat sich in den letzten Jahren epidemisch verbreitet und erfasst bereits jährlich etwa 1,5 Mio. Personen in Deutschland!

Im Jahre 1992 gab es nach Auskunft der Bundesregierung ca. 3500 Telefonabhörgenehmigungen. 1996 explodierte diese Zahl auf knapp 6500, und im Jahre 1998 wurden knapp 10000 Abhörgenehmigungen nach der Strafprozessordnung erteilt, womit ca. 14000 Telefonanschlüsse abgehört wurden (Antwort der

Bundesregierung vom 31. August 1999 auf eine kleine Anfrage, Drucksache 14/1522). Die Zahl hat sich also in etwa verdreifacht – ohne dass jemand einen Grund dafür angeben könnte.

Tatsächlich werden damit allerdings nicht etwa «nur» 10000 Personen abgehört. Prof. Dr. Christian Pfeiffer vom Kriminologischen Forschungsinstitut Niedersachsen hat aufgrund vergleichender Untersuchungen mit den wesentlich besser dokumentierten und überprüften Fallzahlen aus den USA festgestellt, dass bei den 1992 erteilten 3500 Abhörgenehmigungen tatsächlich 500000 Personen abgehört wurden mit knapp 6 Mio. Telefongesprächen, denn mit der Genehmigung zum Abhören eines einzigen Telefonanschlusses werden eben zahllose Gespräche mit einer Vielzahl von Personen abgehört (*Zeitschrift für Rechtspolitik* 1994, Seite 7 ff.), in einem extremen Einzelfall des Bundeskriminalamts 60000 Telefonate bei einer einzigen Telefonüberwachung (*Spiegel* 18/1991, Seite 20). Wenn sich von 1992 bis 1998 die Zahl der Telefonabhörgenehmigungen nach der Strafprozessordnung in Deutschland in etwa verdreifacht hat, dann werden heute folglich ca. 1,5 Mio. Personen und fast 20 Mio. Telefongespräche abgehört.

Im selben Jahr 1992, als es in Deutschland (mit 80 Mio. Einwohnern) 3500 Abhörgenehmigungen gab, waren es in den USA mit dreimal so viel Einwohnern (240 Mio.) ca. 800 Abhörmaßnahmen, das Risiko eines deutschen Bürgers, abgehört zu werden, also schon damals laut Pfeiffer dreizehnmal so hoch wie für einen amerikanischen Bürger. Bei einer Verdreifachung der Abhörmaßnahmen seither in Deutschland ist folglich das Risiko, abgehört zu werden, hierzulande knapp vierzigmal höher als in den USA – und dies auch für den völlig unverdächtigen Bürger, da nach § 100a Satz 2 StPO nicht nur der Verdächtige abgehört werden darf, sondern zum Beispiel auch derjenige, dessen Telefonanschluss der Beschuldigte möglicherweise benutzt.

Jürgen Seifert

Fernmeldeaufklärung unter «offenem Himmel»

Wer erinnert sich noch an den Bundestagswahlkampf 1994? Die damalige Regierung von CDU/CSU und FDP beherrschte die Situation. Ein Verbrechensbekämpfungsgesetz sollte dazu dienen, SPD und Grüne als unsichere Kandidaten auf dem Feld der «inneren Sicherheit» vorzuführen. Die Headlines der Zeitungen berichteten, dass russisches Plutonium nach Deutschland gelangt sei. Unter diesem Druck wurde ein Gesetz verabschiedet, das dem Bundesnachrichtendienst die Befugnis zur «elektronischen Fernmeldeaufklärung» für internationale, nicht leitungsgebundene Fernmeldeverkehre in bestimmten Bereichen gewährte, soweit es um Delikte mit internationalem Bezug geht: um Terrorismus, die Verbreitung von Kriegswaffen, Drogenhandel sowie im Ausland begangene Geldfälschungen und Geldwäsche. Klagen und öffentliche Kritik führten dazu, dass das BVerfG durch eine einstweilige Anordnung Bestimmungen des Gesetzes nur eingeschränkt gelten ließ. Das Gericht hat am 15./16. Dezember 1998 in aller Öffentlichkeit eine Bestandsaufnahme vollzogen, was der BND kann und was er darf. Leider haben viele Journalisten, die das am 14. Juli 1999 ergangene Urteil kritisierten, sich der Mühe entzogen, diese detaillierte Prüfung genau anzuschauen.

Die Kläger haben jedoch ihr Ziel nicht durchsetzen können, die Ausweitung der strategischen Fernmeldeaufklärung auf strafrechtliche Tatbestände für verfassungswidrig zu erklären. Das Gericht sieht die zusätzlichen Befugnisse für rechtlich zulässig an, weil es sich beim internationalen Waffenhandel und Terrorismus um neue Formen existentieller Bedrohung staatlicher Sicherheit handele. Dem kann man sich nicht völlig entziehen, doch beim Drogenhandel, der Geldwäsche und Geldfälschung ist diese Logik höchst fraglich. Leider hat das Gericht nicht die Zuständigkeit des BND zur Beobachtung von Drogenhandel, Geldwäsche und -fälschungen für verfassungswidrig erklärt, sondern lediglich Kompetenz in Sachen Geldfälschungen eingeschränkt: Geldfälschungen dürfen nur noch dann observiert werden, wenn durch sie die Geldwertstabilität in der Bundesrepublik bedroht ist – der neuen Mehrheit im Bundestag bleibt unbenommen, diese Kompetenzen des BND weiter einzuschränken!

Dagegen wurden die Einschränkungen in § 3 Abs. 3 G-10-Gesetz bestätigt, die bereits durch die einstweilige Anordnung vom 2. Juli 1995 festgelegt worden waren. Erlangte Daten dürfen nur dann an Behörden der «Strafverfolgung weitergegeben werden, wenn bestimmte Tatsachen den Verdacht begründen, dass jemand eine der in der Vorschrift genannten Straftaten plant, begeht oder begangen hat». Das bedeutet, dass bloßer Verdacht nicht ausreicht und dass die ohnehin geringe Ausbeute auf eine Zahl überschaubarer Einzelfälle reduziert wird.

Einen vollen Sieg haben Kritiker und Kläger gegen die Bestimmung erzielt, die Mitteilungspflicht an Betroffene faktisch auszuschließen. «Die Regelung der Mitteilungspflicht ist mit dem Grundgesetz nicht vereinbar.» Diese Regelung hatte eine

Unterrichtung der Betroffenen dann als nicht erforderlich angesehen, wenn die «Daten innerhalb von drei Monaten nach Erlangung» vernichtet werden. Das Gericht hat demgegenüber eine wichtige Sicherung eingebaut, indem es seine alte Rechtsprechung bekräftigte, dass nämlich eine nachträgliche Benachrichtigung stattfinden muss, «wenn sie ohne Gefährdung des Zwecks der Beschränkung erfolgen kann».

Wichtig ist ferner, dass Einschränkungen der Befugnisse der «Kommission nach Art. 10 GG des Bundestages» (die wie ein Gericht über Eingriffe in das Telekommunikationsgeheimnis und über die Aussetzung der Benachrichtigung Betroffener entscheidet) im Gesetz von 1994 vom Gericht für verfassungswidrig erklärt wurden. Die Entscheidung verlangt eine Kontrolle über den «gesamten Prozess der Erfassung und Verwertung der Daten» und fordert eine personelle Ausstattung, die sicherstellt, dass die Kommission seiner «Aufgabe in effektiver Weise nachzukommen vermag».

Erste Reaktionen

In den ersten Reaktionen auf das Urteil wurde fast vollständig eine wichtige Feststellung des Gerichts im zweiten Leitsatz übersehen: «Der räumliche Schutzumfang des Fernmeldegeheimnisses ist nicht auf das Inland beschränkt. Art. 10 GG kann vielmehr auch dann eingreifen, wenn eine im Ausland stattfindende Telekommunikation durch Erfassung und Auswertung im Inland hinreichend mit inländischem staatlichem Handeln verknüpft ist.» Das Gericht hat davon abgesehen, diese Verfassungsauslegung konkret auszuführen, da die Klage von Herrn S. aus Montevideo nicht substantiell begründet war. Möglicherweise wollte es die Einzelheiten einer solchen Regelung auch dem Gesetzgeber überlassen. Doch die Urteilsbegründung macht deutlich, wie wichtig dem Gericht dieser Aspekt war. Rund 14 000 von insgesamt etwa 15 000 der zurzeit täglich vom BND erfassten internationalen Telekommunikationsverkehre erfolge – so das Gericht – nicht auf der Grundlage des G-10-Gesetzes, sondern werde der «Aufgabenzuweisung des § 1 BNDG zugeordnet».

Konteradimiral Gerhard Güllich als Leiter der Abteilung Technische Aufklärung des BND (*Spiegel* vom 12. April 1993, S. 86) bezeichnete diese Verkehre als «grundsätzlich offen». Sie umfassen die Telekommunikation unter Ausländern zwischen Staaten außerhalb der Bundesrepublik, beispielsweise zwischen Libyen und dem Iran ebenso wie Ungarn und Großbritannien.

Demgegenüber sagt nun das Gericht: Für solche Telekommunikationsbeziehungen werden durch Erfassung und Aufzeichnung dieses Verkehrs auf deutschem Boden technisch informationelle Beziehungen zu den jeweiligen Kommunikationsteilnehmern und ein «Gebietskontakt hergestellt». Das Urteil lässt die Frage offen, «was für ausländische Kommunikationsteilnehmer im Ausland gilt». Relevant ist in diesem Zusammenhang auch, dass das Gericht abermals seine Rechtsauffassung bekräftigt hat, dass eine «globale und pauschale Überwachung ... auch zu Zwecken der Auslandsaufklärung» nicht zulässig ist.

Die öffentliche Diskussion kritisiert zwar heftig die internationale Fernmeldeaufklärung der Amerikaner außerhalb der USA, klammert aber die Frage aus, in welchem Umfang der BND dasselbe tut. Nach dem Urteil ist unvermeidlich, dass in Zukunft gefragt wird, ob der BND weiterhin Verkehre von Ausländern mit Ausländern im Ausland nach eigenem Ermessen und unkontrolliert auffangen darf. Ohne öffentliche Diskussion könnte sich die Tendenz durchsetzen, den zweiten Leitsatz des Urteils einfach zu ignorieren. Damit würde eine neue Klage nicht nur provoziert; auch das Ansehen der Bundesrepublik könnte durch eine internationale Kampagne gegen die Fernmeldeaufklärung des BND im Bereich des «offenen Himmels» tangiert werden.

Literatur:

Urteil des BVerfG vom 14. Juli 1999, *Neue Juristische Wochenschrift*, H. 1, 2000, S. 55 ff.

Claus Arndt, Zum Abhörurteil des BVerfG, ebda., S. 47 ff.

Jürgen Seifert, BND: Der unkontrollierbare Mithörer, *Grundrechte-Report* 1997, S. 113 ff.

Männer können zum
Wehrdienst verpflichtet werden

Art. 12 a. (1) Männer können vom vollendeten achtzehnten Lebensjahr an zum Dienst in den Streitkräften, im Bundesgrenzschutz oder in einem Zivilschutzverband verpflichtet werden.

Wolfgang Kaleck
Ist die allgemeine Wehrpflicht noch verfassungsgemäß?

Die Wehrpflicht in Deutschland hat politisch, juristisch und sogar in den Augen der Militärstrategen ausgedient. Die einzig offene Frage ist, wann und durch wen sie «begraben» wird. Viele Betrachter der Entwicklung meinen, dass die Aufrechterhaltung der allgemeinen Wehrpflicht in Deutschland mittlerweile verfassungswidrig sei. Dieser Ansicht folgte das Landgericht Potsdam am 19. März 1999, als es auf Antrag der Verteidigung das Strafverfahren gegen den Totalverweigerer Wiedersberg aussetzte und die Frage, ob die allgemeine Wehrpflicht noch verfassungsgemäß sei, dem Bundesverfassungsgericht zur Entscheidung vorlegte.

Die Argumentation der Wehrpflichtkritiker stellt allenfalls für das Kalte-Kriegs-Fossil Rupert Scholz einen «abenteuerlichen» und «anmaßenden» Befund dar: «Eine Verfassungsnorm, auf der das Wehrpflichtgesetz beruht, kann nicht verfassungswidrig sein», kommentierte er den Potsdamer Beschluss. Für einen ehemaligen CDU-Verteidigungsminister ist dieser verbale Schnellschuss nicht weiter verwunderlich. Zu denken gibt allerdings die

Tatsache, dass Scholz den wichtigsten Kommentar zum Grundgesetz mit herausgibt und wichtige Passagen darin selbst verfasst hat. Es belegt einmal mehr, dass sich Politiker und Ex-Angehörige der Exekutive bei Verfassungsrechtsprechung und -kommentierung nicht in fundamentalen Gegensatz zu Staatsinteressen setzen – oder zu den als solchen definierten der gesellschaftlichen Gruppe, die sie vertreten. Die Erkenntnis, wie Rechtsprechung und «herrschende Meinung» zustande kommen, ist nicht neu, aber sie wurde in letzter Zeit wohl doch zu wenig beachtet: Der Optimismus sollte sich daher in Grenzen halten, wenn das Bundesverfassungsgericht, das zuletzt die Schleifungen des Asylrechts und des Fernmeldegeheimnisses abgesegnet hat, die Akte Wiedersberg zur Entscheidung vorgelegt bekommt.

Trotzdem lohnt sich eine verfassungsrechtliche Betrachtung der Wehrpflicht. Schon bei Einführung der Wehrpflichtigenarmee 1956 gab es verfassungsrechtliche Kritik: Dem Menschenbild des Grundgesetzes widerspräche eine solche, nach dem Befehl- und Gehorsamsprinzip aufgebaute Institution, auch die allgemeine Handlungsfreiheit sei verletzt. Eine hoffnungslose Minderheitenmeinung im Kalten Krieg. Doch selbst in der Ära nach 1968, im Zeitalter der Entspannung, wurden sozial-liberale Gesetzesvorhaben in diesem Bereich vom Bundesverfassungsgericht zu Fall gebracht, so etwa die Postkartennovelle des Kriegsdienstverweigerungsrechts, nach der die Gewissensprüfung wegfallen sollte und die Verweigerung per Postkarte erklärt werden konnte. Das Urteil fiel unter lautem Applaus genau jener Politiker, die heute vehement für einen weiten Beurteilungsspielraum und für die Ermessensfreiheit des Gesetzgebers ohne verfassungsrichterliche Intervention plädieren. Die Grundrechte der Gewissensfreiheit nach Art. 4 Abs. 1 und 3 GG zogen regelmäßig den Kürzeren bei der Abwägung gegenüber dem «hohen» Rechtsgut der Landesverteidigung. Das

Land war immerhin existentiell bedroht, der Staatsfeind stand an der deutsch-deutschen Grenze. In dieser unglückseligen Zeit konnte das Bundesverfassungsgericht die bewaffnete Landesverteidigung zum «Verfassungsgut» stilisieren, um aus der ursprünglichen reinen Kompetenznorm ein Rechtsgut zu schaffen, das so hochrangig ist, dass es Grundrechte stärker einschränken kann.

Es ist daher nicht nur grundrechtsdogmatisch, sondern auch für das Verhältnis der Bürger zum Staat von hoher Bedeutung, dass der Potsdamer Beschluss mit dieser vordemokratischen Auffassung aufräumt. Es wäre ein großer Fortschritt, wenn staatliche Eingriffe nur nach strengen, vorhersehbaren Kriterien zulässig wären und das Verhältnismäßigkeitsprinzip als staatliche Macht begrenzendes Prinzip überall zur Anwendung käme.

Diese löbliche Absicht scheint Roman Herzog (übrigens Mitkommentator des Grundgesetzkommentars von Rupert Scholz) im Sinn gehabt zu haben, als er in seiner Rede zur 35. Kommandeurstagung der Bundeswehr in München am 15. November 1995 ausführte: «Die vielfältigen Vorteile für Staat und Streitkräfte reichen aber meines Erachtens nicht als Begründung aus, ebenso wie die wolkigen Rufe nach mehr Pflichtgefühl der jungen Leute. Die Wehrpflicht ist ein so tiefer Eingriff in die individuelle Freiheit des jungen Bürgers, dass ihn der demokratische Rechtsstaat nur fordern darf, wenn es die äußere Sicherheit des Staates wirklich gebietet. Sie ist also kein allgemein gültiges, ewiges Prinzip, sondern sie ist auch abhängig von der konkreten Sicherheitslage. Ihre Beibehaltung, Aussetzung oder Abschaffung und ebenso die Dauer des Grundwehrdienstes müssen sicherheitspolitisch begründet werden können.»

Dementsprechend begründete das Landgericht Potsdam seine Auffassung, die Wehrpflicht sei verfassungswidrig, unter anderem wie folgt:

«Die fundamental veränderte sicherheitspolitische Situation, die dadurch gekennzeichnet ist, dass eine militärische Bedrohung der Bundesrepublik Deutschland nach allgemeiner Ansicht weder gegenwärtig noch in absehbarer Zeit möglich erscheint, führt dazu, dass die allgemeine Wehrpflicht unter den heutigen Bedingungen ein unverhältnismäßiger, weil nicht länger erforderlicher Eingriff in die Grundrechte aus Art. 2 Abs. 1 und 2 Satz 1, Art. 6 Abs. 1, Art. 11 Abs. 1 und Art. 12 Abs. 1 GG ist.» Das ursprüngliche Ziel der Wehrpflicht, die Landes- und später auch Bündnisverteidigung, erfordere keine Wehrpflichtigenarmee mehr, die Berufsarmee sei dazu genauso, wenn nicht gar besser geeignet. Keiner der offiziellen Vertreter der Bundesrepublik oder der NATO, hält eine aktuelle oder absehbare zukünftige Bedrohung der Bundesrepublik durch Angriffe von außen noch ernsthaft für möglich. Die europäischen Nachbarstaaten und die NATO-Staaten haben die Wehrpflicht praktisch alle abgeschafft. Auch die neuerdings zur Begründung nachgeschobenen Zwecke der Förderung der Demokratie durch eine Wehrpflichtigen- statt einer Berufsarmee oder die Wehrpflichtigenarmee als Reservoir für künftige Berufssoldaten machen die Wehrpflicht nicht verfassungsgemäßer.

Der Europäische Gerichtshof brachte in der Zwischenzeit durch seine Rechtsprechung zur Gleichberechtigung in den Armeen der EU einen Aspekt ins Spiel, der ebenfalls wegen des Verstoßes gegen Art. 3 Abs. 2 GG zur Verfassungswidrigkeit der Wehrpflicht führt.

Interessant ist aber die Stellungnahme des nunmehr sozialdemokratisch geführten Bundesministeriums der Verteidigung zum Verfahren vor dem Bundesverfassungsgericht. Pikanterweise macht sich das Ministerium die oben dargestellte konservativste Auffassung zu Eigen und erklärt die allgemeine Wehrpflicht zu einer Grundpflicht, die «staatsnotwendig, ja staatserhaltend» sei. Die Anwendung des Verhältnismäßigkeitsgrundsatzes sei abzulehnen. Auch in der Sache werden alle Einwände der Wehrpflichtkritiker abgetan.

Um einem häufig gemachten Einwand von vornherein zu begegnen: Die Wehrpflichtgegner aus dem antimilitaristischen Spektrum wollen nicht den Teufel mit dem Beelzebub der Berufsarmee mit Eliteeinheiten und modernster Waffentechnik austreiben. Sie wollen mit der allgemeinen Wehrpflicht das gegenwärtige Verteidigungssystem und das Prinzip, dass politische und soziale Konflikte mit kriegerischen Mitteln gelöst werden können, insgesamt infrage stellen. Sie hoffen, um die Abschaffung der Wehrpflicht eine gesamtgesellschaftliche Diskussion zu entzünden über die Frage, wie viel Armee ein von äußeren Feinden nicht mehr bedrohter demokratischer Staat in der Mitte Europas noch nötig hat. Sie gehen davon aus, dass dies eine denkbar geringe Menge von Soldaten sein kann, die auch über keinerlei Offensivwaffensysteme verfügen dürften.

Der Einsatz der Bundeswehr im Kosovokrieg hat zwar gezeigt, dass diese politische Auffassung derzeit nicht mehrheitsfähig ist. Die Frage wird jedoch spätestens nach Erstattung des Berichts der Wehrstrukturkommission auf die Tagesordnung kommen. Es wäre nicht verkehrt, sich jetzt schon auf die dann stattfindende Diskussion vorzubereiten.

Politisch Verfolgte genießen Asylrecht

Art. 16 a. (1) Politisch Verfolgte genießen Asylrecht.

(2) Auf Absatz 1 kann sich nicht berufen, wer aus einem Mitgliedsstaat der Europäischen Gemeinschaft oder aus einem anderen Drittstaat einreist, in dem die Anwendung des Abkommens über die Rechtsstellung der Flüchtlinge und der Konvention zum Schutze der Menschenrechte und Grundfreiheiten sichergestellt ist. Die Staaten außerhalb der Europäischen Gemeinschaft, auf die die Voraussetzungen des Satzes 1 zutreffen, werden durch Gesetz, das der Zustimmung des Bundesrates bedarf, bestimmt. In den Fällen des Satzes 1 können aufenthaltsbeendende Maßnahmen unabhängig von einem hiergegen eingelegten Rechtsbehelf vollzogen werden.

(3) Durch Gesetz, das der Zustimmung des Bundesrates bedarf, können Staaten bestimmt werden, bei denen aufgrund der Rechtslage, der Rechtsanwendung und der allgemeinen politischen Verhältnisse gewährleistet erscheint, dass dort weder politische Verfolgung noch unmenschliche oder erniedrigende Bestrafung oder Behandlung stattfindet. Es wird vermutet, dass ein Ausländer aus einem solchen Staat nicht verfolgt wird, solange er nicht Tatsachen vorträgt, die die Annahme begründen, dass er entgegen dieser Vermutung politisch verfolgt wird.

Heiko Kauffmann
Asylpolitik per Lageberichte

Jahrelang hatten Friedensforscher, Menschenrechts- und Flüchtlingsorganisationen auf die Brisanz der Situation im Kosovo hingewiesen.

Die Eskalation des Konflikts war das Ergebnis einer unendlichen Folge von Fehleinschätzungen der deutschen Politik – Ergebnis auch eines mangelnden politischen Drucks, kurzsichtiger Krisendiplomatie und sich gegenseitig blockierender Eigeninteressen der westlichen Staaten.

Obwohl die zunehmende Gefährdung von Menschen, das explosive Klima im Kosovo und die Gefahr einer Eskalation der Gewalt schon seit Beginn der neunziger Jahre vorhersehbar waren, wurde der Kosovo-Konflikt im Dayton-Abkommen ausgeklammert, fanden die jahrelangen Bemühungen der Mehrheit der Kosovo-Albanerinnen und -Albaner sowie der gemäßigten serbischen Bevölkerung um eine friedliche Beilegung und eine demokratische Lösung des Konflikts international keine ausreichende und wirksame Unterstützung. Auch die deutsche Politik ignorierte die Vorzeichen der Katastrophe. Immer wieder hatten sich Menschenrechtsorganisationen wie amnesty international und Pro Asyl, die Kirchen und auch der UNHCR bei den Innenministern für einen Abschiebestopp eingesetzt. Dem Auswärtigen Amt wurden von dieser Seite immer wieder Berichte und Dokumentationen über Verhaftungen, Misshandlungen und die Verfolgung Abgeschobener vorgelegt.

Doch Politik, Bundesamt, deutsche Behörden und Gerichte blieben bei ihrer Einschätzung, eine flächendeckende Verfolgung im Kosovo, eine Gruppenverfolgung gebe es nicht. Jahrelang bekamen Flüchtlinge aus dem Kosovo von der Politik, vom Bundesamt für die Anerkennung ausländischer Flüchtlinge, von den deutschen Behörden und Gerichten zu hören, dass ihr Flüchtlingsschicksal nicht ausreiche und dass der Verfolgungsdruck nicht groß genug sei, um in Deutschland Asyl und Abschiebungsschutz zu erhalten. Jahrelang war Slobodan Milošević ein wichtiger Gesprächs- und Verhandlungspartner deutscher Beamter und Politiker – etwa in Sachen Rückführungsabkommen. Noch bis zum Herbst 1998 wurden abgelehnte Asylsuchende auf der Grundlage dieses mit Milošević 1996 abgeschlossenen Abkommens und der die Entwicklung völlig verkennenden Lageberichte des Auswärtigen Amtes dem Regime frei Haus zurückgeliefert.

So kam das Auswärtige Amt noch am 18. November 1998 – der neue Außenminister war bereits im Amt – zu der Einschätzung: «Die Wahrscheinlichkeit, dass Kosovo-Albaner im Falle ihrer Rückkehr in ihre Heimat massiven staatlichen Repressionen ausgesetzt sind, ist insgesamt als gering einzustufen. (...) Als inländische Fluchtalternativen kommen vor allem Zentralserbien (hier insbesondere Belgrad) und Montenegro in Betracht.»

Zaghafte Distanzierung

Setzt sich hier – unter einer rot-grünen Regierung – eine Politik fort, deren oberste Maxime bei der Wahrnehmung von Konflikten in der Abschottung vor Flüchtlingen besteht? So wie noch unmittelbar vor dem Regierungswechsel der ehemaligen Bundesinnenminister Manfred Kanther auf der Ratstagung der EU-Innenminister am 24. September 1998 für einen «Aktionsplan zur Bekämpfung der Zuwanderung aus dem Kosovo» warb und – während sich die Situation Zehntausender von Flüchtlingen im Kosovo immer mehr zuspitzte und die ersten in den Wäldern und unter freiem Himmel unversorgt umherirrenden Kinder bereits gestorben waren – vor einem «Zustrom illegaler Migration und damit einhergehender Kriminalität» aus dem Kosovo warnte.

Das Innenministerium (unter Kanther) trat nach dem Start- und Landeverbot für die jugoslawische Fluglinie JAT durch die Europäische Union mit der Forderung auf, die Flüchtlinge über Land nach Jugoslawien abzuschieben, während der damalige niedersächsische Innenminister Gerhard Glogowski (SPD) das Flugverbot rigoros ablehnte, weil es die Abschiebung von

Flüchtlingen verhindere (vgl. *Frankfurter Rundschau* vom 16. September 1998).

Im Sinne dieser Abwehrpolitik haben die Innenminister von Bund und Ländern auch nach dem Regierungswechsel immer wieder etwa auf die Bekräftigung und eine Neuauflage des so genannten Konsultationsverfahrens zwischen Deutschland und der Türkei gedrängt. Dabei ging es in einem Briefwechsel zwischen den damaligen Innenministern Kanther und Mentese 1995 – im Zusammenhang mit der Abschiebung PKK-Aktivitäten verdächtiger Kurdinnen und Kurden – um die Zusammenarbeit zwischen deutschen und türkischen Behörden und um die Zusicherung der Türkei, ihnen drohe keine menschenrechtswidrige Behandlung. Von Pro Asyl wurde dies als unverantwortliches Vertrauen in die Selbstauskunft eines potentiellen Verfolgerstaates kritisiert.

Auch die Pläne der EU über so genannte Aktionsprogramme zur Fluchtverhinderung und Abschottung der Außengrenzen – zum Beispiel gegen kurdische Flüchtlinge oder Flüchtlinge aus dem Kosovo – wurden unter der Ratspräsidentschaft der rot-grünen Bundesregierung weitergeführt. Die Beispiele ließen sich jedenfalls mehren, wie der Konsens der Flüchtlingsabwehr durch regierende Innenpolitiker von Bund und Ländern auch nach dem Regierungswechsel erhalten blieb und ebenso die Auskunftspraxis des Auswärtigen Amtes und seiner Lageberichte überlagerte. Für Gerichte wie für das Bundesamt für die Anerkennung ausländischer Flüchtlinge sind sie in der Regel die wichtigste Informationsquelle mit fast biblischer Glaubwürdigkeit, weil – wie ein Verwaltungsgericht ausführte – die Verfasser amtlicher Auskünfte zur Wahrheit verpflichtet seien, während dies bei den Autoren nichtstaatlicher Stellen nicht der Fall sei.

Die Vermutung einer absichtsvollen Verharmlosung und Bagatellisierung der Menschenrechtssituation liegt jedenfalls dann nahe und lässt erhebliche Zweifel an der Objektivität und der Sorgfalt aufkommen, wenn die Situation der Menschenrechte und die Intensität der Verfolgung im Kosovo einerseits als nicht sehr gravierend und nicht ausreichend für einen Abschiebungsstopp beschrieben wird, andererseits aber die Verletzung der Menschenrechte und der Schutz der Verfolgten zur Rechtfertigung eines Luftkrieges herangezogen werden.

Nachdem die rot-grüne Bundesregierung noch monatelang die Einschätzung der Vorgängerregierung übernommen hatte und auch der Lagebericht vom November 1998 zur Fortschreibung der kinkelschen Bestandsaufnahme geraten war, musste nun unter dem Eindruck der massiven Vertreibung der albanischen Bevölkerung «zurückgerudert» werden. Erst am 31. März 1999 erklärte das Auswärtige Amt in einer Pressemitteilung (Pressemitteilung des Auswärtigen Amtes Nr. 1023/99) unter anderem:

«Die Zielsetzung der Politik von Milošević im Kosovo wurde im März 1990 in dem ‹Programm für die Verwirklichung von Frieden und Wohlstand im Kosovo› und einige Wochen später in weiteren Dekreten offenbar. Es ging um die Etablierung eines Apartheid-Systems, das bis heute die politischen und gesellschaftlichen Verhältnisse im Kosovo bestimmt. Bis zum Ausbruch der bewaffneten Kämpfe im März 1998 bediente sich diese Politik vor allem des Mittels der wirtschaftlichen Verelendung, gepaart mit rücksichtsloser Regression (...).

Nach Ausbruch der Kämpfe im Kosovo im März 1998 wurde von den Sicherheitskräften eine gezielte Vertreibungsstrategie, eine Politik der verbrannten Erde betrieben: Nicht nur der UÇK, sondern auch der Zivilbevölkerung sollte ein Verbleib in den Häusern und Dörfern unmöglich gemacht werden. Spätestens seit (...) Ende Juli 1998 konnte über die Strategie der BRJ-Streitkräfte kein Zweifel mehr bestehen (...).»

Dennoch sollte es bis Ende April dauern, bis das Bonner Außenministerium seine Einschätzung zur Lage im Kosovo offiziell revidierte.

Verfolgt zu 1,7 Prozent

In der Zwischenzeit hatten Verwaltungsgerichte weiterhin Asylanträge von Kosovo-Albanerinnen und -Albanern mit dem Tenor des Lageberichts vom November 1998 abgelehnt, so das OVG Münster, das laut der Juristenvereinigung IALANA noch am 11. März 1999 ausführte: «Albanische Volkszugehörige aus Kosovo waren und sind in der Bundesrepublik Jugoslawien keiner regionalen oder landesweiten Vertreibung ausgesetzt» (nach *Frankfurter Rundschau* vom 28. April 1999). Die schwer wiegenden Folgen dieser mangels oder wider besseren Wissens beschönigenden Lageberichte des Auswärtigen Amtes verdeutlicht auch ein Urteil des 7. Senats des Hessischen Verwaltungsgerichtshofs, der noch am 5. Februar 1999 zur Verfolgungsgefahr zurückkehrender abgewiesener Flüchtlinge aus dem Kosovo ausführte: «(...), dass die Kläger als albanische Volkszugehörige aus dem Kosovo weder zum Zeitpunkt ihrer Ausreise noch im Falle ihrer jetzigen Rückkehr einer asylerheblichen Gruppenverfolgung ausgesetzt waren beziehungsweise wären (...) und dass ihnen auch keine politische Verfolgung aus individuellen Gründen drohte beziehungsweise drohen würde (...).

So ergibt sich für jeden kosovo-albanischen Volkszugehörigen lediglich eine statistische Wahrscheinlichkeit von knapp 1,7 Prozent pro Jahr, von einem asylrelevanten Verfolgungsschlag getroffen zu werden. (...)

Die Wahrscheinlichkeit, in einem überschaubaren Zeitraum nicht von solchen Maßnahmen betroffen zu werden, war und ist für Kosovo-Albaner – und zwar auch für Angehörige in Betracht zu ziehender Teilgruppen – seit 1990 bis in eine absehbare Zukunft deutlich höher als die gegenteilige.»

Ebenso zynisch klingt ein Bescheid des Bundesamtes für die Anerkennung ausländischer Flüchtlinge, in dem die Behörde noch am 15. März formulierte: «Ein staatliches Programm zur Vertreibung aller Albaner aus dem Kosovo oder gar ein Plan zur Provokation eines Aufstandes mit dem Ziel der Ausrottung aller Albaner ist bis heute nirgends belegt.

(...) Auch wenn die Zahl der Todesopfer auf mittlerweile über 1000 angestiegen ist und aus den Kampfgebieten schätzungsweise 300 000 Albaner geflüchtet sind, rechtfertigen diese Zahlen rein quantitativ nicht die Annahme einer unmittelbaren staatlichen Gruppenverfolgung der rund 1,8 Millionen Kosovo-Albaner. (...) Die Polizei- und Militäraktionen richteten sich vor allem gegen terroristische Aktivitäten in bestimmten Gebieten.» (*Süddeutsche Zeitung* vom 3./4. April 1999)

Staatsminister Ludger Volmer gab als Grund, den Lagebericht vom 18. November 1998 aus dem Verkehr zu ziehen, an, der Kosovo-Bericht entspreche nicht der empirischen Wahrheit, sondern sei aus innenpolitischen Gründen noch so von der alten Regierung verfasst worden. Beim Bericht vom 18. November 1998 handele es sich um eine auf Beamtenebene entstandene Fortschreibung des Textes aus den Zeiten der Vorgängerregierung.

Auf den späten Zeitpunkt angesprochen, gab Volmer zu, es habe Hinweise gegeben, «dass einzelne Richter sich immer noch auf den nicht mehr adäquaten Bericht bezogen» (*Frankfurter Rundschau* vom 30. April 1999).

Die verhängnisvolle Auskunftspraxis der doppelten Wahrheiten zum Kosovo – Lagebericht vom 18. November 1998 und Presseerklärung vom 31. März 1999 – war letztlich auch Anlass für eine generelle Überprüfung des Verfahrens der Erstellung der Lageberichte, ihres Inhalts und ihrer Struktur. Dazu gehören laut Staatsminister Volmer:

- umfassende und sorgfältige Ermittlung aller Fakten zur Menschenrechtslage,
- Einbeziehung aller soliden und zuverlässigen Quellen vor Ort, der Erkenntnisse von Menschenrechtsgruppen und Nichtregierungsorganisationen,
- Verzicht auf (asyl)rechtliche Wertungen durch das Außenministerium,
- regelmäßige Aktualisierung entsprechend der Dringlichkeit und Entwicklung im Land,
- regelmäßiger Austausch mit Vertreterinnen und Vertretern von Nichtregierungsorganisationen und dem UNHCR über die Lage in einzelnen Herkunftsländern.

Allerdings bleibt auch Skepsis angebracht: Die Lageberichte werden weiterhin «Verschlusssache, VS – Nur für den Dienstgebrauch» bleiben. Die Mitarbeit von Bediensteten des Bundesamtes bei der Erstellung der Lageberichte, die an einige deutsche Auslandsvertretungen abgeordnet wurden, ist bisher nicht ausdrücklich ausgeschlossen. Um jeden Verdacht zu vermeiden, diese Mitarbeit – vom Bundesamt «Unterstützung der Auslandsvertretungen» genannt – könnte von den politischen Absichten der Innenminister bestimmt sein, Asylanträge möglichst nicht zu befördern, sollte dieser Missstand schnellstens beseitigt werden.

Der erste nach dieser Reform vorgelegte Lagebericht zur Türkei zeichnet ein realitätsnäheres Bild: Der generelle Verweis auf eine «inländische Fluchtalternative» im Westen unterbleibt; Folter und Misshandlungen von aus Deutschland abgeschobenen Flüchtlingen werden eingeräumt.

Ob die Neukonzeption der Lageberichte schlussendlich zu essentiellen Verbesserungen im Sinne des Flüchtlingsschutzes führen wird, hängt nicht allein von der Qualität der Lageberichte, sondern vor allem von dem politischen Stellenwert ab, den die rot-grüne Regierungskoalition einer menschenrechtsorientierten Asylpolitik und einer offenen demokratischen Gesellschaft einzuräumen bereit ist. Äußerungen des für die Einwanderungs- und Asylpolitik zuständigen Innenministers Otto Schily – etwa über die «Asylunwürdigkeit» von 97 Prozent aller Antragstellenden – weisen in eine andere Richtung. Hier wird mit seriös verbrämten Vorurteilen das Thema «Einwanderung und Asyl» auf die schiefe Ebene einer Law-and-order-Politik gebracht, welche Einwandernde und insbesondere Flüchtlinge primär aus dem Blickwinkel eines sicherheitspolitischen und militärischen Abwehrdenkens begreift.

Die rot-grüne Koalition, die auch aus der Betonung einer größeren Beachtung der Menschenrechte ihre Legitimation bei den letzten Bundestagswahlen bezogen hat, muss aufpassen, im Bereich der Innen- und Flüchtlingspolitik unter Bundesinnenminister Schily nicht gänzlich in der Kontinuität der Ära Kohl/Kanther zu versinken.

Petra Mies

Kinder in einer Fremde voller Fragen und Formulare

Unbegleitete minderjährige Flüchtlinge am Frankfurter Flughafen

Zwei Wünsche, wenn sie die frei hätte? Was soll sie da antworten? Sie, die ihre Welt verlassen hat und, halb Kind, halb Frau, gelandet ist in einer neuen Welt. Gelandet, aber noch längst nicht angekommen. Die den Krieg kennt und wer weiß was sonst noch. Darüber spricht sie nicht, wenn sie nicht muss.

Fünfzehn Jahre Leben hat sie mitgebracht aus Afghanistan und schweigt.

Zarah (Name geändert) dreht den dunklen, dicken Zopf in den Händen und senkt die dunklen, hellwachen Augen. Sie denkt nach. Dann, und das sagt sie nach sechs Monaten in Deutschland – obwohl sie die neue Sprache so gut gelernt hat – ganz leise in der Sprache der Weltpolitik: «peace and love». Frieden und Liebe, damit wäre alles gesagt. Und dann spricht sie doch einen dritten und vierten Wunsch aus: «Die Universität besuchen und eine gute Arbeit finden.» Das sagt sie auf Deutsch und lächelt verlegen.

Aufnahmeheim für unbegleitete minderjährige Flüchtlinge der Arbeiterwohlfahrt, Jugendhilfeverband Rhein-Main, irgendwo im Westen der Stadt mit dem großen Flughafen, auf dem die Kinder und Jugendlichen aus Äthiopien, aus Afghanistan, aus Algerien und anderen Ländern landen, allein. Vom Flieger ausgespuckt in der Fremde mit den Fremden, die so viele Fragen und Formulare haben. Landen, weil Erwachsene in Äthiopien, in Afghanistan, in Algerien und aller Welt vergewaltigen, töten, foltern und so meilenweit vom Frieden entfernt sind wie Zarah in Frankfurt von ihrer Heimat. «Ich vermisse meine Eltern», sagt sie. «Ich würde gerne bei meinem Bruder in Hamburg leben.» Heimleiterin Doris Gießen will sich dafür einsetzen, «obwohl es bei Minderjährigen keine bundesweite Weiterverteilung gibt».

Wer im Aufnahmeheim angekommen ist, hat erst einmal geschafft, was die Familie erwartet, «nämlich nach Deutschland einzureisen». Ursula Schlung-Muntau, die unbegleitete Flüchtlingskinder als Anwältin vertritt, spricht von «einem wahnsinnigen Erwartungsdruck, der auf ihnen lastet». Kratzen die Eltern, kratzt ein ganzer Klan das Geld zusammen, um das Ticket und den Schlepper und den korrupten Flughafenbeamten zu bezahlen, weiß dieses Kind: Es muss die Erwartungen, die so viel gekostet haben, erfüllen. Bis zu 15 000 Mark geben sie aus für das Kind, dessen Leben es zu retten gilt. Wer einreisen darf, war sein Geld wert.

Zarah hat die Landung auf dem Rhein-Main-Flughafen hinter sich, hat die vom Dolmetscher übersetzten Fragen des Bundesgrenzschutzbeamten (BGS) in Uniform richtig beantwortet. Wer falsch antwortet, fliegt wieder raus und zurück. Sie hat in den Stunden im «Kinderzimmer» des BGS auf dem Flughafengelände isoliert damit begonnen, innere Panzerschichten um die Horrorbilder wie um die Sehnsucht zu legen. Wer die alte Nähe in der Ferne nicht vergräbt und verdrängt, geht kaputt. «Nicht gerade eine kindgerechte Situation, mit der die Kinder auf dem Flughafen zurechtkommen müssen», sagt Anwältin Schlung-Muntau. Spricht Zarah mit dem schönen Lächeln über Deutschland, spricht sie lieber nicht über den Flughafen. Lächelt nur und sagt: «Hier ist es so ruhig und so grün.»

Ein neuer Krieg, eine neue Krise – schon kommen verstärkt Kinder nach Frankfurt. Beispiel Eritrea und Äthiopien: «Im letzten Sommer hatten wir fast keine Aufnahmen von dort, aber seit der neue Grenzkrieg begonnen hat, ist das wieder die größte Gruppe im Haus.» Und die Kinder aus Kosovo? Sie werden keine Einzelfälle bleiben. In Kosovo ist Krieg.

Durchschnittlich sechs Wochen wohnen die Minderjährigen im Aufnahmeheim, bis sie weiterverlegt werden in andere hessische Jugendhilfeeinrichtungen oder in ein Heim – in Extremfällen übernachten sie nur einmal dort, ein körperbehinderter Junge wiederum blieb ein Jahr. Leben bereits Verwandte in Deutschland, «holen sie die Kinder manchmal schon in der ersten Woche ab, wenn die Papiere da und die Wohnungen groß genug sind», sagt Doris Gießen: «Aber oft hakt es an formalen Geschichten, gehen Wochen ins Land.» Flucht ohne Fluchthelfer ist nach Erfahrung der Heimleiterin heutzutage unmöglich: «Meist organisieren das die Verwandten – wir haben auch viele Kinder, deren Familien auf dem Erdball verstreut sind.»

Deutschland muss nicht Zielland sein, bestätigt der 14 Jahre alte Abdi aus Somalia, der vor eineinhalb Monaten von Nairobi nach Frankfurt geflogen kam: «Ich will nach London zu meiner Mutter», sagt er und zieht die Hosenträger von der schmalen Brust weg. 24 Tage saß er am Frankfurter Flughafen, «ich habe da viel Angst gehabt – vor den Uniformierten und davor, wieder abgeschoben zu werden». Jetzt, im Heim, sei es toll. Abdi strahlt: «Fußball, Pingpong und Billard spiele ich gern.» Sie spielen alle gern, die Kinder, die endlich Kinder sein dürfen.

Für Minderjährige sei es «wahnsinnig schwierig», persönliche politische Verfolgung geltend zu machen, «deshalb fordern wir schon lange ihre Herausnahme aus dem Asylverfahren», sagt Doris Gießen. «Was kann ein zweijähriges Kind schon geltend machen, vielleicht Sippenhaft, sonst ist da nichts.» Ihr Alternativvorschlag: «Man sollte sich jeden Einzelfall angucken, und sofern die Kinder nicht zurückkehren können, sollte man sie hier groß werden lassen, ohne ständig an ihrem Aufenthaltsrecht zu rütteln.» In all den Jahren sei nur eine Hand voll Asylanträge positiv beschieden worden. Die Regel ist: Die Anträge werden relativ schnell abgelehnt, die Anwälte machen Abschiebehindernisse geltend, «und die Kinder und Jugendlichen bleiben in so einem Duldungsstatus hier, der ihnen beispielsweise verbietet, eine Berufsausbildung zu machen».

Manchmal schickt der BGS die Kinder im Taxi zum Heim und sie stehen dann plötzlich vor der Tür. Doris Gießen ist nicht nur gut auf die Grenzschützer zu sprechen: «Uns bleibt verborgen, nach welchen Kriterien sie entscheiden, und ich finde es skandalös, dass die Kinder auch nur eine Nacht am Flughafen bleiben, der BGS hat gar keine Erlaubnis, sie zu betreuen.» Üblich seien indessen drei, vier Nächte, und die Heimleiterin spricht von einem 15 Jahre alten Inder, «der 52 Tage am Flughafen festgehalten wurde, dann in die Psychiatrie kam und schließlich zu uns».

Auch Wolfgang Brinkmann, Amtsvormund des Jugendamtes, geißelt «Verstöße gegen das Kinder- und Jugendhilfegesetz» am Flughafen: «Wer Kinder mehrere Tage lang in Obhut nimmt, braucht dazu die Genehmigung des Landesjugendamtes», sagt er. «Außerdem bedarf es eines richterlichen Beschlusses oder der Genehmigung des Vormundschaftsgerichts, um Kinder länger als 24 Stunden in geschlossenen Räumen unterzubringen.» Und was die Entscheider des Bundesamtes anbelangt, hat Brinkmann oft den Eindruck, «sie haben das Bestreben, die Glaubwürdigkeit der Minderjährigen infrage zu stellen». Die Tragik dieser Flüchtlinge am Flughafen sei, «dass sie weggeschickt wurden, in diesem Behördendschungel hier landen und in einer verzweifelten Lage Dinge wissen sollen, die sie nicht wissen können, die auch Erwachsene nicht auf den Tag genau rekapitulieren können». Man bringe sie in Beweisnot für das Erlittene.

«Flughafenverfahren für Minderjährige unzumutbar»

Nach dem 1993 geänderten Asylverfahrensgesetz, dem Asylkompromiss mit dem Flughafenverfahren als einer Säule, gelten allein eingereiste Flüchtlinge bis zu 16 Jahren ohne gültige Papiere als minderjährig und müssen statt eines Asylantrags ein Schutzersuchen stellen. Vom 16. Lebenjahr an sind sie asylmündig.

Da die Bedingungen im Haus C 182/183 im alten Transitbereich des Frankfurter Flughafens nach Auffassung aller Beteiligten unzumutbar für Kinder sind, durchlaufen sie das Flughafenverfahren bis auf Ausnahmen nicht. «Noch nicht», sagt Klaus Ludwig, Sprecher des Bundesgrenzschutzes (BGS): Die Arbeitsgruppe, die eine neue Flüchtlingsunterkunft im Transit plant – Kostenträger ist das Land Hessen –, werde auch «akzeptable Kinderräume» einrichten. Ludwig rechnet mit einer endgültigen Lösung bis Mitte 2001: «Dann werden auch die bis zu 16-Jährigen hier das Flughafenverfahren durchlaufen.» Bis dahin greift eine Übergangslösung: Das Land Hessen hat am 1. Oktober 1999 im alten Transitgebäude einen Kinderraum eingerichtet. Seither betreut der Flughafensozialdienst die Minderjährigen, was er zuvor stets abgelehnt hatte.

Laut Paragraph 18 a Asylverfahrensgesetz dauert das Flughafenverfahren 19 Tage. «Landet ein Ausländer und sagt Asyl, wird er grenzpolizeilich befragt und wir legen eine Akte an, die an die Außenstelle des Bundesamtes für die Anerkennung ausländischer Flüchtlinge weitergeht», fasst Ludwig das beschleunigte Verfahren zusammen. Das Bundesamt muss binnen zwei Tagen entscheiden: Lehnt es den Asylantrag als «offensichtlich unbegründet» ab, kann der Asylsuchende die Entscheidung in drei Tagen beim Verwaltungsgericht letztinstanzlich überprüfen lassen. Dem Verwaltungsgericht wiederum bleiben 14 Tage Zeit zur Entscheidung.

Die unbegleiteten «Flughafenkinder» wurden in Frankfurt aus diesem Verfahren mit seinen verkürzten Fristen herausgenommen. Nach der Landung befragen sie BGS-Beamte – «kindgerecht», sagt Ludwig. Kinder ohne gültige Papiere, die kein Schutzersuchen stellen, würden in die nächstmögliche Maschine zurück ins Herkunftsland gesetzt.

Wollen die Minderjährigen indessen Asyl und sind keine Verwandten auszumachen, schaltet der BGS das Amtsgericht ein. Ein Aufenthaltspfleger, in der Regel das Jugendamt, kümmert sich um «Alltagsgeschäfte» wie Unterkunft und Arztbesuche. Der Ergänzungspfleger, meist ein Anwalt, ist für die asyl- und ausländerrechtliche Betreuung zuständig.

Einer der strittigen Punkte ist, ob nicht auch die 16- bis 18-jährigen Flüchtlinge, die als asylmündig gelten, einen Pfleger brauchen, ob man sie also am Flughafen festhalten und mit ihnen das schnelle Asylverfahren durchziehen kann. Mittlerweile hätten sich in Frankfurt die Auffassungen diesbezüglich zumindest «angenähert», der BGS mache Ausnahmen. Der Richter pocht darauf, und mit ihm Jugendamt, Anwälte, Pro Asyl, der Hohe Flüchtlingskommissar der Vereinten Nationen (UNHCR) und andere: «Jugendliche bis zu 18 Jahren haben Anspruch auf einen gesetzlichen Vertreter. Das Flughafenverfahren ist für Minderjährige unzumutbar.»

BGS-Sprecher Ludwig zufolge sind die Zahlen unbegleitet einreisender, minderjähriger Asylsuchender «erkennbar rückläufig», was er der 1997 vom damaligen Bundesinnenminister Manfred Kanther (CDU) eingeführten Visumpflicht zuschreibt – danach können Kinder und Jugendliche bis zu 16 Jahren aus der Türkei, aus Marokko, Ex-Jugoslawien und Tunesien nicht ohne Visum nach Deutschland einreisen.

1995 landeten 328 unbegleitete Flüchtlingskinder auf dem Rhein-Main-Flughafen, 1996 stieg die Zahl auf 528 – «die Masse kam aus der Türkei» (Ludwig) –, 1997, im Jahr der Einführung der Visumpflicht, sank sie auf 146, «wobei die große Anzahl in der ersten Januarhälfte kam, als sie noch nicht galt». 1998 und 1999 registrierte der BGS je 64 unbegleitete Kinder.

Von den insgesamt 64 Minderjährigen, die 1999 in Frankfurt ankamen, ging es bei sechs um ausländerrechtliche Fragen – fünf von ihnen wurden an Abholer übergeben, ein Kind wurde zurückgewiesen. Die übrigen 58 stellten ein Schutzersuchen – drei wurden an Abholer, 54 dem Jugendamt übergeben und ein Kind zurückgewiesen. Seit Einrichtung des Übergangs-Kinderraums im Oktober bis Ende 1999 reisten zehn unbegleitete Flüchtlingskinder ein. «Neun sind dann im Verlauf des Flughafenverfahrens dem Jugendamt übergeben worden, außerdem gab es eine Zurückweisung», sagt Ludwig. Der BGS-Sprecher wiederholt: «Die Zahlen sind weiterhin rückläufig. Drastisch.»

Regina Kalthegener

Frauenspezifische Verfolgung – kein Asylgrund

Frauenspezifische Fluchtgründe sind überwiegend besondere Formen von nichtstaatlicher (sexualisierter) Gewalt gegen Frauen. In Asylanträgen werden zum Beispiel grausame Bestrafungen wegen Vergehen gegen frauenspezifische Bekleidungs- und Verhaltensregeln, Vergewaltigung, Genitalverstümmelung und Unterdrückung der Aktivitäten zur Durchsetzung von Frauenrechten aufgeführt (vgl. *Grundrechte-Report 1998*, S. 176 ff.). Asyl wird aber nur dann gewährt, wenn die Gewalt vom Staat ausgeübt wird, als Mittel politischer Verfolgung, oder von Dritten, gegen die der Staat die ihm an sich verfügbaren Mittel nicht einsetzt. Die politische Verfolgung ist wesentliche Voraussetzung für den Anspruch auf Asyl nach Art. 16 a Abs. 1 GG. Die frauenspezifischen Fluchtgründe werden aber oftmals dem «privaten» Bereich oder der Kultur zugeordnet. Daher besteht zumeist kein Anspruch auf Asyl. Den Betroffenen wird nur in wenigen Ausnahmefällen, wenn ihnen eine konkrete Gefahr droht, ein Abschiebungshindernis aus humanitären Gründen gewährt (§ 53 AuslG). Ändert sich die Situation im Heimatland, können sie jederzeit abgeschoben werden.

Deutschland vertritt innerhalb der EU und im internationalen Vergleich eine restriktive Asylauffassung. Die Anhörung des Bundestagsausschusses für Menschenrechte und humanitäre Hilfe zu nichtstaatlicher Verfolgung Ende November 1999 machte dies erneut deutlich. Trotz mehrfach dokumentierter politischer Willensäußerungen gab es bis Januar 2000 keine gesetzgeberischen Impulse für eine Änderung der bestehenden Verwaltungspraxis und Rechtsprechung frauenspezifischer Verfolgung.

Der Vertreter des Hohen Flüchtlingskommissars der Vereinten Nationen (UNHCR) in Deutschland stellte fest, dass die Auslegung des Artikels 16a GG, wonach Verfolgung staatlich sein muss, weit hinter der völkerrechtlichen Festschreibung in Artikel 1 A Nr. 2 der Genfer Flüchtlingskonvention zurückbliebe. Danach kann einer Frau, die «aus begründeter Furcht vor Verfolgung wegen ihrer Zugehörigkeit zu einer bestimmten sozialen Gruppe» Asyl begehrt, Schutz gewährt werden, unabhängig davon, ob staatliche Verfolgung vorliegt oder nicht.

Nicht zuletzt seit dem Inkrafttreten des Vertrages von Amsterdam wurden 1999 während der deutschen und danach finnischen EU-Präsidentschaft wichtige Weichen für die Politik der Europäischen Union im Asylbereich gestellt. Die in Titel IV des Vertrages festgeschriebene Absicht «Aufbau eines Raums der Freiheit, der Sicherheit und des Rechts» bedeutet eine Kompetenzausweitung, durch die u. a. der Asylbereich fest im Gemeinschaftsrecht verankert wird. Obwohl auf der Ministerkonferenz in Tampere im Herbst 1999 vereinbart wurde, dass die Genfer Flüchtlingskonvention als Orientierungspunkt dienen soll, zeichnet sich die Tendenz ab, die Zuwanderung in die EU deutlich zu begrenzen. In diesem Klima der Restriktion verwundert es nicht, dass Asyl suchende Frauen, in deren Herkunftsland zum Beispiel die staatliche Autorität völlig zusammengebrochen ist und sich keine neue herausgebildet hat, in Deutschland keinen Flüchtlingsstatus erhalten.

Dabei fordern bereits seit über zehn Jahren Politikerinnen und Politiker parteiübergreifend eine Anerkennung frauenspezifischer Fluchtursachen als Asylgründe, auch bei nichtstaatlicher Verfolgung. Obwohl im Herbst 1998 im Koalitionsvertrag von SPD und Bündnis 90/Die Grünen die Absicht festgeschrieben wurde, «die Verwaltungsvorschriften mit dem Ziel der Beachtung geschlechtsspezifischer Verfolgungsgründe zu überarbeiten», liegt diese Absichtserklärung, genau betrachtet, weit hinter dem bereits 1990 gefassten Beschluss des Deutschen Bundestages. Damals war ein Entschließungsantrag weiblicher Abgeordneter aller Fraktionen einstimmig angenommen worden, der die Aufforderung enthielt, «eine ausdrückliche Klarstellung im Asylverfahrensgesetz aufzunehmen, wonach auch wegen ihres Geschlechts oder ihrer sexuellen Orientierung verfolgte Frauen Asyl genießen» (Ds. 11/4150 vom 31. Oktober 1990). Der Ansatz der Regierungskoalition bleibt deshalb hinter diesem Beschluss zurück, weil Gesetze gegenüber Verwaltungsvorschriften eine stärkere Rechtsverbindlichkeit aufweisen. Festschreibungen in Gesetzen, wie etwa in dem Ausländer- oder dem Asylverfahrensgesetz, binden die Gerichte und Verwaltungsvorschriften nicht. Den Verfassungs- und Verwaltungsgerichten obliegt die Auslegung des Art. 16 a GG und der sonstigen asylrechtlichen Gesetzesvorschriften. Deshalb wäre es zur Vermeidung von weiteren Unsicherheiten und zur Vereinheitlichung der Rechtsprechung zu frauenspezifischen Asylgründen notwendig, eine Regelung auf gesetzlicher Ebene zu treffen und nicht nur Verwaltungsvorschriften zu ergänzen. Die Ergänzungen der Allgemeinen Verwaltungsvorschrift zum Ausländergesetz zu § 53 Abs. 4 AuslG (BR-Ds. 350/99) lösen das Problem somit nicht, obwohl sie sich auf Artikel 3 der Konvention zum Schutz der Menschenrechte und Grundfreiheiten (EMRK) vom 4. November 1950 beziehen. Danach darf niemand der Folter oder unmenschlicher oder erniedrigender Strafe oder Behandlung unterworfen werden. Geschlechtsspezifische oder andere schwer wiegende Formen sexualisierter Gewalt werden dazugerechnet. Nach Auffassung des Bundesrates soll mit diesem Zusatz die Verfolgung von Frauen stärker als bisher Berücksichtigung finden. Der Forderung nach gesetzlich verankerter Anerkennung frauenspezifischer Fluchtgründe werden die neuen Vorschriften jedoch mangels Bindungswirkung nicht gerecht.

Weltweit gibt es schon seit einigen Jahren Beispiele für eine menschenrechtlich sachgerechte Asylpraxis. So veröffentlichte zum Beispiel Kanada 1993 Richtlinien, deren Kriterien zur Bewertung frauenspezifischer Verfolgung als Maßstab die Allgemeine Menschenrechtserklärung und die internationalen Menschenrechtsabkommen zugrunde legen. Sexualisierte Gewalt wird zum Beispiel als Form von Folter bewertet und die Unterdrückung von Frauen ebenso wie die von Männern an internationalen Menschenrechtsstandards gemessen. Dem Beispiel folgten 1995 die USA und 1996 Australien. Neuseeland ging noch einige Schritte weiter. Dort erfolgt die Asylgewährung unter Berücksichtigung der Richtlinien des UNHCR nach den vier folgenden Grundprinzipien:

- Verfolgung ist eine andauernde oder systemimmanente Verletzung grundlegender Menschenrechte, gegen die ein Staat keinen ausreichenden Schutz bietet.
- Auf die Urheberschaft der Verfolgung kommt es nicht an, sondern darauf, ob gegen Verfolgungsmaßnahmen staatlicher Schutz erlangt werden kann. Dies schließt Kriegs- und Bürgerkriegsflüchtlinge mit ein. Jegliche nichtstaatliche oder «private» Gewalt kann ein Anerkennungsgrund sein.
- Asylgesuche werden nach der Allgemeinen Erklärung der Menschenrechte und dem in den Internationalen Menschenrechtspakten verankerten Standard vorgenommen.
- Kulturelle Differenzen zwischen Asylland und Herkunftsland werden nicht berücksichtigt. Menschenrechte können durch nationale Systeme weder gewährt noch entzogen werden.

Diese Ansätze für einen sachgerechten Umgang mit frauenspezifischen Fluchtgründen könnten auch in Deutschland als Grundlage für eine Neubewertung dienen. Solange aber in Deutschland die Meinung vorherrscht, wie sie Bundesinnenminister Otto Schily im November 1999 vertrat, nur drei Prozent der Asylsuchenden seien tatsächlich politisch Verfolgte, die anderen 97 Prozent nur Wirtschafts- und Armutsflüchtlinge, werden frauenspezifische Fluchtgründe in der Asylpraxis kaum anders beurteilt werden.

Der Rechtsweg gegen die öffentliche Gewalt steht offen

Art. 19. (4) Wird jemand durch die öffentliche Gewalt in seinen Rechten verletzt, so steht ihm der Rechtsweg offen. Soweit eine andere Zuständigkeit nicht begründet ist, ist der ordentliche Rechtsweg gegeben. Artikel 10 Abs. 2 Satz 2 bleibt unberührt.

Dieter Hummel

Rechtsverweigerung durch Verfahrensdauer

Familie X beantragt im August 1996 für ihr damals sechsmonatiges Kind eine Tagespflege, weil eine Unterbringung im Kinderhort bzw. -garten nicht möglich ist. Dieser Antrag wird abgelehnt, wogegen im Januar 1997 Klage beim Verwaltungsgericht erhoben wird. Zu diesem Zeitpunkt ist das Kind knapp ein Jahr alt. Auf die regelmäßige jährliche Anfrage nach einem Entscheidungstermin erfolgt die ebenfalls routinemäßige Antwort des Gerichts, dass ältere Verfahren vorgehen. Mittlerweile sind drei Jahre seit Einreichung der Klage vergangen, ein Termin aber ist immer noch nicht in Sicht. Dafür ist das inzwischen fast vierjährige Kind bald dem Kindergartenalter entwachsen. Wahrscheinlich wird das Gericht schließlich darum bitten, die Klage zurückzunehmen, da kein rechtliches Bedürfnis für eine gerichtliche Entscheidung mehr besteht.

Eine Landtagsfraktion klagt zu Beginn der Legislaturperiode gegen Beschränkungen ihrer Möglichkeiten als Fraktion. Schriftsätze werden gewechselt, die Sache ist entscheidungsreif, die Rechtsfrage kann also entschieden werden. Dies ist Anfang

1998. Wer nun denkt, das Verwaltungsgericht nehme sich dieser Angelegenheit an, irrt. Die Richter warten bis Herbst 1999, um aktiv zu werden: Sie schreiben die Prozessbevollmächtigten an, weisen darauf hin, dass Neuwahlen zum Landtag stattgefunden haben, womit sich die Angelegenheit erledigt habe, und bitten um Abgabe verfahrensbeendender Erklärungen.

Ein Betriebsrat begehrt die Einhaltung eines Interessenausgleichs bei Betriebsänderungen im Jahr 1998. Er reicht den Antrag im November 1998 beim Arbeitsgericht ein. Erster Termin wird für den 4. Juni 1999 festgelegt. Dieser wird aus dienstlichen Gründen aufgehoben und neu terminiert auf den 9. Juli 1999. Die tatsächlich stattfindende Verhandlung bricht der Richter ohne ersichtlichen Grund nach kurzer Zeit ab und lädt für einen neuen Termin am 2. Februar 2000.

Wiederum ein Betriebsrat beantragt eine einstweilige Verfügung gegen den Arbeitgeber, weil dieser rechtswidrig – da ohne Zustimmung des Betriebsrats – befristete Einstellungen vornimmt. Das Gericht terminiert die Sache auf einen Zeitpunkt, zu dem die befristeten Beschäftigungen abgelaufen sind.

Fälle, wie sie jeden Tag passieren – die Reihe ließe sich beliebig fortsetzen: Die Studentin, über deren BAföG-Antrag das Gericht nach Abschluss des Studiums entscheidet; der Arbeitslose, über dessen Antrag auf Arbeitslosengeld das Sozialgericht nach einem Jahr urteilt. Gemeinsam ist diesen Fällen, dass hier zwar formal der in Art. 19 Abs. 4 GG garantierte Rechtsschutz gewährt wird, praktisch die Betroffenen jedoch durch die Verfahrensweise der Gerichte rechtlos gestellt werden. Der Artikel 19 gibt jedem, der in seinen Rechten verletzt wurde, das Recht, gegen diese Verletzung gerichtliche Hilfe in Anspruch zu nehmen. Es liegt auf der Hand, dass eine solche Hilfe nur dann tatsächlich Schutz bietet, wenn die Gerichte über das klägerische Begehren so zeitnah entscheiden, dass die Entscheidung für den jeweiligen Kläger noch Konsequenzen haben kann. Dies ist –

gerade bei den bundesdeutschen Verwaltungsgerichten – abgesehen von für die Betroffenen negativen Entscheidungen in Asyl- und Ausländerrechtssachen, bei denen die Richter plötzlich sehr schnell sein können – mittlerweile die Ausnahme. Die Regel ist vielmehr, dass derjenige, der gerichtliche Hilfe in Anspruch nimmt, sich darauf einstellen muss, insbesondere vor den Verwaltungs- und Sozialgerichten mehrere Jahre auf eine Entscheidung zu warten. Vielfach hat sich die Angelegenheit dadurch zum Zeitpunkt der Entscheidung erledigt.

Der Art. 19 Abs. 4 GG schützt aber nicht nur die Möglichkeit, überhaupt gerichtliche Hilfe in Anspruch zu nehmen; dieses Grundrecht gewährt vielmehr auch das Recht, diese Hilfe in angemessener Zeit zu erhalten. Das hat das Bundesverfassungsgericht bereits 1975 entschieden. Dies ist auch konsequent und zwangsläufig, ergibt sich doch der Anspruch auf eine Entscheidung in angemessener Zeit auch aus Artikel 6 der Menschenrechtskonvention.

Im Zuge der Debatte um eine Justizreform wäre es anstelle geplanter Verkürzungen der Rechtswege und damit des Rechtsschutzes bedenkenswerter, die Voraussetzungen zeitnaher und damit verfassungskonformer Entscheidungen zu schaffen. Dies könnte durch eine verbesserte Ausstattung der Gerichte sowie durch Änderungen etwa bei der Besetzung der Verwaltungsgerichtskammern, denen immer noch drei Berufsrichter angehören – warum eigentlich? -, erfolgen.

Stefan Soost
Mehr Rechtsschutz gegen den Verfassungsschutz

Das Bundesverfassungsgericht hat die gerichtliche Kontrolle von Maßnahmen der Geheimdienste gegenüber den Bürgerinnen und Bürger gestärkt. Der Erste Senat des Gerichtes entschied, das Recht einer Behörde, im gerichtlichen Verfahren aus Gründen der Geheimhaltung Akteneinsicht zu verweigern, dürfe nicht dazu führen, dass ein effektiver Rechtsschutz nicht mehr möglich sei. Die entsprechende Vorschrift der Verwaltungsgerichtsordnung ist verfassungswidrig, soweit sie die Vorlage von Akten an das Verwaltungsgericht auch in jenen Fällen ausschließt, in denen die Gewährung des Rechtsschutzes nach Art. 19 Abs. 4 Satz 1 GG von der Kenntnis der Verwaltungsvorgänge abhängt (Beschluss vom 27. Oktober 1999 – Az.: 1 BvR 385/90).

Im folgenden Fall war der Betroffene, ein 1986 eingestellter Geschäftsführer der bayerischen Landesauftragsstelle, die unter anderem Aufträge der Bundeswehr vermittelt, mit seinem Einverständnis 1987 einer Sicherheitsüberprüfung unterzogen worden. Das Bayerische Landesamt für Verfassungsschutz befand, dass Bedenken gegen eine Ermächtigung des Geschäftsführers zum Umgang mit Verschlusssachen bestünden. Daraufhin erläuterte der Vorstand der Landesauftragsstelle dem Geschäftsführer, eine Weiterbeschäftigung komme nicht in Betracht. Der Betroffene kündigte selbst, um Nachteile bei späteren Bewerbungen zu minimieren. Dennoch fand er keine gleichwertige Beschäftigung mehr, da er nicht erklären konnte, wieso er nur so kurz für die Landesauftragsstelle tätig gewesen war. Er wollte schließlich vom Verfassungsschutz wissen, was gegen ihn vorgebracht worden sei. Dieser lehnte Auskunft über den Akteninhalt ab und teilte nur mit, dass die Überprüfung einen Charakterzug des Betroffenen erkennen ließe, der dazu führen könne, dass er Opfer einer nachrichtendienstlichen Verstrickung werde.

Der Betroffene zog vor das Verwaltungsgericht, wo der Verfassungsschutz auf seiner ablehnenden Entscheidung beharrte und die Akte dem Gericht nicht vorlegen wollte, denn würden die Aussagen der Informanten bekannt, sei in Zukunft die Arbeit des Verfassungsschutzes gefährdet. Der Bayerische Verwaltungsgerichtshof bestätigte 1990 diese Auffassung, da die gesetzlichen Voraussetzungen für die Verweigerung der Aktenvorlage glaubhaft gemacht worden seien. Zwar schreibt die Verwaltungsgerichtsordnung in § 99 grundsätzlich eine Aktenvorlage oder Auskünfte der Behörden an das Gericht vor, doch können diese verweigert werden, wenn sie dem Wohl des Bundes oder eines Bundeslandes Nachteile bereiten würden. Andernfalls haben die Prozessbeteiligten das Recht, die dem Gericht vorgelegten Akten einzusehen.

Der Erste Senat des Bundesverfassungsgerichtes gab der Verfassungsbeschwerde des Betroffenen nun statt, denn das zuständige Gericht muss die tatsächlichen Grundlagen des Verfahrens selbst ermitteln und seine rechtliche Auffassung unabhängig von der Verwaltung, deren Entscheidung angegriffen ist, gewinnen und begründen. Im konkreten Fall vermöge das Gericht ohne Aktenvorlage nicht zu beurteilen, auf welchen Tatsachen die Entscheidung des Verfassungsschutzes beruht, sodass die dem Verwaltungsgericht obliegende Rechtskontrolle im Interesse des Betroffenen nahezu unmöglich gemacht wird. Die Beschränkung des effektiven Rechtsschutzes durch § 99 Verwaltungsgerichtsordnung sei unverhältnismäßig, denn die Belange der Geheimhaltung machen es nicht erforderlich, neben dem Betroffenen auch das Gericht von der Kenntnis der Akten auszuschließen. Ein solches Verfahren, das den Betroffenen von der Auskunftserteilung ausschließt, steht nach Ansicht des Verfassungsgerichts nicht im Widerspruch zum Grundrecht auf rechtliches Gehör nach Art. 103 Abs 1 GG, da eine hinreichende sachliche Rechtfertigung gegeben sei. Der Bundestag hat jetzt bis zum 31. Dezember 2001 Zeit, die Verwaltungsgerichtsordnung den Vorgaben des Verfassungsgerichtes anzupassen; bis dahin gelten ab sofort die in diesem Verfahren entwickelten Grundsätze.

Dieser Beschluss des Bundesverfassungsgerichtes ist ein rechtsstaatlicher Fortschritt, weil er zu etwas mehr Geheimdienstkontrolle führen kann. Jetzt ist der rot-grüne Gesetzgeber gefordert, nach den Vorgaben des Gerichtes ein bürgerfreundliches Aktenvorlage- und Auskunftsrecht gegenüber den Geheimdiensten zu schaffen. Das weiter gehende Ziel muss es sein, ein umfassendes Auskunftsrecht jedes Bürgers gegen die geheimen Dienste zu erstreiten.

Die vollziehende Gewalt und die Rechtsprechung sind an Gesetz und Recht gebunden

Art. 20. (3) Die Gesetzgebung ist an die verfassungsmäßige Ordnung, die vollziehende Gewalt und die Rechtsprechung sind an Gesetz und Recht gebunden.

Martin Kutscha

Alles unter Kontrolle

Neue Polizeibefugnisse: Schleierfahndung und Aufenthaltsverbot

Um sich fit zu halten, dreht die TV-Schauspielerin Heike Schroetter täglich ein paar Joggingrunden durch den Preußenpark im Berliner Nobelbezirk Wilmersdorf. Als sie dort am 2. Juni 1999 wieder einmal in Begleitung ihrer Hündin «Lea» ihren sportlichen Ambitionen nachgeht, taucht unvermutet eine Polizeistreife auf. Frau Schroetter wird aufgefordert, ihre Hündin anzuleinen. Auch soll sie ihren Personalausweis vorzeigen. Leider hat sie aber weder einen Ausweis noch eine Hundeleine dabei. Als die Polizeibeamten mit ihr zu ihrer Wohnung fahren wollen, gibt es Streit. Es entspinnt sich ein Handgemenge, Prellungen und Hautabschürfungen sind die Folge. Heike Schroetter erstattet Strafanzeige wegen Körperverletzung, die beiden Beamten zeigen sie wiederum wegen Widerstandes gegen Vollstreckungsbeamte an. Die Aussagen über den Vorfall widersprechen sich.

Was die Schauspielerin nicht wusste: Kurz zuvor war in Berlin eine gesetzliche Ermächtigung in Kraft getreten, die der Polizei flächendeckende Personenkontrollen ohne konkrete Verdachtsmomente gestattet. «Zur vorbeugenden Bekämpfung der grenzüberschreitenden Kriminalität», so heißt es nun in einer neuen Bestimmung des Berliner «Allgemeinen Sicherheits- und Ordnungsgesetzes» (ASOG), kann die Polizei jede «im öffentlichen Verkehrsraum angetroffene Person» kurzzeitig anhalten, befragen und deren Ausweispapiere einsehen. Zwar soll die Maßnahme nur zulässig sein, «wenn aufgrund von Lageerkenntnissen anzunehmen ist, dass Straftaten von erheblicher Bedeutung begangen werden sollen», wo aber sind solche Straftaten, gerade in einer Stadt wie Berlin, *nicht* zu gewärtigen? Die scheinbare Eingrenzung entpuppt sich also als eine Art Blankoermächtigung für die Polizei, die damit jeweils selbst definieren kann, wo sie die Voraussetzungen für die so genannte anlass- und verdachtsunabhängige Personenkontrolle («Schleierfahndung») als gegeben betrachtet.

Die Herrschaft des Totalverdachts

Im Ergebnis wird damit die rechtsstaatliche Unschuldsvermutung geradezu auf den Kopf gestellt: Jeder Bürger und jede Bürgerin gilt jetzt prinzipiell als verdächtig, solange er oder sie nicht «ordnungsgemäß» die Identität preisgegeben hat. Der klassische Grundsatz der Beschränkung polizeilichen Eingriffshandelns auf so genannte «Störer» und Tatverdächtige ist damit vollends aufgegeben worden (vgl. *Grundrechte-Report 1998*, S. 218).

Viele werden eine solche Personenkontrolle als doch eigentlich «harmlose» Maßnahme zum legitimen Zweck der Verbrechensbekämpfung empfinden. Aber häufig bleibt es nicht bei diesem Eingriff in das Recht auf informationelle Selbstbestimmung, dem nach der Rechtsprechung des Bundesverfassungsgerichts der Charakter einer Grundrechtsgewährleistung zukommt. Obwohl nach Bundesrecht niemand verpflichtet ist, ständig seinen Personalausweis mit sich zu führen, wird sich der kontrollierende Polizeibeamte kaum mit der Erklärung zufrieden geben, man habe seinen Ausweis leider gerade nicht dabei. Was dann alles passieren kann, zeigt das eingangs geschilderte Beispiel. Um Konsequenzen wie den zwangsweisen Besuch einer Polizeiwache oder gar eine erkennungsdienstliche Behandlung zu vermeiden, wird in Zukunft jeder Kundige beim Verlassen der Wohnung jederzeit seinen Ausweis mitnehmen müssen – übrigens wie früher in der DDR.

Berlin ist keineswegs das einzige Bundesland, das eine so umfassende Kontrollermächtigung eingeführt hat. Den Vorreiter bildete 1994 Bayern, das die «Schleierfahndung» allerdings immerhin noch auf die Grenzregionen sowie Durchgangsstraßen und öffentliche Einrichtungen des internationalen Verkehrs beschränkt. Die Länder Baden-Württemberg, Niedersachsen, Thüringen und Mecklenburg-Vorpommern und 1999 auch Berlin, Brandenburg und Sachsen folgten inzwischen diesem Beispiel und legalisierten diese Maßnahme, wobei deren Voraussetzungen durchaus unterschiedlich geregelt sind. Auch der Bundesgrenzschutz darf seit 1998 in Zügen, Bahnhöfen und Flughäfen «anlass- und verdachtsunabhängige» Personenkontrollen durchführen. Wer im Intercity reist, bräuchte nicht überrascht zu sein, dass nicht nur die Fahrkarte, sondern mitunter auch die Personalpapiere verlangt werden. Bei konsequenter Anwendung der praktisch voraussetzungslosen Kontrollbefugnis ließen sich unschwer von Flug- oder Bahnreisenden Bewegungsbilder erstellen.

Einen erfreulichen Lichtblick für die Geltung der Bürgerrechte bietet dagegen das am 21. Oktober 1999 ergangene Urteil des Landesverfassungsgerichts Mecklenburg-Vorpommern.

Das Gericht erklärt die dortige Ermächtigung zur «Schleierfahndung» insoweit für verfassungswidrig und nichtig, als sie eine voraussetzungslose Identitätskontrolle auf Durchgangsstraßen auch außerhalb des 30-km-Grenzstreifens erlaubt. In diesen Fällen fehle, so das Gericht, «der verfassungsrechtlich notwendige Zurechnungszusammenhang zwischen dem Verhalten des Einzelnen und einer Gefährdung eines zu schützenden Rechtsguts». Das Recht eines jeden zu eigenem selbstbestimmten Verhalten «schließt die beliebige Vereinnahmung zu staatlicher Zweckverfolgung aus» – diese Feststellung sollte allen grundrechtsblinden Vorkämpfern «innerer Sicherheit» ins Stammbuch geschrieben werden.

Das Landesverfassungsgericht hält eine Befugnis zur Identitätsfeststellung auf Durchgangsstraßen aber dann für zulässig, wenn diese Kontrolle zur «vorbeugenden Bekämpfung von Straftaten der grenzüberschreitenden *organisierten* Kriminalität» dient, wobei diese Straftaten katalogmäßig aufgezählt sein müssen. Voraussichtlich wird der Gesetzgeber von Mecklenburg-Vorpommern das dortige Sicherheits- und Ordnungsgesetz bald diesen Vorgaben entsprechend ändern und damit auch weiterhin eine – allerdings eingeschränkte – Ermächtigung für die «Schleierfahndung» bereitstellen. Kontrollen dieser Art werden dort und in anderen Bundesländern also auch in Zukunft stattfinden. Sie werden nicht nur, aber vor allem *auffällige* Personen, insbesondere aufgrund ihres Aussehens als Ausländer erkennbare Menschen treffen. Damit ist die Gefahr einer Diskriminierung aufgrund bestimmter Merkmale gegeben, was das Grundgesetz gerade verhindern will (Art. 3 Abs. 3 GG).

Handhabe gegen unerwünschte Personen

Mehr noch als die «Schleierfahndung» trifft das neuartige Instrument des Aufenthaltsverbots in der Praxis vor allem bestimmte Minderheitengruppen. Auch diese polizeirechtliche Befugnis wurde in Berlin im Mai 1999 eingeführt. Danach kann die Polizei einer Person untersagen, ein bestimmtes Gebiet innerhalb von Berlin zu betreten oder sich dort aufzuhalten, «wenn Tatsachen die Annahme rechtfertigen, dass diese Person dort eine Straftat begehen wird». Nach der Schwere der erwarteten Straftat wird dabei nicht differenziert. Die Maßnahme kann sich also sowohl gegen Drogendealer als auch gegen Drogen- oder Alkoholabhängige, gegen Obdachlose oder Punks richten, denen von der Polizei unterstellt wird, sie würden «Straftaten begehen», auch wenn diese nur «Bagatellcharakter» hätten. Offenbar geht es dabei um die Fernhaltung unerwünschter Personen zum Beispiel von attraktiven innerstädtischen Plätzen, um Konsum- und Kaufinteressierten ein «sauberes» Ambiente zu sichern. Die «Säuberung» der Einkaufscitys von unerwünschten Randgruppen ist zum Standortfaktor des «Unternehmens Stadt» geworden, die Ästhetik des Konsums ist zum polizeirechtlichen Schutzgut avanciert.

Bisher kennen neben Berlin nur Niedersachsen und Sachsen eine explizite gesetzliche Regelung des polizeirechtlichen Aufenthaltsverbots. Andere Bundesländer stützen sich bei dieser Praxis entweder auf das Instrument des Platzverweises oder auf die polizeirechtliche Generalklausel – beides höchst fragwürdige Eingriffsgrundlagen für diese Fälle (vgl. im *Grundrechte-Report 1997*, S. 120, und *Grundrechte-Report 1999*, S. 113). Immerhin wird hierbei empfindlich in das Grundrecht der Freizügigkeit nach Art. 11 GG eingegriffen. Richtig hat das Oberverwaltungsgericht Bremen festgestellt, dass Freizügigkeit bedeutet, «ungehindert durch staatliche Gewalt an jedem Ort innerhalb des

Bundesgebietes Aufenthalt oder Wohnsitz nehmen zu können. (...) Die Aufenthaltsfreiheit umfasst dabei die Freiheit, an einem Ort vorübergehend oder längerfristig zu verweilen, ohne einen Wohnsitz zu begründen» (OVG Bremen, Urt. v. 24. 3. 1998).

Das Grundrecht der Freizügigkeit darf unter bestimmten, verfassungsmäßig festgelegten Voraussetzungen zwar eingeschränkt werden, hierfür ist aber nur der Bundesgesetzgeber zuständig (Art. 73 Nr. 3 GG). Den Bundesländern fehlt mithin eine entsprechende Gesetzgebungskompetenz. Warum, so meinen offenbar manche Politiker, den Text des Grundgesetzes in diesem Fall ernst nehmen, wo er doch in weit gravierenderen Fällen mit Füßen getreten werden kann, ohne dass sich lautstarker Protest regt?

Literatur:

Hans Lisken, Verdachts- und ereignisunabhängige Personenkontrollen zur Bekämpfung der grenzüberschreitenden Kriminalität?, *Neue Zeitschrift für Verwaltungsrecht*, 1998, S. 22.

Martin Kutscha, Große Koalition der Inneren Sicherheit? Die gegenwärtige Polizeigesetzgebung der Länder, *Bürgerrechte & Polizei* (Cilip), H. 1 (1998), S. 57.

Johannes Lichdi

Präventive Kriminalisierung und nachsorgende Verharmlosung: Das sächsische «Lagebild Staatsschutzkriminalität»

Sachsens Innenminister Hardraht stellte der Presse am 19. März 1999 den Verfassungsschutzbericht sowie ein «Lagebild Staatsschutzkriminalität 1998» vor. Das Landeskriminalamt «dokumentiert und interpretiert» darin vorgeblich «die im Lande festgestellten und ... gemeldeten politisch motivierten Straftaten des vergangenen Jahres». Im Bereich «Rechtsextremismus/-terrorismus» sei aufgrund der «Bekämpfungskonzeption der sächsischen Polizei» erstmals ein «leichter Rückgang» auf 1422 Straftaten (davon 89 «Gewaltdelikte») zu verzeichnen. Die «bedeutsamen Ereignisse mit fremdenfeindlichem Motiv» entsprechen dem üblichen Schema: Eine Gruppe umstellt einen oder zwei Ausländer, Punker oder «Linke», beleidigt und beschimpft sie ohne Anlass, bevor sie auf sie einschlägt und eintritt. Weiter werden Brandanschläge auf Wohnungen von Ausländern genannt. Die verwirklichten Straftatbestände reichen von gefährlichen Körperverletzungen, Landfriedensbrüchen und schweren Brandstiftungen bis zum Mord. Schließlich werden Demonstrationen der NPD sowie Skinheadkonzerte erwähnt.

Die 157 «linksextremistischen Straftaten» spielten zwar eine «vergleichsweise geringe Rolle», dennoch sei die absolute Steigerung «politisch motivierter Gewaltdelikte» auf einen «sprunghaften Anstieg» im linksextremistischen Bereich zurückzuführen. Das um zwei Seiten ausführlichere Kapitel «Linksextremismus/-terrorismus» nennt als schwerste Tateneinen versuchten

Mord sowie zwei Landfriedensbrüche. Daneben stehen geringfügige Vergehen oder bestenfalls Ordnungswidrigkeiten. Über «Frauen-Lesben-Aktionstage» etwa weiß das LKA zu berichten, dass «Teilnehmer»(!) «33 themenbezogene Schmierereien, Aufkleber und kleine Handzettel» anbrachten, «die größtenteils mit dem so genannten ‹Lesbensymbol› versehen waren». Aufgeführt werden auch «störungsfrei» verlaufene Grundrechtsausübungen. So wird eine Fahrraddemo zu einem «gentechnischen Versuchsstandort» nur deshalb erwähnt, weil es 1997 zu «Aktionen/Anschlägen» gekommen sei. Besonderer Aufmerksamkeit erfreuen sich Gegner des Autobahnbaus Dresden–Prag. Dem LKA erscheint es mitteilenswert, dass «Personen aus dem örtlichen linken Spektrum» im Autobahnamt «ein Päckchen mit Kuhmist» deponiert hätten. Auch seien Autobahngegner dort «widerrechtlich eingedrungen» und hätten «selbständig und unberechtigt Einsicht in die Akten» genommen. «Teilweise versuchte man auch, die Telefonanlage des Hauses durch Schalten fiktiver Anzeigen auf interne Anschlüsse des Amtes lahm zu legen.» Entsprechende Beispiele ließen sich leicht vermehren.

Das Lagebild gibt weniger Auskunft über «extremistische» Straftaten als über die Feindbilder und blinden Flecken der Polizeiführung. Die Bekundung als «extremistisch» etikettierter Meinungen wird in die Nähe strafbarer Gewaltanwendung gerückt. Da sich «linksextremistische» Aktivitäten angeblich an «Reizthemen» orientierten, reicht etwa bereits das Kleben von Plakaten gegen eine Nazidemonstration aus, um die «Antifa Pirna Aufbruch» eines gewalttätigen Linksextremismus zu verdächtigen. Das LKA konstruiert örtliche «linksextremistische Strukturen». So gerät etwa ein Verein, der eine störungsfrei verlaufene Demonstration angemeldet hatte, als «politisch aktiver Teil der Leipziger linken Szene» ebenso ins Visier der Staatsschützer wie ein anerkannter freier Träger der Jugendhilfe, weil sich in seinen Räumen ein «antifaschistisches Schulnetz» konstituiert hatte. Dagegen erkennt das Lagebild keine «rechtsextremistischen Strukturen», vielleicht weil die einschlägigen Veranstaltungen in honorigen Gaststätten und Hotels, den «ersten Häusern» am Platz, stattfanden?

Das LKA hat zwar sorgfältig vermieden, Personen namentlich zu nennen, dennoch sind sie leicht zu identifizieren. Verantwortliche Demonstrationsanmelder oder Vereinsmitglieder sind einer lokalen Öffentlichkeit bekannt, Gruppen treten mit Briefkopf und Adresse auf. Eine ungerechtfertigte Erhebung der Daten und die Veröffentlichung des Lagebilds greifen aber in das Grundrecht auf informationelle Selbstbestimmung ein, nach dem jeder das Recht hat, «über die Erhebung, Verwendung und Weitergabe seiner personenbezogenen Daten selbst zu bestimmen» (Art. 33 Sächsische Verfassung). Das Innenministerium rechtfertigte sich mit der «Transparenz polizeilicher Präventionsarbeit» und der «frühzeitigen Verhinderung» von Straftaten. Doch werden in vielen Fällen weder Delikte noch gar Staatsschutzdelikte im Sinne der §§ 80 ff. StGB behandelt. Kuhmist jedenfalls gefährdet ganz offensichtlich nicht den «Bestand der Bundesrepublik Deutschland». Vielmehr werden hier Grundrechte aktiv wahrgenommen, deren «ungehinderte Ausübung» die Polizei nach dem sächsischen Polizeigesetz eigentlich gewährleisten soll. Die Information der Öffentlichkeit über extremistische Bestrebungen ist zudem allein Aufgabe der Verfassungsschutzbehörden. Wenn sich das LKA auf die «vorbeugende Bekämpfung» von «Staatsschutzkriminalität» beruft, illustriert dies nur die Grundrechtsgefährdungen aufgrund der Ausdehnung polizeilicher Befugnisse. Der sächsische Datenschutzbeauftragte ist seiner Aufgabe nicht gerecht geworden, als er in den genannten Fällen keine datenschutzrechtlichen Verstöße erkennen konnte.

Die Veröffentlichung von Daten setzt Personen und Gruppen

in ihrem öffentlichen Ansehen herab. Ihnen wird staatlicherseits eine Einstellung gegen die grundgesetzliche Ordnung attestiert und die Begehung von Straftaten zugetraut. Diese Kriminalisierung widerspricht der fundamentalen Bedeutung der Meinungs- und Versammlungsfreiheit für die Meinungsbildung in einer Demokratie. Ihr unmittelbarer Zweck ist die Legitimation praktischer Grundrechtseinschränkungen. Versammlungen mit «extremistischen Reizthemen» sehen sich etwa einer erhöhten Gefahr von Verboten, Auflagen, Vorkontrollen oder einer begleitenden Videoüberwachung ausgesetzt. Aktivisten werden offenbar ständig polizeilich beobachtet. So teilt das Lagebild mit, dass «bekannte ehemalige Mitglieder bei Aktionen anderer Gruppierungen festgestellt» wurden.

Die in Medien veröffentlichte Meinung reagierte empört auf die «vorsorgliche Kriminalisierung» (*Dresdner Morgenpost*). Die Grüne Liga, ein anerkannter Naturschutzverband, erhob Widerrufsklage. Auch die von ihr angemeldeten «Sonntagsspaziergänge vor dem ehemaligen Atomforschungszentrum Rossendorf» hatten wegen der «teilweise ... erheblichen Behinderungen des Straßenverkehrs bis zu dessen zeitweiligem Stillstand» die Aufmerksamkeit des LKA erregt. Der Innenminister zog das Lagebild schließlich am 21. April 1999 offiziell zurück. Das Lagebild würde zwar «polizeiintern unmissverständlich und eindeutig bewertet», aber seine «Missverständlichkeit» könne «eventuell zu einer nie beabsichtigten Stigmatisierung und vermeintlichen Kriminalisierung» führen.

Tatsächlich ist das Lagebild in seiner politischen Stoßrichtung eindeutig. Es dokumentiert das «linksextremistische» Feindbild der Polizei und versucht, die öffentliche Wahrnehmung der ungebrochenen rassistischen Gewalt samt ihrem gesellschaftlichen Nährboden mithilfe einer grotesken Aufblähung «linksextremistischer Taten» zu neutralisieren. Die interessengeleitete Nachlässigkeit des LKA wird anlässlich des Berichts über einen Überfall von «ca. 10 Personen der rechten Szene» auf portugiesische Bauarbeiter deutlich. Darin heißt es: «Einer der Geschädigten wurde dabei so schwer verletzt, dass er stationär im Krankenhaus aufgenommen werden musste.» Verschwiegen wird aber, dass der «Geschädigte» im Dezember 1998 an den Folgen seiner schweren Kopfverletzungen starb.

Bei sorgfältiger Berichterstattung hätte sich die Fata Morgana vom Rückgang rassistischer Gewalt aufgelöst. Nicht zufällig wird die Ansicht, es gebe einen «zunehmenden rechten Konsens in Bevölkerung und Gesellschaft», als «linksextremistisches Reizthema» denunziert und ihr so die Diskussionswürdigkeit abgesprochen. Rassisten werden dagegen offenbar nicht durch «Reizthemen» mobilisiert, ihre «Gründe» kann das LKA wohl nachvollziehen. Solange sich die Staatsregierung nicht zu einer echten Lageeinschätzung bequemt, bleibt der bloße Rückzug des Lagebilds verschleiernde Kosmetik.

Stefan Soost
Von prügelnden Polizisten und falschen Aussagen

Berliner Polizeibeamte sind in der Vergangenheit des Öfteren in den Verdacht geraten, Beschuldigte misshandelt und vor Gericht Kollegen durch falsche Aussagen gedeckt zu haben. Solche Fälle kommen häufig nicht ans Tageslicht, da die Betroffenen sich nicht zu wehren wissen und keine Zeugen für ihre Vorwürfe benennen können. Die folgenden Fälle erschrecken nicht so sehr wegen der Schwere der Verstöße, sondern aufgrund der scheinbaren Selbstverständlichkeit, mit der die Gesetzeshüter gegen Gesetze verstoßen und Straftaten im Amt begehen und diese in den seltenen Fällen, in denen sie vor Gericht verhandelt werden, regelmäßig nicht aufgeklärt werden können, da die Richter und Staatsanwälte in den Reihen der Polizei auf eine Mauer des Schweigens stoßen.

Der Rechtsanwalt Ferdinand von Schirach wirft der Hauptstadtpolizei und der Staatsanwaltschaft vor, Ermittlungen gegen einen prügelnden Polizisten nachlässig zu führen, denn weder im Polizeicomputer noch in der staatsanwaltlichen Ermittlungsakte wird der betreffende Beamte als Beschuldigter geführt, obwohl Kollegen aus einer anderen Einheit Strafanzeige stellten. Am 29. März 1999 kam es vor einem Jugendheim in Berlin-Schöneberg zu einer Auseinandersetzung rivalisierender Jugendbanden, zu der zunächst Beamte des Abschnitts 42 gerufen wurden, die die Lage beruhigten. Danach traf ein Wagen der 23. Einsatzhundertschaft ein, die für ihre Sondereinsätze beispielsweise bei Demonstrationen berüchtigt ist. Einer der Beamten schlug mit dem Schlagstock auf einen wehrlos am Boden liegenden Jugendlichen ein und musste von anderen Beamten an weiteren Misshandlungen gehindert werden. Es ist bisher nicht bekannt, dass die Staatsanwaltschaft ein Ermittlungsverfahren eingeleitet oder Anklage erhoben hätte.

Ende 1998 verwarf das Landgericht Berlin die Berufung zweier Polizisten, die in erster Instanz wegen Strafvereitelung im Amt verurteilt worden waren. In einem der größten Prozesse gegen Berliner Polizisten waren 1997 insgesamt 16 Beamte des 1. Zuges der Hundertschaft der Direktion 6 wegen zahlreicher Körperverletzungsdelikte im Amt angeklagt gewesen. Nur für zwei von ihnen endete der Prozess mit einem Schuldspruch, denn sie hatten nach der Vorführung eines privaten Videofilmes über den Einsatz der Beamten in der Silvesternacht 1993/94 keine Strafanzeige erstattet, obwohl dort zu sehen war, wie ein festgenommener Skinhead vor laufender Kamera blutüberströmt von mehreren Polizisten verprügelt wurde. Alle anderen Angeklagten hatten sich erfolgreich darauf berufen, zeitweise das Dienstzimmer während der Vorführung des belastenden Videos verlassen zu haben, um beispielsweise zur Toilette zu gehen oder Kaffee zu holen. Nachdem das Gericht in erster Instanz auf eine «Mauer des Schweigens» gestoßen war, bewiesen die in der Berufungsverhandlung als Zeugen vorgeladenen übrigen Beamten erstaunliche Erinnerungslücken. Trotzdem nahm die Berufungskammer den Angeklagten nicht ab, ausgerechnet den gewalttätigen Teil des Filmes nicht gesehen zu haben, da dies jeglicher Lebenserfahrung widerspreche. Die beiden verurteilten Beamten zeigten sich uneinsichtig und legten Revision ein.

Dass es auch anders geht, zeigt der Fall um den ehemaligen Polizeibeamten Christian D., der auch in den Medien für Aufregung sorgte. Er ist im Juli 1999 wegen Falschaussage vom Berliner Landgericht verurteilt worden, da er eine vor Gericht gemachte Aussage widerrief. Der Ausgangspunkt der Geschichte liegt schon sieben Jahre zurück. Im Juli 1993 rempelte der Tunesier Mongi B. im Berliner Bahnhof Zoo versehentlich eine Polizistin an und will sich sofort dafür entschuldigt haben. Die Beamtin beschimpfte ihn jedoch als «Scheißausländer», woraufhin es zu einem Wortgefecht mit der deutschen Frau des Tunesiers kam. Sie soll die Beamtin dabei sogar gewürgt haben. Die Folge der Eskalation: Die Beamtin stellte Strafanzeige, Mongi B. wurde in Handschellen abgeführt, da er keinen Ausweis dabeihatte. Die dann im Polizeigewahrsam erlittenen Verletzungen soll er sich laut Aussagen der beteiligten Beamten bei einem Fluchtversuch zugezogen haben. Unter anderem sagte auch Christian D. zugunsten seiner Kollegin aus. Das Ehepaar B. wurde daraufhin wegen Widerstands gegen die Staatsgewalt bzw. Beleidigung und Körperverletzung verurteilt.

Im Berufungsprozess der verurteilten Ehefrau widerrief

Christian D. seine Aussage und gab zu, dass die Kollegin die angeblich erlittene Körperverletzung erfunden habe. Gericht und Staatsanwaltschaft blieben von dieser Aussage unbeeindruckt, sodass es beim erstinstanzlichen Urteil blieb. Nach erfolgreicher Revision musste die Berufungsverhandlung wiederholt werden, wo das Verfahren gegen Zahlung einer Geldbuße eingestellt wurde. Mangels Freispruchs war die Staatsanwaltschaft nicht gezwungen, nunmehr Ermittlungen gegen die Polizeibeamtin wegen Falschaussage oder falscher Verdächtigung einzuleiten. Christian D. wurde in einem folgenden Prozess wegen Falschaussage zu einer Bewährungsstrafe verurteilt, da er seine ehemalige Kollegin im ersten Prozess wahrheitswidrig gedeckt hatte. In seiner Aussage belastete Christian D. weitere Polizeibeamte, die Mongi B. im Polizeigewahrsam so schwer misshandelt hätten, dass er blutend und weinend in der Zelle lag. Dieses Urteil müsste eigentlich zu einem Strafverfahren gegen die betroffene Polizeibeamtin und die anderen belasteten Polizeibeamten führen und Anlass für die Aufhebung des Urteils gegen Mongi B. bieten. Dies ist bisher nicht geschehen.

Um gar nicht erst in die Verlegenheit zu kommen, mit widersprüchlichen Aussagen von Kollegen konfrontiert werden zu können, griffen Beamte des Berliner Landeskriminalamtes zu einer anderen Strategie. Vor dem Berliner Landgericht findet ein Großprozess gegen mehrere Angeklagte wegen illegaler Drogengeschäfte statt, bei dem im Sommer 1999 diverse Polizeizeugen gehört wurden. Im Laufe des Prozesses fiel ein eifrig mitschreibender Zuhörer auf, der auf Befragen angab, Polizeibeamter zu sein und vorgeblich im Rahmen eines wissenschaftlichen Forschungsprojektes die Verhandlung zu beobachten. Tatsächlich ging es offensichtlich darum, die noch zu vernehmenden Polizeizeugen über den bisherigen Verlauf des Prozesses zu unterrichten. Die weitere Aufklärung des Vorfalls scheiterte an der beschränkten Aussagegenehmigung der zuständigen

Polizisten durch die Behördenleitung und dem Desinteresse des Gerichts, diesen Verstoß gegen die Strafprozessordnung aufzuklären.

Auch in diesem Fall zeigte sich ein taktisches Verhältnis der Polizei zur Wahrheitsfindung vor Gericht, das nicht mit den Grundsätzen des Rechtsstaates und einem fairen Strafverfahren zu vereinbaren ist.

Die bekannt gewordenen Fälle von Polizeiübergriffen stellen nur die Spitze des Eisberges dar, denn viele Opfer – insbesondere Ausländer – gehen nicht gegen erlittenes Unrecht vor. Ein Beispiel aus dem letzten Report zeigt, dass auch Medienpräsenz nicht unbedingt vor polizeilicher Misshandlung schützt (vgl. *Grundrechte-Report 1999*, S. 138). Bereits am 20. März 1997 hatte der UN-Ausschuss für die Beseitigung der Rassendiskriminierung seine Besorgnis über Vorfälle von Polizeibrutalität in Deutschland gegen Ausländer, besonders Afrikaner und Türken, über die die Presse berichtete, ausgedrückt. Die Forderung nach einer besseren Kontrolle der Polizei besitzt unverminderte Aktualität.

Wolf-Dieter Narr

Außenpolitik statt Aufklärung

Unaufgearbeitete Vergangenheiten und Gegenwarten zwischen Deutschland, den Kurden, der Türkei und Israel

Der allgemeine Sachverhalt ist unumstritten. Nach der Entführung des Führers der Kurdischen Arbeiterpartei (PKK), Abdullah Öcalan, aus Kenia durch den türkischen Geheimdienst sind im Zuge von Protestaktionen europaweit diplomatische Einrichtungen durch Anhänger der PKK besetzt worden. In Berlin wurde am 16. Februar 1999 die griechische Botschaft besetzt. Sie wurde von den Kurden nach eingehenden Verhandlungen mit der Polizei friedlich geräumt. Am frühen Nachmittag des 17. Februar versuchten Kurden, das israelische Konsulat zu besetzen. Eine kurdische Frau und drei kurdische Männer wurden hierbei erschossen.

Alles, was im Umkreis der gescheiterten Besetzung des israelischen Konsulats mit tödlichem Ausgang geschah, war von Anfang an umstritten. Allein an dem Tod einer Kurdin und dreier Kurden ist nicht zu zweifeln. Auch der Untersuchungsausschuss des Berliner Abgeordnetenhauses konnte die von Anfang an bestehenden Ungereimtheiten bis zu seiner Auflösung im Oktober 1999 nicht auf einen verlässlichen Reim bringen. Drei Versionen und viele Zwischenvarianten geben seit dem 17. Februar 1999 die Ereignisabläufe qualitativ unterschiedlich wieder: die des israelischen Konsulats und seiner Vertreter, die der Berliner Polizei und ihrer politischen Repräsentanten bis hin zum seinerzeit zuständigen Innensenator Werthebach (CDU); sowie die von kurdischen Zeuginnen und Zeugen. Trotz dieser unterschiedlichen Hergangsschilderungen und kontroversen Interpretationen lassen sich mehrere grund- und menschenrechtlich wahre Geschichten über das Konsulatsereignis erzählen. Dafür bietet nicht zuletzt das Verwirr- und Vertuschspiel der für die Aufklärung zuständigen Instanzen reiche und bedrückend verlässliche Information.

Warum nur lassen sich die Ereignisse vom 17. Februar 1999, mitten am Tage, räumlich kompakt, mit einer begrenzten Anzahl von Akteuren und vielen geschulten Sicherheitsleuten, nicht einigermaßen zureichend klären? Warum werden die Nachrichten über tödliche Gewalt so aufwendig unterdrückt? Warum wird letztlich allein an die Kurden, die Gruppe, die die Toten unmittelbar zu beklagen hat, der «schwarze Peter» ausgeteilt, an allem «schuld zu sein»? Als ob die Tötung schließlich eine Art Selbstmord gewesen wäre …

Hauptgeschichte: Kurden in Deutschland

«Die Toten sind Kurden, die Verletzten sind Kurden, und die Inhaftierten sind es auch» – so resümiert verzweifelt im September 1999 anlässlich des vorläufigen Ausschussberichts das Vorstandsmitglied der kurdischen Gemeinde, Alper Baba.

Die Geschichte der Kurden in der Bundesrepublik – 60 000 leben allein in Berlin – ist fast eine einzige Geschichte der Diskriminierung. Über die bundesdeutsche «normale» Diskriminierung als Ausländerinnen und Ausländer hinaus wird offiziell deswegen ein besonderes Kontrollauge auf sie geworfen, weil der NATO- und potentielle EU-Partner Türkei «seine» Kurden systematisch diskriminiert. Dort, wo sie sich eigensinnig äußern, werden sie gnadenlos verfolgt. Bundesdeutsche Politik setzt türkische Repressionen in umständehalber gemildeter Weise fort. Sie betreibt gerade nicht deutsche Innen-, sie betreibt deutsche und europäische Außen-, und das heißt an erster Stelle Wirtschafts- und Sicherheitspolitik. Das pauschale Verbot der PKK belegt diese Beobachtung ebenso wie der Umgang mit Demonstrationen und anderen politischen Äußerungen von Kurden sowie schließlich menschenrechtlich haarsträubende Abschiebungen.

Vor diesem Hintergrund versteht es sich fast von selbst, dass sich die Bundesregierung im Fall des auf der Flucht befindlichen Abdullah Öcalan feige verhalten hat, statt die in einem deutschen Prozess gegebene politische Chance zu ergreifen, auf eine politische Beantwortung der so genannten Kurdenfrage zu drängen, zum Beispiel durch Unterstützung der kurdischen Forderung nach – wenigstens kultureller – Selbständigkeit.

Keine Gewalt ist zu rechtfertigen. Wichtig ist es jedoch, gerade um diese zukünftig zu vermeiden, deren jeweilige Ursachen und Motive aufzudecken. Gewalt, die von kurdischen Gruppen ausgeht, gerade von der PKK ausging, ist nicht zu rechtfertigen. Sie schadet der «kurdischen Sache». Blind wäre es indes, nicht zu beachten, dass die Bundesrepublik mit daran schuld ist, wenn es zu kurdischen Gewaltexplosionen kommt.

So auch rund um die Entführung Öcalans in die Türkei. Vielleicht hat gerade das hintergründige und verleugnete Wissen um die diskriminierende bundesdeutsche Politik, die die eigenen kurdischen Mitarbeiter und Mitbürger in der Bundesrepublik missachtet, dazu geführt, wie bei vergleichbaren Aktionen anderswo auch, im Umkreis der Besetzung des israelischen Konsulats nach dem ablenkenden Motto «Haltet den Dieb!» zu verfahren. Allein, am 17. Februar wurden 226 Kurdinnen und Kurden festgenommen, Dutzende von Anklagen wurden erhoben – die Antwort auf eine Anfrage der Abgeordneten Giyasettinb Sayan, PDS, vom 3. August 1999 nennt 33 an der Zahl. Kurdinnen und Kurden wurden in Untersuchungshaft gesteckt und mit Anklagen überzogen, deren hanebüchene Begründungen sie wenigstens vor manchen Gerichten scheitern ließen. Und schließlich – im rechtsstaatswidrigen Wechselspiel zwischen Strafprozessordnung, Allgemeinem Gesetz zum Schutz der öffentlichen Sicherheit und Ordnung und § 47 Abs. 2 Nr. 3 Ausländergesetz – wurden bis zum August vier Ausweisungsbescheide erlassen. Die Gründe dafür haben beste deutsche Tradition. Wie am Antisemitismus, versteht sich, die (deutschen) Juden selbst schuld waren (oder vielleicht noch sind), so an der Ausländerfeindlichkeit, nun durch die Konsulatsereignisse erneut angeregt, die Kurden.

«Nebengeschichten»

Die erste Nebengeschichte handelt vom deutsch-israelischen Verhältnis. Obwohl nach allen einschlägigen Dokumenten – Videoaufzeichnungen, Aussagen beteiligter Berliner Polizeibeamter, Funde der Patronenhülsen, Untersuchungen der Einschüsse bei den getöteten und verletzten Kurdinnen und Kurden – die Todesschüsse, die von israelischen Geheimdienstleuten auf Kurden abgefeuert worden sind, nicht als Akte der Notwehr qualifiziert werden können (vgl. u. a. die Pressemitteilung Nr. 29/99 der Senatsverwaltung für Justiz vom 31. Mai 1999), wird dieser Skandal durch Nichtbehandlung erledigt. Vom insgeheimen Schlawiner-Verständnis aller Exekutiven untereinander einmal zu schweigen, besteht der Hauptgrund für mangelnde Anfragen bundesdeutscher Instanzen an die entsprechenden des Staates Israel offenkundig darin, dass sie Komplikationen des Verhältnisses zu Israel befürchteten. Darum wurde an den Staat Israel nicht einmal herangetreten, damit dieser die diplomatische Immunität seiner Sicherheitsbeamten aufhebe (gemäß dem seinerseits menschenrechtlich nicht haltbaren Art. 45 Abs. 1 des Wiener Übereinkommens). Sind dafür etwa vier (kurdische) Tote nicht Grund genug?

Weitere Nebengeschichten sollen noch angedeutet werden: etwa die von der parlamentarischen Kontrollohnmacht (wobei selbst die Parteien, die den Ausschuss verlangten und kritisch stritten, fast nur Unwichtiges aufspießten). Der parlamentarische Ausschuss wurde von innen durch die CDU und von außen durch Berliner und Bonner Regierung systematisch blockiert.

Zu schreiben wäre außerdem über den in Berlin besonders ridikülen und unnötigen Verfassungsschutz, die hilflos-kopflose und darum aggressive Polizei, und die beiden genannten Regierungen in Berlin und Bonn. Das war und ist bürokratisch-regierungsamtliche Korruption: angefangen von der Art, mit Informationen umzugehen, Dokumente zu vernichten, zu lügen, bis hin zur Verweigerung, sich öffentlich zu stellen und zu kümmern. Zu dieser Art bürokratisierter Korruption, die die Menschen missachtet, so sie nicht in höherer Stellung vermutet werden, gehört auch das Walten der Staatsanwaltschaft und vieler Teile der übrigen Judikative bis hin zur notorischen Schlampigkeit, mit Gerichtsterminen und Zeugen umzugehen.

Die menschenrechtlich-demokratische Moral dieser unter den großen Teppich gekehrten Geschichte ist erschreckend und symptomatisch für das Verhältnis dieser Völker. Zu hoffen wäre wenigstens, dass die bundesdeutsche Politik endlich und kräftig darauf drängte (nun, da von der PKK her erklärtermaßen eine große Chance gegeben ist), politische Antworten darauf zu finden, dass Kurdinnen und Kurden eigenbestimmt in der Türkei und in der Bundesrepublik leben können.

Remo Klinger
Bombodrom statt Regionalentwicklung
Rechtswidrige Landnahmen der Bundeswehr

Um vorweg mögliche Missverständnisse auszuräumen: Es geht hier nicht darum, ob die Bundeswehr neues Übungsgelände benötigt und in welchem Umfang dies erforderlich ist, sondern darum, wo und vor allen Dingen wie sie sich einen Übungsplatz beschaffen will. Das Vorhaben heißt – je nach Standpunkt, den man dazu hat – Luft-Boden-Schießplatz, «Stalinbombodrom» oder schlicht Bombenabwurfplatz Wittstock und stellt den Versuch dar, inmitten der Mark Brandenburg, zwischen Rheinsberg, Wittstock und Neuruppin, den größten Bombenabwurfplatz Westeuropas als Erbe der abgezogenen russischen Armee endgültig in Betrieb zu nehmen. Nicht nur die Folgen in der Region wären verheerend – auch die Art und Weise des Vorgehens der zuständigen Stellen hinterlässt bei den Beteiligten einen katastrophalen Eindruck.

Die Vorgeschichte

Sowjetische Truppen okkupierten 1950 das rund 142 qkm große Areal. Durch Brandrodungen wurde das bis dahin größte zusammenhängende Waldgebiet Nordbrandenburgs kurzerhand vernichtet. Die Region wurde Übungsgelände für Bombenabwürfe. Tag und Nacht donnerten Tiefflieger über Häuser und Höfe. Hinzu kam die Nutzung als Schießplatz für Panzer und Artillerie. Nicht selten verfehlte die Munition ihr Ziel, landeten Granaten nah an Häusern oder Kinderspielplätzen. Und dies vierzig Jahre lang. So richtig ging der Krieg – nach dem Gefühl der älteren Anwohner – erst 1990 zu Ende. Mit dem Abzug der russischen Truppen kehrte erstmals Ruhe ein. Zäune wurden abgebaut und Verbindungsstraßen zwischen den lange Zeit getrennten Dörfern wieder hergestellt. Eine zivile Nutzung wurde angestrebt. 1992 erklärte schließlich auch die Bundeswehr, kein Interesse an der Weiternutzung des Platzes zu haben. Wirtschaftlich setzten Kommunalpolitik und Investoren ihre Hoffnungen auf eine touristische Entwicklung der Region – schließlich waren es nicht nur Fontane und Tucholsky, die die Schönheit der Seenlandschaften zu schätzen wussten. Rehabilitationszentren und Kurkliniken sollten entstehen, auch Schloss Rheinsberg öffnete wieder für Besucher. Im Jahr 1993 entsetzte die Bundeswehr dann jedoch mit der Vorstellung ihres Truppenübungsplatzkonzeptes, das statt Feriengästen und Bauernhöfen Bomben- und Raketenabwürfe, Artillerie, jährlich bis zu 36 000(!) Tiefflüge und Spitzenschallpegel von 112 dB (A) vorsah.

Das Vorgehen der Bundeswehr

Es blieb nicht bei bloßen Ankündigungen – davon konnte man schon früh ausgehen. Die Art und Weise der Inbesitznahme der Bundeswehr überraschte die Beteiligten dann jedoch so sehr, dass sie sich an längst überwunden geglaubte Landnahmen erinnert fühlten.

Ohne auch nur ein einziges Genehmigungsverfahren durchzuführen, ohne auch nur einen der Bürgermeister anzuhören, begannen Truppen Ende 1993 das gesamte Gebiet bei Nacht und Nebel erneut abzusperren, Schlagbäume auf bis dahin benutzten Straßen zu errichten und Schusswaffengebrauch bei Zuwiderhandlungen anzudrohen. « Schlimmer als bei den Russen », beschrieb ein Anwohner die Situation. Erst im Jahr 1995 erfolgte eine lapidare nachträgliche Anzeige des Vorhabens beim zuständigen Amt für Immissionsschutz. Und diese wiederum ist in ihrem Inhalt derartig unbestimmt – sie zählt im wesentlichen das gesamte der Bundeswehr zur Verfügung stehende militärische Arsenal auf –, dass sie nur Kopfschütteln hervorrief.

Auch von politischer Seite wurde man enttäuscht: Versprach der Kanzlerkandidat Rudolf Scharping im Wahlkampf 1994 noch auf einer Protestversammlung in der Region, dieses Vorhaben unverzüglich zu stoppen, wollte der Verteidigungsminister Rudolf Scharping nach seiner Wahl 1998 davon nichts mehr wissen.

Gerichtliche Auseinandersetzungen waren die Folge. Mittlerweile sind die Verfahren beim Bundesverwaltungsgericht anhängig. Beide Vorinstanzen – Verwaltungsgericht Potsdam und Oberverwaltungsgericht Frankfurt/Oder – gelangten einhellig zu der Auffassung, dass es weder eine rechtliche Grundlage für die Landnahme der Bundeswehr aus dem Jahre 1993 noch für eine zukünftige militärische Nutzung des Platzes gibt. Die Inbesitznahmen waren schlichtweg illegal.

Auch inhaltlich muss man sich die Urteile noch einmal verdeutlichen: Es ging nicht darum, ob vorhandene rechtliche Grundlagen etwa nicht ausreichend seien bzw. auf die Belange der Kläger zu wenig Rücksicht nähmen etc., nein, beide Gerichte gelangten zu dem Ergebnis, dass überhaupt keine Rechtsgrundlage (wie sie für jedes staatliche Handeln mit Grundrechtsbezug erforderlich ist) vorhanden ist. Deutlicher geht es kaum.

«Prähistorische» Rechtsmaßstäbe

Beide Gerichte gehen zunächst davon aus, dass die Bundeswehr für eine rechtmäßige Nutzung des Platzes ein förmliches Planungsverfahren durchführen muss. Erst dieses bietet die rechtsstaatlichen Voraussetzungen, wie sie an jede Art staatlicher oder privater Vorhabenplanung zu stellen sind.

Hier beginnen die Probleme jedoch von neuem. Der Bundeswehr stehen nämlich keine planungsrechtlichen Grundlagen zur Verfügung, die heutigen rechtsstaatlichen Standards genügen könnten. Im Kern gibt es nur das Landbeschaffungsgesetz, das zwar planende Elemente enthält, im wesentlichen jedoch – wie schon sein Name sagt – der Beschaffung von Land dient und damit ein Enteignungsgesetz ist. Das Landbeschaffungsgesetz geht auf das Jahr 1957 in Anlehnung an eine im Jahre 1937 geschaffene Regelung zurück und kann rechtsstaatlich nur als prähistorischer Zustand bezeichnet werden. So sieht das Landbeschaffungsgesetz weder eine Bürgerbeteiligung (nur Landesregierung und Gemeinden werden angehört) vor, noch gibt es eine durch Nachbarn anfechtbare abschließende Genehmigungsentscheidung. Nicht einmal eine externe Behörde entscheidet über die Zulässigkeit des Vorhabens, sondern die Wehrbereichsverwaltungen selbst befinden darüber. Hinzu kommt, dass es sich bei dem hier vorgesehenen Vorgang nur um die der bloßen Liegenschaftsbeschaffung entgegenstehenden Belange handelt. Verbindliche Aussagen, was die Bundeswehr sodann mit der beschafften Liegenschaft zu tun beabsichtigt (im Fall Wittstock insbesondere die verbindliche Festlegung von Flugumfang, Einflugschneisen und Flugzeiten), sehen die Regelungen ebenfalls nicht vor. Ein derartig verkürzter Rechtsschutz mag zwar für die Bundeswehr Charme haben, im deutschen Planungsrecht ist er jedoch eine nicht mehr zu rechtfertigende Rarität.

Till Müller-Heidelberg
Verfassungswidriger Verfassungsschutz

Seit fast 30 Jahren steht der anerkannte Experte für Polizei- und Geheimdienstfragen, der Rechtsanwalt und Publizist Dr. Rolf Gössner, unter geheimdienstlicher Beobachtung des Verfassungsschutzes! Und dies, obwohl man – auch ohne Mithilfe des Verfassungsschutzes – seine polizei- und geheimdienstkritischen Bücher in jeder Buchhandlung kaufen, seine publizistischen Beiträge in den meisten frei zugänglichen Zeitungen lesen und ihn als Sachverständigen bei Anhörungen des Bundestages oder der Landtage oder als Diskussionsteilnehmer auf

Podien, etwa mit dem hessischen Verfassungsschutzpräsidenten, in aller Öffentlichkeit erleben kann. Wieso darf der Verfassungsschutz einen solchen Bürger zum Objekt seiner Beobachtung machen?

Nach § 3 Abs. 1 des Bundesverfassungsschutzgesetzes und den entsprechenden Bestimmungen der Landesverfassungsschutzgesetze sammeln die Verfassungsschutzbehörden «sach- und personenbezogene Daten, Auskünfte, Nachrichten und Unterlagen ... u. a. für Bestrebungen, die gegen die freiheitliche demokratische Grundordnung gerichtet sind». Und wenn es im Einzelfall «tatsächliche Anhaltspunkte für den Verdacht der dort genannten Bestrebungen oder Tätigkeiten» gibt, dürfen auch nachrichtendienstliche Mittel zur heimlichen Informationsbeschaffung benutzt werden, etwa Einsatz von V-Leuten, Observationen, Bild- und Tonaufzeichnungen, Tarnpapiere usw.

Betreibt nun Dr. Gössner Bestrebungen, die gegen die freiheitliche demokratische Grundordnung gerichtet sind? Nein, dies behauptet trotz fast 30-jähriger Beobachtung nicht einmal das Bundesamt für Verfassungsschutz. Dennoch bestätigt es auf Auskunftsersuchen von Rolf Gössner ausführlich seine Beobachtung, zuletzt mit Schreiben vom 20. November 1998, und äußert in diesem Schreiben auch noch seine Überzeugung, dass er «die Rechtmäßigkeit der Datenspeicherungen zu seiner Person aufgrund der ihm mitgeteilten Erkenntnisse und insbesondere seiner juristischen Spezialkenntnisse, die er durch seine langjährige Befassung mit den Nachrichtendiensten und ihren gesetzlichen Grundlagen erworben haben dürfte, nachvollziehen könne»! Und hatte schon die frühere Bundesregierung aufgrund einer kleinen Anfrage der Fraktion Bündnis 90/Die Grünen am 19. Juni 1997 diese Überwachung für rechtmäßig erklärt, so gedenkt auch die neue rot-grüne Bundesregierung, die doch mit dem Anspruch der Wahrung der Bürgerrechte und der Kontrolle der Geheimdienste angetreten ist, hieran nichts zu ändern, wie sie durch Schreiben des zuständigen Ministerialdirektors im Bundesministerium des Innern vom 5. März 1999 mitteilt.

Dass Rolf Gössner verfassungsfeindliche oder gar verfassungswidrige Bestrebungen hat, wagt niemand zu behaupten. Und selbstverständlich darf er seine kritischen Auffassungen auch ohne Überwachung durch den Verfassungsschutz etwa in der *Frankfurter Rundschau* oder in der *tageszeitung* veröffentlichen – keinesfalls aber in den *Blättern für deutsche und internationale Politik*, in *Demokratie und Recht*, *Unsere Zeit*, *Geheim*, im *Schwarz-Braun-Buch* der Vereinigung der Verfolgten des Naziregimes, Bund der Antifaschisten (VVN-BdA), und er darf bei Strafe der Beobachtung und Erfassung durch den Verfassungsschutz auch keinen Beitrag schreiben in der Broschüre *10 Jahre grenzüberschreitende Kurdenverfolgung*, wenn diese Broschüre von der *Roten Hilfe* herausgegeben wird. Selbstverständlich darf Gössner als Autor zahlreicher Bücher auch Autorenlesungen veranstalten – aber bitte nicht in der Stadtbibliothek Bremen, wenn diese nicht Alleinveranstalterin, sondern die Autorenlesung gemeinsam mit der VVN-BdA organisiert ist.

Die Kontaktschuld

In jahrzehntelanger rechtspolitischer Diskussion ist mit den heute gültigen Verfassungsschutzgesetzen versucht worden, der Beobachtungs- und Sammelwut der Verfassungsschutzbehörden durch halbwegs klare Definitionen dessen, was sie beobachten sollen, eine Grenze zu setzen. Die These, dass Geheimdienstorganisationen sich nicht wirksam kontrollieren lassen, wird bestätigt: Wenn sich gegen eine Person oder Organisation, die man beobachten möchte, nichts Verfassungsfeindliches finden lässt, dann muss die «Kontaktschuld» her. Das heißt: Wer als «verfassungstreuer» Bürger sich in Kontakt zu Organisationen begibt, die der Verfassungsschutz für extremistisch hält bzw. bei denen der Verfassungsschutz auch nur davon ausgeht, dass sie «linksextremistisch beeinflusste Personenzusammenschlüsse sowie deren Presseerzeugnisse» seien (so die Auskunft des Bundesamtes für Verfassungsschutz vom 20. Oktober 1998), der ist selbst schuld und wird Gegenstand geheimdienstlicher Beobachtung! Der für eine Demokratie unerlässliche Dialog zwischen allen an der politischen Meinungsbildung mitwirkenden Personen und Organisationen wird somit unter den Vorbehalt des Verfassungsschutzes gestellt.

Dies gilt im Übrigen nicht nur für Rolf Gössner. «Kontaktschuld» reicht auch bei politischen Parteien, bei denen man sonst keine verfassungsfeindlichen Bestrebungen feststellen kann, zur Beobachtung durch den Verfassungsschutz mit nachrichtendienstlichen Mitteln. Wie das OVG Rheinland-Pfalz mit Beschluss vom 22. Juni 1999 feststellte, waren bei der Pfalzpartei zwar keine Anhaltspunkte für den Verdacht solcher Bestrebungen ersichtlich. Möglicherweise jedoch (Beweise wurden seitens des Verfassungsschutzes im Eilverfahren nicht erbracht, lediglich Behauptungen aufgestellt, die von der Pfalzpartei bestritten wurden) gab es aber «Querverbindungen» zum Landesverband der NPD, und diese seien nach Auffassung des OVG ausreichend für eine Beobachtung der Partei mit nachrichtendienstlichen Mitteln – obwohl auch nach Auffassung des OVG dies für die Partei «faktisch mit erheblichen Nachteilen verbunden» ist. Das aber habe die Partei, die einen solchen Kontakt pflege, selbst zu vertreten.

Insgesamt gleichen die gerichtlichen Bemühungen, Verfassungsschutzbeobachtungen mit nachrichtendienstlichen Mitteln rechtsstaatlich einzugrenzen, der «Echternacher Springprozession»: Zwei Schritte vor, einen Schritt zurück. In drei Fällen bereits haben Verwaltungsgerichte die Beobachtung der Partei Die Republikaner mit nachrichtendienstlichen Mitteln für rechtswidrig erklärt, weil Voraussetzung nach den gesetzlichen Bestimmungen hierfür wäre, dass die Republikaner eine Bestrebung darstellen, «die gegen die freiheitliche demokratische Grundordnung gerichtet» ist. Ausführlich haben das Verwaltungsgericht Hannover, das Verwaltungsgericht Mainz und zuletzt das Verwaltungsgericht Berlin mit Urteil vom 21. August 1998 festgestellt, dass weder im Parteiprogramm noch in Flugblättern, Presseerklärungen oder Reden von führenden Funktionären Bestrebungen gegen die freiheitliche demokratische Grundordnung unserer Verfassung gefunden werden können. Die Thesen etwa zur Ausländerfeindlichkeit, zum Rassismus, zum Volksbegriff oder auch zu Asylbewerbern mögen zwar abzulehnen, ja gar schändlich sein, sie liegen aber im Rahmen der von der Verfassung garantierten Meinungsfreiheit und des in der Demokratie erforderlichen politischen Meinungskampfes – und sie finden sich (leider!) ebenso in Äußerungen führender Vertreter der «etablierten Altparteien». Es ist eben in einer Demokratie zulässig, etwa auch die Änderung von Grundrechten bis zur Unkenntlichkeit (vgl. den «Asylkompromiss» durch CDU, SPD und FDP) zu fordern. Das Verwaltungsgericht Mainz hat hierzu zu Recht ausgeführt, dass nach Artikel 21 des Grundgesetzes die politischen Parteien an der politischen Willensbildung des Volkes mitwirken und dass «diese den Parteien durch das Grundgesetz zugewiesene Aufgabe ... als eine wesensgemäß ‹politische Aufgabe› prinzipiell keine inhaltlichen

Reglementierungen (verträgt), wenn sie nicht inhaltlich ausgehöhlt werden soll».

Das OVG Lüneburg hat leider die Entscheidung des Verwaltungsgerichts Hannover aufgehoben, das OVG Rheinland-Pfalz jüngst diejenige des VG Mainz. Die Verfahren sind beim BVerwG anhängig, das Berliner Urteil beim dortigen OVG. Sollte es so sein, dass erstinstanzliche Verwaltungsrichter in Deutschland mittlerweile genügend rechtsstaatliche Sensibilität für die Bedeutung des politischen Meinungskampfes entwickelt haben und Obergerichte meinen, «den Staat» vor Kritikern und missliebigen Organisationen schützen zu müssen? Da allein schon das Bekanntwerden der Beobachtung durch den Verfassungsschutz massive Nachteile für die Person oder die Organisation mit sich bringt, wie unter anderem das OVG Rheinland-Pfalz mehrfach festgestellt hat, hat «die Durchleuchtung einer politischen Partei durch einen Nachrichtendienst daher in einer rechtsstaatlichen Demokratie die Ausnahme zu sein, die sich nur aus greifbaren und schwer wiegenden Anhaltspunkten dafür rechtfertigt, dass gerade die ... freiheitliche demokratische Grundordnung durch die Partei gefährdet ist. Einzelne Verdachtsmomente minderen Gewichts reichen insoweit nicht aus, um die gleichsam vorbeugende Beobachtung einer politischen Partei durch den Staat unter Inkaufnahme der dargelegten nachteiligen Auswirkungen zu rechtfertigen» (VG Berlin, *NJW* 1999, S. 807).

Der Staat schützt die natürlichen Lebensgrundlagen

Art. 20 a. Der Staat schützt auch in Verantwortung für die künftigen Generationen die natürlichen Lebensgrundlagen im Rahmen der verfassungsmäßigen Ordnung durch die Gesetzgebung und nach Maßgabe von Gesetz und Recht durch die vollziehende Gewalt und die Rechtsprechung.

Frank Schreiber
Spitzenplatz bei EU-Umweltrechtsverstößen: Europäische Umwelt-Bürgerrechte nicht in Deutschland?

«Jeder hat das Recht auf den Schutz seiner natürlichen Lebensgrundlagen» – ein derartiges Umwelt-Grundrecht kennt das Grundgesetz nicht, und hieran wird sich vorerst wohl nichts ändern. Die Umweltpolitik befindet sich auch unter Rot-Grün in der Defensive, auch wenn in den achtziger Jahren eine der heutigen Regierungsparteien leidenschaftlich für eine entsprechende Grundgesetzergänzung gestritten hat.

Es gibt gleichwohl Rechtsansprüche der Bürgerinnen und Bürger, die zumindest mittelbar helfen, für einen besseren Schutz der Umwelt zu streiten. Neben dem Grundrecht auf Leben und Gesundheit aus Art. 2 Abs. 2 GG, das als Schutzpflicht des Staates nach vorherrschender Lesart allerdings nur ein «ökologisches Existenzminimum» gewährt, ergeben sich solche «ökologischen Bürgerrechte» in Gestalt von Auskunfts- und Beteiligungsrechten vor allem aus dem europäischen Umweltrecht. Diese Rechte, zum Beispiel Pläne und Genehmigungsunterlagen einsehen zu können, mit Einwendungen gehört zu werden oder schlicht bei den Behörden vorhandene Umweltdaten zur Verfügung gestellt zu bekommen, sorgen nicht unmittelbar für mehr Umweltschutz. Sie unterstützen aber die Umweltschutzarbeit aktiver Bürgerinnen und Bürger und setzen somit auf ein Kooperationsverhältnis von Staat und Gesellschaft zur Verbesserung des Umweltschutzes, wie es im europäischen Umweltrecht auch ausdrücklich angestrebt wird.

Europäische Bürgerrechte im Umweltbereich

Einen allgemeinen Anspruch auf Umweltinformationen fordert die Richtlinie über den freien Zugang zu Informationen über die Umwelt. Hiernach können Bürgerinnen und Bürger von Behörden grundsätzlich Akteneinsicht oder Auskunft bezüglich der dort vorhandenen Informationen über die Umwelt verlangen. Die Informationen müssen durch die Behörde gewährt werden, ohne dass die Nachfragenden darüber Rechenschaft ablegen müssen, warum und wozu sie die Informationen benötigen. Dies ist ein wesentlicher Unterschied zur deutschen Rechtstradition.

Die Richtlinien über die Umweltverträglichkeitsprüfung (UVP) und die Richtlinie über die integrierte Vermeidung und Verminderung der Umweltverschmutzung (IVU) enthalten Vorschriften zur Bürgerbeteiligung, die über das bisherige deutsche Recht hinausgehen. Unter dem Strich führen diese Vorschriften zur Erweiterung der beteiligungspflichtigen Zulassungsverfahren. Im Genehmigungsverfahren für größere Industrieanlagen, die unter die IVU-Richtlinie fallen, werden die Beteiligungsrechte durch eine gegenüber dem deutschen Recht erweiterte Pflicht zur Auslegung der Antragsunterlagen und die Pflicht zur

Abfassung einer allgemein verständlichen Zusammenfassung wesentlicher umweltrelevanter Angaben im Antrag abgesichert. Die Informationspflicht endet aber nicht mit dem Abschluss des Verwaltungsverfahrens: Die Genehmigungsentscheidung samt etwaigen nachfolgenden überarbeiteten Fassungen müssen der Öffentlichkeit ebenfalls zur Verfügung stehen. Auch die Ergebnisse der Emissionsüberwachung sind hiernach der Öffentlichkeit zugänglich.

Die Wirklichkeit in der Bundesrepublik Deutschland

Die Bundesrepublik Deutschland hat die Vorbildstellung, die sie vielleicht in den siebziger und noch in den achtziger Jahren in der Umweltpolitik einmal innehatte, in den neunziger Jahren eingebüßt. Wegen fehlender oder verspäteter Umsetzung von zentralen Umweltschutzvorschriften (wie der UVP-Richtlinie, der Flora-Fauna-Habitat-Richtlinie, der Umweltinformationsrichtlinie und verschiedener Gewässerschutzrichtlinien) wurde Deutschland in den letzten fünf Jahren verurteilt; insgesamt reicht die Liste von 22 Urteilen allein im Umweltbereich zum unangefochtenen Spitzenplatz im Kreise der EU-Umweltrechtsvereiteler. Im November 1999 waren noch fünf weitere Klagen gegen Deutschland wegen der Nichtumsetzung von europäischem Umweltrecht anhängig.

Dass es dabei nicht um Marginalien, sondern um wichtige Bürgerrechte geht, zeigt das Urteil des Europäischen Gerichtshofes (EuGH) vom 9. September 1999 zur Umsetzung der Umweltinformationsrichtlinie:

Nach dem deutschen Umweltinformationsgesetz (UIG) ist der Zugang zu Umweltinformationen nicht nur während eines gerichtlichen Verfahrens, sondern auch während des gesamten Verwaltungsverfahrens, etwa eines Genehmigungsverfahrens, ausgeschlossen. Vergegenwärtigt man sich, dass bei Großverfahren schon mal ein Jahrzehnt von der Antragstellung bis zur letztinstanzlichen gerichtlichen Entscheidung ins Land gehen kann, so verwirklicht das UIG die Maxime, Informationen so lange zu sperren, bis sie garantiert niemanden mehr interessieren können. Der EuGH entschied, dass dieser Komplettausschluss des verwaltungsbehördlichen Verfahrens richtlinienwidrig ist.

In der Frage, wie der Auskunftsanspruch zu erfüllen ist, waren die Auskunftssuchenden – von kleineren Korrekturen durch die bundesverwaltungsgerichtliche Rechtsprechung abgesehen – bislang weitgehend dem Ermessen der Behörde unterworfen. Auf eine detaillierte Frage konnte da schon einmal die Antwort kommen: «Suchen Sie es sich doch aus dem Aktenberg selbst heraus.» Noch gravierender ist aber, dass eine gesamte Akte als «vertraulich» behandelt wird, obwohl Angaben, bei denen ein berechtigtes Interesse an der Geheimhaltung besteht, ohne weiteres ausgesondert werden könnten. Nach deutschem Recht war das bislang zulässig – für den EuGH ein Richtlinienverstoß.

Eine abschreckende Wirkung entfaltet das deutsche Gebührenrecht bei Umweltinformationen. Hiernach können sogar Gebühren erhoben werden, wenn keine Übermittlung von Informationen stattgefunden hat, also auch bei der Ablehnung des Antrages. Der EuGH hat auch insoweit einen Verstoß gegen die Richtlinie festgestellt, da die Richtlinie selbst nur zu Gebühren für die Übermittlung ermächtige. Die Gebührenerhebung bei der Ablehnung des Antrages stehe dem Zweck der Richtlinie entgegen und könne ferner nicht als angemessen erachtet werden.

Auch nach dem Richterspruch aus Luxemburg legt das Bundesverwaltungsgericht das deutsche Umweltinformationsrecht restriktiv aus: Nach einem Urteil vom 28. Oktober 1999 sind Daten bei Umweltbehörden vom Anspruch ausgeschlossen, die unter anderem auch Gegenstand eines Strafverfahrens sind. Dies soll auch dann gelten, wenn die Erlangung der Daten in keiner Beziehung mit dem Strafverfahren steht, die Information dort aufgrund eines Verwaltungsverfahrens sogar lange vor dem Strafverfahren bekannt war.

Rot-grüne Umweltpolitik auf dem Prüfstand

Das erste Jahr rot-grüner Regierung macht wenig Hoffnung auf einen Kurswechsel. Im März und Oktober 1999 liefen die Umsetzungsfristen für die UVP-Änderungsrichtlinie und die IVU-Richtlinie ab, ohne dass die beiden zentralen Richtlinien für den Umweltschutz bei Großprojekten in deutsches Recht transformiert wurden. Eine unabhängige Sachverständigenkommission hatte bereits in der letzten Legislaturperiode einen Gesetzentwurf zum Umweltgesetzbuch (UGB) vorgelegt, der die Richtlinienumsetzungen enthielt. Und noch unter der vorherigen Bundesumweltministerin wurde der Entwurf eines Ersten Buches zum UGB vorgelegt, der allerdings im Vergleich zum Entwurf des Gesamt-UGB eher einen Rückschritt darstellte.

Wer nun erwartet hat, dass die neue Regierung diese Vorarbeiten kritisch überprüft und mit einer ökologischeren Akzentuierung zügig verabschiedet, sah sich getäuscht: Im April 1999 legte Umweltminister Jürgen Trittin einen Entwurf vor, der vermuten lässt, dass im Bundesumweltministerium die alten Kräfte munter weiterwerkeln. Die hinlänglich bekannten Defizite des deutschen Rechts (und der alten UGB-I-Regierungsentwürfe) in puncto Informations- und Beteiligungsrechte wurde nicht beseitigt, was auf scharfe Kritik der Umweltverbände stieß. Bürgerinnen und Bürger, die sich einmischen wollen, werden nach wie vor als Fremdkörper im Verwaltungsverfahren behandelt. Von einer zivilgesellschaftlichen Umgestaltung des Verwaltungsverfahrens ist der Bundesumweltminister mit diesen Entwürfen noch weit entfernt.

Zu allem Überfluss ließ sich Trittin das UGB-Projekt durch Kompetenzbedenken vom Justizministerium zerreden. Bei näherem Hinsehen erwies sich dessen Intervention jedoch als wenig stichhaltig: Für den Kernbereich des Ersten Buches, ein allgemeiner Teil ohne unmittelbar anwendbare Vorschriften und ein medienübergreifendes Recht der genehmigungsbedürftigen Anlagen im gewerblichen Bereich zur Umsetzung der IVU-Richtlinie, steht auch nach der Grundgesetzänderung 1994 die Gesetzgebungskompetenz des Bundes außer Zweifel.

Es wird also weiterhin Stückwerk bei der Anpassung an EU-Recht betrieben. Die Chance, mit einem Umweltgesetzbuch eine Angleichung an die Systemmerkmale des europäischen Rechts zu wagen, scheint erst einmal vertan. Solange der Kern des europäischen Umweltrechts, nämlich die «Mobilisierung des Bürgers für den Umweltschutz» und die herausgehobene Bedeutung von Verfahren und Verfahrensrechten samt entsprechender klagefähiger Rechte Einzelner, in Deutschland abgeblockt werden, solange wird die Bundesrepublik Deutschland auch weiterhin einen Spitzenplatz bei EU-Umweltrechtsverstößen einnehmen.

Einordnung in ein kollektives Sicherheitssystem

Art. 24. (1) Der Bund kann durch Gesetz Hoheitsrechte auf zwischenstaatliche Einrichtungen übertragen.

(1 a) Soweit die Länder für die Ausübung der staatlichen Befugnisse und die Erfüllung der staatlichen Aufgaben zuständig sind, können sie mit Zustimmung der Bundesregierung Hoheitsrechte auf grenznachbarschaftliche Einrichtungen übertragen.

(2) Der Bund kann sich zur Wahrung des Friedens einem System gegenseitiger kollektiver Sicherheit einordnen; er wird hierbei in die Beschränkung seiner Hoheitsrechte einwilligen, die eine friedliche und dauerhafte Ordnung in Europa und zwischen den Völkern der Welt herbeiführen und sichern.

Ulrich Albrecht
Grundgesetz und neue NATO-Strategie

Zum ersten Mal in ihrer Geschichte hat sich die Bundesrepublik Deutschland im Frühjahr 1999 an einem Krieg beteiligt. Die rechtliche Grundlage für diesen Schritt bleibt strittig. Deutsche Soldaten wurden in diesem Jahrhundert stets losgeschickt, indem internationale Verträge gebrochen wurden, und dies war im Kosovo-Krieg nicht anders. Die jüngste einschlägige Rechtsmaterie, der 2 + 4-Vertrag «Über die abschließende Regelung in Bezug auf Deutschland» vom 12. September 1990, enthält allerdings in Artikel 2 die Klausel, «dass das vereinte Deutschland keine seiner Waffen jemals einsetzen wird, es sei denn in Übereinstimmung mit seiner Verfassung und der Charta der Vereinten Nationen». Damit haben die vier Hauptsiegermächte, neben den beiden deutschen Staaten die Unterzeichner dieses Vertrages, in der Friedensfrage dem Grundgesetz den gleichen Rang eingeräumt wie der UN-Charta.

Die Friedensbindung des Grundgesetzes

In der Literatur herrscht weitgehend Einigkeit über (so D. S. Lutz/V. Rittberger 1976) «das Friedensgebot des Grundgesetzes». Selbst konservative Autoren wie Theodor Maunz (Maunz 1975, S. 337) halten fest: «Die Bundesrepublik bekundet hier ihren Friedenswillen, den sie sogar zum verfassungsmäßigen Prinzip erhebt.» Lutz/Rittberger zufolge «erschöpft sich gerade der Friedenswille der Verfassung bei weitem nicht im Verzicht auf Wehrrechtsregelungen im Grundgesetz von 1949. Auch Verfassungsnormen wie die Art. 24 und 25 GG, der Art. 9 Abs. 2 GG oder die Präambel legen ein Friedensbekenntnis ab, das seinen stärksten Ausdruck und ... eine unmittelbare Rechtsbindung und Bestandsgarantie in Art. 26 GG sowie in Art. 1 Abs. 2 GG erfährt.»

Damit sind die Vorgaben der Verfassung angegeben. Der Artikel 24 stellt fest, dass sich der Bund «zur Wahrung des Friedens» einem System gegenseitiger kollektiver Sicherheit «einordnen» kann. Leitziel ist «eine friedliche und dauerhafte Ordnung in Europa und zwischen den Völkern der Welt». «Zur Regelung zwischenstaatlicher Streitigkeiten», heißt es im selben Artikel, setzt der Bund auf «obligatorische, internationale Schiedsgerichtsbarkeit».

Der Artikel 25 stellt fest, dass «die allgemeinen Regeln des Völkerrechts» den Gesetzen des Bundes vorgehen und «Rechte und Pflichten unmittelbar für die Bewohner des Bundesgebietes» erzeugen. Ähnlich wie Bundesrecht Landesrecht bricht, ist das Völkerrecht gegenüber dem Bundesrecht in der Vorhand.

Die Präambel des Grundgesetzes sagt dem «deutschen Volk» zu, «von dem Willen beseelt» zu sein, «dem Frieden der Welt zu dienen». Im Artikel 1 «bekennt sich» das deutsche Volk unter anderem zu «unverletzlichen und unveräußerlichen Menschenrechten als Grundlage jeder menschlichen Gemeinschaft [und] des Friedens». Am deutlichsten erteilt Artikel 26 (Verbot der Vorbereitung eines Angriffskrieges) kriegerischen Handlungen, die nicht der Verteidigung dienen, eine Absage: «Handlungen, die geeignet sind und in der Absicht vorgenommen werden, das friedliche Zusammenleben der Völker zu stören, insbesondere die Führung eines Angriffskrieges vorzubereiten, sind verfassungswidrig.»

«Vereinigungen, deren Zwecke oder deren Tätigkeiten» sich «gegen den Gedanken der Völkerverständigung richten, sind verboten», heißt es schließlich in Artikel 9. Dabei haben die Mütter und Väter des Grundgesetzes gewiss nicht an Großorganisationen wie die Bundeswehr oder die NATO gedacht. Im Zweifelsfall wären aber auch solche «Vereinigungen» daraufhin zu prüfen, ob ihre «Tätigkeiten» gegen die Verfassung verstoßen.

Eben dies strebt die Klage der PDS vor dem Bundesverfassungsgericht an. Ihr juristischer Verfasser, Norman Paech, bringt in einem Interview die Streitfrage über das Verhältnis von neuer NATO-Strategie und Recht griffig auf den Punkt: «Diese neue Strategie kommt einer totalen Veränderung des NATO-Vertrages gleich. Aus dem alten Bündnis zur Territorialverteidigung wird eine neue Interventions-Allianz … Die NATO ist ausschließlich ein Verteidigungsbündnis, sowohl was die historische Gründungsabsicht betrifft als auch nach Geist und Buchstaben des Vertrages. Und in der neuen NATO-Strategie steht explizit, dass es sich um eine neue Funktion der Krisenbewältigung und des Krisenreaktionseinsatzes handelt.» (*Freitag*, 8. Oktober 1999, S. 41)

Die neue Strategie der NATO

Nach dem Ende des Ost-West-Konflikts ist die internationale Politik vielfach in Bewegung geraten. Auch die NATO passt ihre Konzeption dieser Wende an. Ein erster Schritt erfolgte 1991 mit der Verkündung eines neuen «Strategischen Konzeptes» (vgl. NATO-Handbuch 1995). Auch wenn in dieser Konzeption von Krisenbewältigung und Konfliktverhütung die Rede ist, bleibt zum einen der Ansatz auf Europa beschränkt und zum anderen wird in den vier Punkten der Zusammenfassung am Schluss ausschließlich die defensive Funktion der Allianz thematisiert.

Auf der Frühjahrstagung des Westbündnisses im April 1999 in Washington, mitten im Kosovo-Krieg, wurde feierlich eine neue Militärstrategie bekannt gegeben. Der hier relevante Teil findet sich unter der Ziffer 20 des Dokuments. Dort zählt die NATO neue Risiken auf, gegen die es anzugehen gelte: «Ungewissheit und Instabilität im und um den euro-atlantischen Raum sowie die mögliche Entstehung regionaler Krisen an der Peripherie des Bündnisses, die sich rasch entwickeln können ...» Ebenso: «Ethnische und religiöse Rivalitäten, Gebietsstreitigkeiten, unzureichende oder fehlgeschlagene Reformbemühungen, die Verletzung von Menschenrechten und die Auflösung von Staaten.» (Nato-Brief 2/1999 Ziffer 20, Hervorh. vom Verf.)

Besonders die diffuse Angabe des möglichen Operationsgebietes – *out of area* des Vertragsgebietes der NATO (des Territoriums ihrer Mitgliedstaaten), der «euro-atlantische Raum» und gar Regionen «um» diesem herum – lässt Skepsis wachsen, neben dem breiten Spektrum von Tatbeständen, bei denen die Allianz womöglich intervenieren will. Nimmt das Verfassungsgericht diesen Teil des Prüfantrags der PDS-Bundestagsfraktion an, dann dürfte gewiss sein, dass die neue NATO-Strategie als militärische Konzeption gegen die Vorgaben des Grundgesetzes keinen Bestand hat.

Ein weiterer Aspekt der neuen Strategie bricht sich am Grundgesetz. Die NATO will künftig – zur Not – auch ohne ein Mandat des Sicherheitsrats der Vereinten Nationen intervenieren. Nur der Sicherheitsrat aber hat völkerrechtlich die Befugnis, militärische Gewalteinsätze zu autorisieren (es sei denn, ein Staat handelt in Abwehr auf einen Angriff zur Selbstverteidigung).

In dem Ausschuss, der die neue Militärkonzeption vorbereitete, hatte es zu diesem Punkt erhebliche Auseinandersetzungen gegeben (vgl. Kamp 1998). Besonders die sozialistische Regierung Frankreichs bestand auf der Erteilung eines UN-Mandats für jeden künftigen Auslandseinsatz der NATO – und mochte erwartet haben, dass die neue rot-grüne Bundesregierung ihr beipflichtet (was offenkundig nicht geschah). Das Bundesverfassungsgericht, nimmt es die Klage an, wird nicht umhinkönnen, der Position stattzugeben, dass mit dem Verzicht auf ein UN-Mandat die neue NATO-Strategie gegen das Völkerrecht und damit gegen Bundesrecht verstößt.

Aufgaben für die Bundespolitik

In anderen Staaten wird das Legalitätsprinzip nicht für vorrangig erachtet (besonders die USA haben die meisten ihrer Kriege ohne Kriegserklärung begonnen). Aufgrund unserer Geschichte bleibt man aber in Deutschland dabei, auf Rechtsklarheit zu bestehen. Die neue Bundesregierung hat in ihrem Koalitionsvertrag im Auftakt des außenpolitischen Teils die «Beachtung des Völkerrechts» zur «Grundlage» der künftigen deutschen Außenpolitik erklärt, sie betont «Gewaltverzicht» und hält weiter fest: «Die Beteiligung deutscher Streitkräfte an Maßnahmen zur Wahrung des Weltfriedens und der internationalen Sicherheit ist an die Beachtung des Völkerrechts und des deutschen Verfassungsrechts gebunden. Die neue Bundesregierung wird sich aktiv dafür einsetzen, das Gewaltmonopol der Vereinten Nationen zu wahren.»

Die Koalition hat 1999 mit dem Ja zum Kosovo-Einsatz ihren eigenen Vertrag gebrochen. Nun wird dem entgegengehalten, es habe sich um eine Notsituation gehandelt, und angesichts der gewiss unbestreitbaren grausamen Verletzungen von Menschenrechten im Kosovo, der gewaltsamen Vertreibungen, willkürlichen Tötungen und Vergewaltigungen sei aus humanitären Gründen Nothilfe von außen geboten gewesen. Selbst wenn dies nicht in Zweifel gezogen würde: Die künftige NATO-Politik der Regierung wird sich kaum wiederholt auf Nothilfesituationen berufen können, die die Außerachtlassung von grundsätzlichen Rechtsnormen gestatten. Sie wird eine Politik zu betreiben haben, die in Übereinstimmung mit dem Grundgesetz erfolgt.

Die Anfrage richtet sich auch an den Deutschen Bundestag. Das Bundesverfassungsgericht hatte seine Entscheidung von 1994, das Parlament müsse über jeden einzelnen Auslandseinsatz entscheiden, sehr weitreichend begründet. Die Bundeswehr, so lässt sich das Argument zusammenfassen, sei gemäß dem Grundgesetz ein Parlamentsheer und nicht das Instrument der Exekutive. In England hatte Cromwell dieses Prinzip im siebzehnten Jahrhundert gegen die Auffassung der Krone durchgesetzt. Deutsche Demokratieentwicklung läuft hier 250 Jahre nach.

Literatur:

Karl-Heinz Kamp, Das neue strategische Konzept der NATO: Entwicklung und Probleme. Arbeitspapier der Konrad-Adenauer-Stiftung, Sankt Augustin, August 1998. (In leicht geänderter Fassung in der Beilage zur Zeitung *Das Parlament* [*Aus Politik und Zeitgeschichte*], B 11/1999, S. 19–25).

Dieter S. Lutz/Volker Rittberger, Abrüstungspolitik und Grundgesetz. Eine verfassungsrechtlich-friedenswissenschaftliche Untersuchung, Baden-Baden 1976.

Theodor Maunz, Deutsches Staatsrecht, München 1975.

NATO-Presse- und Informationsdienst (Hrsg.), NATO-Handbuch, Brüssel 1995.

Norman Paech, Wir leben nicht in einer konstitutionellen Monarchie, *Freitag*, 8. Oktober 1999, S. 41.

Völkerrecht ist Bundesrecht

Art. 25. Die allgemeinen Regeln des Völkerrechtes sind Bestandteil des Bundesrechtes. Sie gehen den Gesetzen vor und erzeugen Rechte und Pflichten unmittelbar für die Bewohner des Bundesgebietes.

Peter Becker

Demontage des Völkerrechts

Der Krieg gegen Jugoslawien

Im Kosovo hat ein Bürgerkrieg stattgefunden. Wenn die westliche Staatengemeinschaft hier hätte eingreifen wollen, hätte sie dafür die Verfahren nutzen können, die im 6. und 7. Kapitel der UN-Charta geregelt sind: fact-finding, Vermittlung, gerichtliche Entscheidung, friedliche Sanktionsmaßnahmen, unbewaffnete und bewaffnete militärische Maßnahmen mit Mandat des Sicherheitsrates. Stattdessen hat sie aufseiten der aufständischen UÇK militärisch eingegriffen und dabei gleich ganz Serbien mitbombardiert. Das war völkerrechtswidrig und insbesondere auch keine humanitäre Intervention. Das Ergebnis: Der Traum vom multi-ethnischen Kosovo ist zerplatzt. Wenn die westlichen Staaten eine schnelle Machtübernahme der UÇK verhindern wollen, sind sie auf eine langjährige und teure Militärpräsenz angewiesen. Hinzu kommt die Wiederaufbauhilfe für den Kosovo und Restjugoslawien.

Am 24. März 1999 beginnt die Bombardierung Jugoslawiens. Während die militärischen Auseinandersetzungen schon vorher Fluchtwellen insbesondere von Albanern ausgelöst haben, kommt es nunmehr zu Vertreibungen größeren Stils durch das serbische Militär, über die die Amerikaner schon vor Kriegsbeginn informiert worden waren. Während allerdings in der deutschen Presse fast täglich von «Völkermord» und «Deportationen» durch jugoslawisches Militär die Rede ist, sagt der Vizepräsident der parlamentarischen Versammlung der OSZE, der CDU-Bundestagsabgeordnete Willy Wimmer (von 1988 bis 1992 parlamentarischer Staatssekretär im Bundesverteidigungsministerium), die jugoslawische Armee habe sich an das Holbrooke-Abkommen vom Oktober 1998 gehalten. Die amtlichen Auskünfte des Auswärtigen Amtes in Asylverfahren von Kosovo-Albanern sagen dasselbe. Der Hessische Verwaltungsgerichtshof stellt fest: Ein staatliches Programm mit dem Ziel physischer Vernichtung oder gewaltsamer Vertreibung der Kosovo-Albaner liegt den Übergriffen und Exzessen der jugoslawischen Sicherheitsbehörden gegenüber Kosovo-Albanern erkennbar nicht zugrunde. Rudolf Scharping, Bundesverteidigungsminister, muss auf Fragen der Presse nach Bildern, die «systematische Mordaktionen» belegen, passen.

Die Inszenierung der «humanitären Intervention»

Die Bombardierungen waren ein schwer wiegender Bruch des Völkerrechts. Eine Rechtfertigung als «humanitäre Intervention» ist nicht möglich. Die Androhung von Gewalt im Rahmen der Rambouillet-Verhandlungen war ebenfalls völkerrechtswidrig. Es wurde aber auch gegen die deutsche Verfassung verstoßen.

Alle am Krieg beteiligten NATO-Staaten und Jugoslawien gehören der UNO an. In Art. 2 Ziff. 4 der Charta ist ein absolutes Gewaltverbot geregelt: «Alle Mitglieder unterlassen in ihren internationalen Beziehungen jede gegen die territoriale Unversehrtheit oder die politische Unabhängigkeit eines Staates gerichtete oder sonst mit den Zielen der Vereinten Nationen unvereinbare Androhung oder Anwendung von Gewalt.»

In der UNO-Charta sind zwei Ausnahmen vorgesehen. Der Sicherheitsrat hat aber weder eine eigene militärische Zwangsmaßnahme nach Art. 42 der Charta beschlossen noch dazu einzelne NATO-Staaten (Art. 42, 48) oder die NATO als Regionalorganisation (Art. 53) dazu ermächtigt. Der Ausnahmefall von Artikel 51, der die Notwehr oder Nothilfe zugunsten eines angegriffenen Staates rechtfertigt, liegt augenscheinlich nicht vor.

Das Recht zur «humanitären Intervention» eines Staates gegen einen anderen war schon vor In-Kraft-Treten der UN-Charta umstritten. Dieser Streit hat sich zwar auch nach dem In-Kraft-Treten der Charta fortgesetzt, die weit überwiegende Zahl der Autoren im völkerrechtlichen Schrifttum ist aber mit Recht der Meinung, dass jedenfalls seit dem In-Kraft-Treten der Charta die militärische «humanitäre Intervention» durch Einzelstaaten völkerrechtswidrig ist, weil sie gegen das völkerrechtliche Gewaltverbot verstößt, das diese Ausnahme gerade nicht mehr zulässt. Von der Herausbildung eines «Völkergewohnheitsrechts», das die «humanitäre Intervention» weiter rechtfertigen soll, kann mangels Vorliegens einer allgemeinen Rechtsüberzeugung und mangels einer einheitlichen Staatenpraxis nicht gesprochen werden.

Die Bombardierung verstieß zudem gegen Art. 5 des NATO-Vertrags, weil kein NATO-Staat militärisch angegriffen wurde.

Ferner liegt ein Verstoß gegen das Übereinkommen über das Recht der Verträge vom 23. Mai 1969 vor, wenn in den Verhandlungen von Rambouillet versucht wurde, Jugoslawien mit der Androhung eines Bombardements zur Unterschrift unter den Entwurf des Rambouillet-Papiers zu zwingen (Art. 52).

Es wurde auch die deutsche Verfassung gebrochen. Der Art. 24 Abs. 2 GG bietet nach dem «Out-of-area-Urteil» des Bundesverfassungsgerichts vom 12. Juli 1994 eine verfassungsrechtliche Grundlage lediglich für eine Verwendung der Bundeswehr zu Einsätzen, die im «Rahmen und nach den Regeln» eines Systems kollektiver Sicherheit stattfinden. Die UN-Charta und der NATO-Vertrag, der die NATO-Staaten ausdrücklich auf eine strikte Beachtung des geltenden Völkerrechts verpflichtet, gestatten keinen völkerrechtswidrigen Angriff. Die Teilnahme der Bundeswehr am Angriff auf Jugoslawien stellt zudem einen schwer wiegenden Bruch des der deutschen Vereinigung zugrunde liegenden 2+4-Vertrages dar. Nach dessen Artikel 2 ist es zwingendes geltendes Recht, dass das vereinte Deutschland «keine seiner Waffen jemals einsetzen wird, es sei denn in Übereinstimmung mit seiner Verfassung und der Charta der Vereinten Nationen».

Nach dem Ende des Kalten Krieges wäre die Zeit reif gewesen, die UN zu einer wirkungsvollen Weltorganisation zur Friedenserhaltung und Friedensschaffung auszubauen. Gestärkt wurde stattdessen die NATO, eingeleitet mit dem «neuen strategischen Konzept des Bündnisses», das im November 1991 auf dem NATO-Gipfel in Rom verabschiedet wurde. Zwar ist die NATO ein Verteidigungsbündnis. Doch in Punkt 13 der Erklärung von Rom hieß es: «Die Sicherheit des Bündnisses muss jedoch auch den globalen Kontext berücksichtigen.» Während in Art. 4 des NATO-Vertrages eine Konsultationspflicht bei Bedrohungen vorgesehen ist, nimmt sich jetzt die NATO die Freiheit, ihr territoriales Einsatzgebiet autonom festzulegen.

Während in Bosnien noch ein Mandat des UN-Sicherheitsrats gesucht wurde, hat man beim Krieg um den Kosovo ganz offen darauf verzichtet. Die neue deutsche Regierung, die mit einer Politik der gewaltfreien Friedensgestaltung unter Verwendung der UN und der OSZE eine Führungsrolle in Europa hätte erreichen können, versagte: Sie ordnete sich der neuen NATO-Strategie unter – und damit dem amerikanischen Hegemonialanspruch.

Zukünftig muss versucht werden, die Möglichkeiten und Institutionen auszubauen, die Konflikte gewaltfrei schlichten, insbesondere den Internationalen Gerichtshof (IGH), aber auch die nationalen Gerichte. Die Rolle des Internationalen Gerichtshofs muss gestärkt werden. Es wäre viel gewonnen, wenn auch nur das geltende Völkerrecht zur Domestizierung von Gewalt verbindlich interpretiert und durchgesetzt werden könnte. Deswegen sollten die Organe der UNO, vor allem ihre Generalversammlung und der Sicherheitsrat, aber auch der Unterorganisationen, in Konfliktfällen verstärkt die Gutachtenkompetenz nutzen. Der UN-Generalsekretär sollte alsbald nach Art. 96 Abs. 2 der Charta ermächtigt werden, selbst Rechtsgutachten beim IGH anfordern zu können. Alle Mitgliedstaaten sollten sich nach Art. 36 des Statuts der allgemeinen Gerichtsbarkeit des IGH unterwerfen; das gilt auch für die Bundesrepublik Deutschland, die eine Erklärung nach Art. 36 des IGH-Statuts bislang nicht abgegeben hat: In allen internationalen Verträgen sollten Streitbeilegungsklauseln aufgenommen werden, die eine Anrufung des IGH vorsehen. Die UN-Generalversammlung sollte schließlich eine internationale Juristenkommission einsetzen, die Vorschläge für eine verbesserte Vollstreckung der IGH-Entscheidungen ausarbeitet.

Ein erzieherisches Mittel von großer Bedeutung könnte ferner die Verfolgung von Schadenersatzansprüchen jugoslawischer Staatsbürger vor nationalen Gerichten sein. Während die Verfolgung von Schadenersatzansprüchen – etwa wegen Verletzung der Haager Landkriegsordnung von 1907 – vor dem IGH den Staaten vorbehalten ist (nur sie sind so genannte «Völkerrechtssubjekte»), können nach Einschätzung der deutschen IALANA auch Bürger fremder Staaten vor deutschen Gerichten Schadenersatzansprüche geltend machen. Das Instrument dafür ist die so genannte Amtshaftungsklage: Wichtigste Voraussetzung für einen solchen Anspruch ist das Bestehen einer Amtspflicht gegenüber dem ausländischen Staatsbürger: Eine solche Amtspflicht, vor der Ausübung staatlicher Gewalt durch völkerrechtswidrige Kriegshandlungen verschont zu bleiben, könnte sich aus verschiedenen Rechtsgrundlagen ergeben:

Nach Art. 51 und 52 des ersten Zusatzprotokolls zu den Rot-Kreuz-Abkommen (Genfer Konvention) vom 8. Juni 1977 dürfen weder die Zivilbevölkerung als solche noch einzelne Zivilpersonen das Ziel von Angriffen sein. Dasselbe gilt für zivile Objekte. Nach Artikel 91 ist eine am Konflikt beteiligte Partei, welche das Protokoll verletzt, zum Schadenersatz verpflichtet. Ein Schutzanspruch der Zivilbevölkerung ergibt sich auch aus Art. 23 b der Haager Landkriegsordnung vom 18. Oktober 1907 und aus dem Recht auf Leben aus Art. 3 der Allgemeinen Erklärung der Menschenrechte der Vereinten Nationen.

Sodann müsste geprüft werden, ob die Verletzung dieser Amtspflichten dadurch gerechtfertigt war, dass der Krieg entsprechend den dafür gültigen Normen begonnen wurde (ius ad bellum). Da diese Frage zu verneinen sein wird, kommt es darauf an, ob die Kriegführung den geltenden Regeln entsprach (ius in bello). Da die maßgeblichen völkerrechtlichen Vorschriften entweder als allgemeine Regeln des Völkerrechts (Art. 25 GG) oder durch Transformation innerstaatliches Recht geworden sind, spielt sich diese Prüfung innerhalb des staatlichen Rechts ab. Ferner müssen die allgemeinen Haftungsvoraussetzungen wie Verschulden und Gegenseitigkeit erfüllt sein: Wenn ein jugoslawischer Staatsangehöriger gegen die Bundesrepublik Deutschland klagt, muss zugleich gewährleistet sein, dass ein Deutscher bei vergleichbarem Sachverhalt in Jugoslawien klagen könnte.

Eine solche Klage wäre freilich Neuland. Es ist sicher ungeheuer schwierig, den Gerichten klarzumachen, dass der Staat bei kriegerischen Handlungen seines Militärs gegenüber Bürgern anderer Staaten haftet. Man wird daher viel Aufklärungsaufwand haben. Aber: Die Menschheit hat durch Proklamation der Menschenrechte den Willkürstaat überwunden. Sie hat die Sklaverei abgeschafft. Sie beginnt mit der *advisory opinion* des Internationalen Gerichtshofs die Illegalisierung der Atomwaffen. Daher erscheint es nicht aussichtslos, auch ein solches Vorhaben anzupacken.

Literatur:

Michael Bothe, Die NATO und die Vereinten Nationen nach dem Kosovo-Konflikt, *Vereinte Nationen*, H. 4 (1999).

Dieter Deiseroth, «Humanitäre Intervention» und Völkerrecht, *Neue Juristische Wochenschrift* 1999, S. 3084.

Verbot eines Angriffskrieges

Art. 26. (1) Handlungen, die geeignet sind und in der Absicht vorgenommen werden, das friedliche Zusammenleben der Völker zu stören, insbesondere die Führung eines Angriffskrieges vorzubereiten, sind verfassungswidrig. Sie sind unter Strafe zu stellen.

Jochen Goerdeler

Abwarten als Bürgerpflicht oder: Die Angst der Justiz vor dem Völkerrecht

Die deutsche Strafjustiz hatte sich auf verschiedenen Ebenen mit dem Kosovo-Krieg zu befassen. Dabei zeigte sich, dass die dritte Gewalt eine ausgesprochene Scheu vor dem Völkerrecht hat und dass weite Kreise in der Justiz offensichtlich von einer Richtlinienkompetenz der Bundesregierung für die inhaltliche Auslegung der Meinungsfreiheit ausgehen.

Die Bundesanwaltschaft machte es sich mit der Ablehnung der Einleitung eines Strafverfahrens gegen Bundeskanzler Gerhard Schröder und Verteidigungsminister Rudolf Scharping wegen der Vorbereitung eines Angriffskrieges (Art. 26 Abs. 1 GG; § 80 StGB) recht einfach. Einundvierzig Hamburger Rechtsanwälte hatten unter dem 1. April 1999 bei Generalbundesanwalt Kai Nehm eine Strafanzeige gegen Bundeskanzler Schröder und Verteidigungsminister Scharping sowie gegen diejenigen Bundestagsabgeordneten eingereicht, die am 16. Oktober 1998 – noch unter der alten Regierung Kohl – in einer Sondersitzung der deutschen Beteiligung an einem Militäreinsatz in Jugoslawien zugestimmt hatten. Während die Rechtsanwälte sich in ihrer Strafanzeige ausführlich mit der tatbestandlichen Definition eines Angriffskrieges und der völkerrechtlichen Legitimation des NATO-Einsatzes auseinander setzten, war die Antwort von Deutschlands oberster Anklagebehörde schlicht. Sie ließ durch einen Staatsanwalt erklären, dass das Regierungshandeln keine tatbestandliche Vorbereitung eines Angriffskrieges sei, weil ein Angriffskrieg nur ein solcher sei, der *in der Absicht* begangen werde, das friedliche Zusammenleben der Völker zu stören. Um die gut gemeinte Absicht der Bundesregierung und der zustimmenden Parlamentarier zu belegen, zitiert das Antwortschreiben ausführlich aus Schröders Erklärung vor dem Bundestag vom 26. März 1999 und billigte den Verantwortlichen zu, im Rahmen «des ihnen zustehenden politischen Ermessens [...] ausschließlich in dem Bestreben gehandelt [zu haben], eine völker- und menschenrechtswidrige Unterdrückung und Vertreibung der Kosovo-Albaner abzuwenden und zu beenden». Sie lehnte daher schon die Einleitung eines Ermittlungsverfahrens ab. In dem Schreiben war weder zur Vereinbarkeit des NATO-Einsatzes mit dem Völkerrecht noch zur Völkerrechtswidrigkeit der jugoslawischen Unterdrückungsmaßnahmen gegen die Kosovaren etwas zu finden.

Zwar wird in Art. 26 Abs. 1 GG der Begriff «Absicht» verwendet, doch nach einhelliger Meinung der Kommentare nicht im strafrechtlichen Sinne der «Absicht», sondern allgemein als «Vorsatz». Ein (bedingter) Vorsatz wäre schon dann gegeben, wenn die Täter mit dem Eintritt eines Angriffskrieges und einer Kriegsgefahr für Deutschland gerechnet und dies billigend in Kauf genommen hätten. Dagegen setzt «Absicht» im strafrechtlichen Sinne voraus, dass es den Tätern gerade auf die Herbeiführung dieser Gefahr ankommt, wie Walter Stree im Strafgesetzbuch-Kommentar von Schönke-Schröder ausführt: «Die Auslegung des Merkmals ‹Angriffskrieg› ist nur mithilfe der Regeln des Völkerrechts möglich, zu deren Anwendung auch der Strafrichter berufen ist. […] der Begriff Angriffskrieg lässt sich jedoch dahingehend eingrenzen, dass er alle Kriege umfasst, die weder Verteidigungskriege noch Kollektivmaßnahmen der UN oder ähnlicher Organisationen sind. Angriffskrieg ist hiernach jede völkerrechtswidrige bewaffnete Aggression.» Und zur subjektiven Seite des Täters, also seiner inneren Tateinstellung, heißt es unmissverständlich: «Bedingter Vorsatz genügt […]. Absichtliche Vorbereitung eines Angriffskrieges wird nicht vorausgesetzt.» Ein Vorsatz wäre damit nicht mehr abzulehnen gewesen, der Beurteilung der völkerrechtlichen Lage wäre dann entscheidende Bedeutung zugekommen.

Die Inkriminierung der Kriegsgegner

Dagegen zeigten verschiedene andere Staatsanwaltschaften Ehrgeiz, jene Kriegsgegner und -gegnerinnen zu verfolgen, die in Aufrufen Soldaten zur Verweigerung von Befehlen und zum Verlassen der Truppe bewegen wollten. Gegen die 28 Erst- und einige Zweitunterzeichner eines Aufrufs aus dem Umfeld des Komitees für Grundrechte und Demokratie, der am 21. April 1999 in der *tageszeitung* erschien, beantragte die Staatsanwaltschaft Berlin Strafbefehle mit Geldstrafen zwischen 2500 und 7000 Mark.

In dem Aufruf hieß es: «Wir rufen alle Soldaten dazu auf, sich nicht weiterhin an dem Krieg gegen die Bundesrepublik Jugoslawien zu beteiligen. […] Die Verweigerung kann sich auf Art. 4 Abs. 3 GG (Kriegsdienstverweigerung aus Gewissensgründen) oder auf § 22 Wehrstrafgesetz stützen: Befehle, die die Menschenwürde verletzen oder deren Befolgung eine Straftat bedeutet, dürfen nicht ausgeführt werden. Bei dem Krieg in Jugoslawien handelt es sich um einen völkerrechtswidrigen Angriffskrieg, der gemäß Art. 26 Grundgesetz verboten ist.»

Der Vorwurf lautete auf «Öffentliche Aufforderung zur Begehung von Straftaten», strafbar nach § 111 StGB. Die Verweigerung von Befehlen, die der Ausführung des Kosovo-Einsatzes dienten, sowie die Entfernung von der Truppe werteten die Staatsanwälte nach §§ 16 und 20 Wehrstrafgesetz als strafbare Handlungen. Eine Rechtfertigung für derartige Verweigerungen, von der die Autoren des Aufrufs ausgehen, ließen die Staatsanwälte nicht gelten.

Beim Amtsgericht Berlin-Tiergarten, das über die von der Staatsanwaltschaft beantragten Strafbefehle befinden muss, wird der Vorwurf durchaus nicht einheitlich beurteilt. Nach den von allen Betroffenen eingelegten Einsprüchen endeten die ersten fünf Hauptverhandlungen mit vier Freisprüchen und einer Verurteilung. Gegen alle Freisprüche hat die Staatsanwaltschaft Berufung eingelegt.

Die Freisprüche wurden von dem Gericht mit der Bedeutung des Grundrechts auf freie Meinungsäußerung begründet. Bei dem Aufruf handele es sich um eine «ausführliche, ernsthafte und sachbezogene Stellungnahme zur Rechtmäßigkeit des Jugoslawien-Einsatzes». Da diese Stellungnahme zugleich in einer die Öffentlichkeit wesentlich berührenden Frage erfolge, sei die Meinungsfreiheit gewichtiger als das Interesse der Allgemeinheit an der Verhinderung von Straftaten, sodass § 111 StGB derart eingeschränkt auszulegen und anzuwenden sei, dass ein Verbot den Aufruf nicht erfasse.

Darüber hinaus könne dem Angeklagten auch kein Vorsatz nachgewiesen werden, da er an die Völkerrechtswidrigkeit des Jugoslawien-Einsatzes und deshalb an die Berechtigung der Soldaten zum Verlassen der Truppe und zur Verweigerung von Befehlen geglaubt habe. Ob der Einsatz tatsächlich völkerrechtswidrig war, wird auch hier nicht abschließend festgestellt: Das Gericht schildert lediglich die seinerzeitige Rechtslage im Völkerrecht aus der Sicht des Angeklagten.

Anders sehen dies indes die auf Verurteilung dringende Staatsanwaltschaft, der verurteilende Richter am Amtsgericht sowie das Landgericht Berlin, das den vom Amtsgericht abgelehnten Erlass eines Strafbefehls zu entscheiden hatte. Sie betonen die Pflicht der Soldaten zur Anwesenheit in der Truppe und zum Befehlsgehorsam. Eine Rechtfertigung der Befehlsverweigerung sei nur gegeben, so Staatsanwalt und Amtsrichter, wenn der Feldzug – unabhängig von seiner völkerrechtlichen Beurteilung – kriminelles Unrecht darstellte. Und das konnten sich weder Staatsanwaltschaft noch Amtsrichter – hierin der Bundesanwaltschaft folgend – angesichts der gut gemeinten Zwecke vorstellen.

Demgegenüber stellte das Landgericht einfach fest, dass der Krieg dem Völkerrecht entspräche.

Anders als die freisprechenden Richter wollten sie dem guten Glauben der Angeklagten auch keine Vorsatz ausschließende Wirkung beimessen, sondern zogen die Figur des Verbotsirrtums heran. Zwar rechtswidrig, aber im Einzelfall nicht schuldhaft, handelt nach dieser Institution (§ 17 Strafgesetzbuch), wer sein – rechtswidriges – Verhalten irrig für rechtmäßig hält, wenn er den Irrtum nicht vermeiden kann. Dass die Autoren über die Rechtmäßigkeit ihres Tuns «irrten», wurde ihnen zugebilligt. Mehr noch: Das Landgericht stellte fest, dass bis unmittelbar vor Beginn des Einsatzes ein solcher im Völkerrecht als völkerrechtswidrig beurteilt und dies noch während des Angriffs von namhaften Völkerrechtlern vertreten wurde.

Trotzdem sah es den «Irrtum» als für die Autoren bei gehörigem Nachdenken vermeidbar an: Entweder hätten sie ihren Aufruf so formulieren müssen, dass er lediglich eine nicht auffordernde Kundgabe ihrer Einschätzung enthielt, oder sie hätten gerichtliche Klärung abzuwarten gehabt.

Abwarten also wird zur neuen Bürgerpflicht!

Festgehaltene Personen dürfen weder seelisch noch körperlich misshandelt werden

Art. 104. (1) Die Freiheit der Person kann nur aufgrund eines förmlichen Gesetzes und nur unter Beachtung der darin vorgeschriebenen Formen beschränkt werden. Festgehaltene Personen dürfen weder seelisch noch körperlich misshandelt werden.

Renate Künast
Rechtlich wie finanziell abwegig!
Elektronische Fußfesseln und Privatisierung des Strafvollzugs

Von der Bewachung öffentlicher Gebäude bis zu öffentlichen Verkehrsmitteln sind private Sicherheitsdienste ein inzwischen vertrautes Alltagsbild. Diese Entwicklung kennt keinen natürlichen Halt, sie erreicht soeben die deutschen Gefängnisse. Die Gefangenenzahlen steigen rapide an: Von 50 000 Gefangenen Anfang der neunziger Jahre auf schließlich über 70 000 zum Ende des Jahrhunderts, und mit ihnen wachsen die Kapazitäts- und das Personalproblem. In den USA, wo die Entwicklung von der betreuenden und unterstützenden hin zur kontrollierenden Gesellschaft am weitesten fortgeschritten ist, hat man für dieses Problem des «Gefangenenbooms» schon eine (Schein-)Lösung gefunden. Zwei Firmen, CCA und Wackenhut, die auch an der Börse gehandelt werden, teilen sich den größten Teil der Aufgaben auf: Gefangenentransporte, rund 20 000 private Gefängnisse, elektronischer Hausarrest und die Verwaltung von Sozialdaten gehören zu ihren Leistungen. Auch in der Bundesrepublik fügen sich wirtschaftliche Interessen expandierender

Dienstleistungsunternehmen und die galoppierende Finanzknappheit der für den Strafvollzug zuständigen Länder immer mehr zusammen. Vom Verkauf öffentlicher Gebäude und einem Lease Back bis zur Wahrnehmung der Jugendarbeit durch Institutionen in privater Rechtsform – es findet ein rasanter Wandel in der Art und Weise der Erledigung staatlicher und sozialer Aufgaben statt.

Das Beispiel der Entwicklung in den USA und in einigen europäischen Ländern lässt in den Köpfen der Landespolitiker nun auch Privatisierungsideen für den Strafvollzug reifen. Zwei Privatisierungsstrategien werden hierzulande diskutiert: Der so genannte elektronische Hausarrest und die ganze oder teilweise Erledigung der Aufgabe Strafvollzug durch private Unternehmen.

Elektronischer Hausarrest: vorerst zu teuer?

Der elektronische Hausarrest wurde schon 1997 durch den Berliner Senat in eine Bundesratsinitiative gegossen. Als neu eingefügter § 11 a StVollzG sollte eine Erprobungsregel für diese Spielart des offenen Vollzuges geschaffen werden. «Die, die heute im Gefängnis sitzen, kommen raus und werden mittels des elektronischen Hausarrestes eine weniger einschneidende Sanktion erfahren. Zudem werden Haftkosten in erheblichem Umfang eingespart», so lautete die spontan plausible Begründung. Diese Variante des Strafvollzuges sollte für eine exklusiv ausgewählte Gruppe von Gefangenen gelten, die draußen über einen Arbeitsplatz und den notwendigen Telefonanschluss verfügen und deren erwachsene Familienangehörige ihre Einwilligung erteilen.

Aber: Wie könnte man dieses Experiment finanzieren? Etwa auf Kosten anderer Betreuungsprojekte? Welche neuen Belastungen brächte der Hausarrest für die betroffenen Familien mit sich? In Berlin ergaben Überprüfungen, dass höchstens 80 (!) Personen für den elektronischen Hausarrest geeignet erschienen. Und eine Erprobung hätte mindestens 200 000 Mark Anschaffungskosten verursacht. Die Straffälligenhilfe und andere notwendige Projekte in Berlin erhalten genau diese Summe, die dann im Gegenzug den obligatorischen Streichorgien und Sparmaßnahmen anheim fallen würde.

Es wurde zwar im Vorfeld behauptet, dass die Anwendung des Arrestes in der Erprobungsphase keine Ausweitung erfahren sollte. Umso verwunderlicher, dass noch während der Bundesratsdiskussion einige Länder den Arrest in den Katalog der Bewährungsauflagen nehmen wollten. Nun grassierte die Sorge, dass der massenhaften Verurteilung zum elektronischen Hausarrest durch Strafrichter der Offenbarungseid der leeren Justizhaushalte folgen könnte. Das wollten die Justizminister anderer Länder ihren Haushalten nicht antun und signalisierten deshalb vorerst ein Nein.

Vor diesen finanziellen Problemen stehen aber zwei grundsätzliche Fragen. Erstens: Ist es mit unserem Verständnis von der Würde des Menschen vereinbar, dass in Zukunft Menschen ihr Gefängnis am Bein tragen und sie dessen Regeln gegen sich selbst durchsetzen müssen? My home is my prison? Und zweitens: Entspricht es dem Gleichheitsgrundsatz, dass für diese Sanktion nur diejenigen infrage kommen, die bestimmte sozioökonomische Bedingungen (Arbeitsplatz, Telefonanschluss, Zustimmung der Familie) erfüllen? Die Antwort lautet: Nein!

Teilprivatisierung der Gefängnisse?

Inspiriert durch die 20 000 privaten Gefängnisse in den USA, ließ man in Rheinland-Pfalz durchrechnen, welche Kostenersparnisse denn möglich wären. Auch in Nordrhein-Westfalen existierten konkrete Pläne zur Teilprivatisierung des offenen Vollzuges. Basis dieser Überlegungen waren in NRW die Erfahrungen mit dem Betrieb einer Abschiebehaftanstalt in Büren. Seit dem Januar 1994 werden dort die Pforte, die optische Überwachung des Außenbereichs, die Zu- und Abführung von Gefangenen zu Terminen, Besuchen und zur Freistunde sowie die Essensausgabe von einem privaten Sicherheitsdienst betrieben.

Es ist natürlich fraglich, ob private Unternehmen das Ziel des Strafvollzuges realisieren können. Aber können nicht zumindest Teile der Aufgaben des Vollzuges im Wege des Outsourcing kostengünstiger erledigt werden? Oder ist das Unterscheidungsmerkmal nur, dass sie die Aufgabe preiswerter erledigen, solange die Mitarbeiter noch jung sind?

Das Strafvollzugsgesetz sagt dazu: «Die Aufgaben der Justizvollzugsanstalten werden von Vollzugsbeamten wahrgenommen. Aus besonderen Gründen können sie auch anderen Bediensteten der Justizvollzugsanstalten sowie nebenamtlichen oder vertraglich verpflichteten Personen übertragen werden.»

Dies ist zunächst eine Formulierung, die dem besonderen Charakter des hoheitlichen Handels in Vollzugsanstalten Rechnung trägt. Dazu gehören die offensichtlich grundrechtseinschränkenden Maßnahmen, aber auch der Behandlungsvollzug, der ebenfalls regelmäßig zu Grundrechtseinschränkungen führt, zum Beispiel bei der Postkontrolle oder Postuntersagung, bei Weisungen im Rahmen der Arbeit oder Freizeit, denen ein Gefangener nach dem Gesetz Folge leisten muss.

Es müssen also besondere Gründe vorliegen, wenn die Aufgabenerledigung anderen als den Vollzugsbeamten übertragen werden soll. Der Gesetzgeber wollte zwar einen Weg öffnen, dass für spezifische fachliche Aufgabenstellungen auch andere Fachkräfte eingesetzt werden können. Aber: Private Sicherheitsdienste haben solche spezifischen fachlichen Kenntnisse im Verhältnis zu den Kompetenzen eines Vollzugsbeamten ganz offensichtlich nicht.

Es bleibt natürlich die Frage, ob neben dem Hauptziel des Vollzugs – Resozialisierung und Sicherheit der Allgemeinheit – weitere Aufgaben existieren, die ausgegliedert werden könnten, Tätigkeiten, die eben nicht hoheitliche Aufgaben im Sinne des Art. 33 Abs. 4 GG darstellen, denn diese dürfen ja als Regel nur Angehörigen des öffentlichen Dienstes übertragen werden, also Personen, die in einem besonderen Dienst- und Treueverhältnis stehen.

Der reine Objektschutz, eine bisher klassische Aufgabe privater Sicherheitsdienste, käme zur Übertragung infrage, auch Transporte von Materialien. Stets aber gilt die Voraussetzung: kein Gefangenenkontakt! Wo Inhaftierte ihrer Arbeitspflicht nachgehen, ihre Freizeit verbringen, da sind zur Anleitung, Durchführung, zu Weisungen, zu den Maßnahmen des Behandlungsvollzugs nur Mitarbeiter des öffentlichen Dienstes berufen. Und bei Zwischenfällen dürften Mitarbeiter eines privaten Sicherheitsdienstes nicht eingreifen, sondern lediglich Vollzugsbeamte benachrichtigen.

Würde das vielleicht bedeuten, dass zukünftig doppeltes Personal beschäftigt werden müsste?

Das Outsourcing einzelner begrenzter Aufgaben macht also selbst finanziell wenig Sinn. Private Gefängnisse sind in der Bundesrepublik töricht und nicht zulässig. In Nordrhein-Westfalen hat man das erkannt. Die Pläne der Teilprivatisierung des offenen Vollzuges sind zu Recht in den Schubladen verschwunden, wo sie auch bleiben sollten.

Deutscher im Sinne des Grundgesetzes …

Art. 116. (1) Deutscher im Sinne des Grundgesetzes ist vorbehaltlich anderweitiger gesetzlicher Regelung, wer die deutsche Staatsangehörigkeit besitzt oder als Flüchtling oder Vertriebener deutscher Volkszugehörigkeit oder als dessen Ehegatte oder Abkömmling in dem Gebiete des Deutschen Reiches nach dem Stande vom 31. Dezember 1937 Aufnahme gefunden hat.

Norman Wojak
«Doppelpass» mit Fußangeln

Am 1. Januar 2000 ist das neue Staatsangehörigkeitsrecht in Kraft getreten. Der Reform war eine emotionsgeladene und polarisierende Debatte vorausgegangen.

Da die Regierungskoalition ihre Mehrheit im Bundesrat verloren hatte, war sie auf die FDP angewiesen. Mit dem so genannten Optionsmodell wurde schließlich ein Kompromiss gefunden. Kern der Reform des Staatsangehörigkeitsrechts ist die Ergänzung des Abstammungsprinzips (ius sanguinis) durch Elemente des Territorialitätsprinzips (ius soli). In Deutschland geborene Kinder ausländischer Eltern erhalten zusätzlich die deutsche Staatsangehörigkeit, wenn sich ein Elternteil seit acht Jahren rechtmäßig in Deutschland aufhält. Das Optionsmodell sieht vor, dass der Betroffene mit Vollendung des 18. Lebensjahres und nach einem Hinweis durch die zuständige Behörde spätestens bis zur Vollendung des 23. Lebensjahres zu erklären hat, ob er die deutsche oder die ausländische Staatsangehörigkeit behalten will.

Ein weiterer Kernpunkt der Novelle ist die angestrebte Erleichterung von Einbürgerungen. Zwar wurde die Frist für Einbürgerungen von 15 auf 8 Jahre verkürzt, und die Tatbestände, in denen eine Mehrstaatigkeit akzeptiert wird, wurden erweitert. Jedoch wurde die finanzielle Summe, die bei einer Einbürgerung fällig wird, von 100 auf 500 Mark erhöht. Auch die juristischen Hürden sind weiterhin hoch.

Neue Hindernisse bei der Einbürgerung?

Ende November 1999 einigten sich die Innenministerien von Bund und Ländern auf einen über 70 Seiten starken Katalog von Verwaltungsvorschriften zum neuen Staatsangehörigkeitsrecht. Obwohl den unionsregierten Ländern Ausnahmen zugebilligt wurden, nahm Bayern Mitte Dezember 1999 seine ursprüngliche Zustimmung zurück, weil die Vorschriften nun die Tendenz hätten, die Anforderungen an die Einbürgerungsbewerber herabzusetzen. Seit dem 1. Januar 2000 gelten nun in den bayerischen Einbürgerungsbehörden andere Regeln als in der übrigen Bundesrepublik.

Während es die Vorschriften des Bundes offen lassen, ob der Einbürgerungsbewerber lediglich eine Erklärung über seine Verfassungstreue unterschreibt, haben die unionsregierten Länder darauf bestanden, vor Einbürgerungen eine Anfrage beim Verfassungsschutz über den Bewerber vornehmen zu können. Migrantinnen und Migranten, die vielleicht nur Kontakt zu den falschen Personen hatten, könnte somit die Einbürgerung verweigert werden. Bei so genannten «Jugendsünden» kann auch Deutscher werden, wer sich von verfassungswidrigen Bestrebungen glaubhaft verabschiedet hat. Dagegen wird in Bayern gefordert, dass der Bewerber ausdrücklich seine früheren Aktivitäten bedauert. Ebenso wird in Bayern im Gegensatz zu den anderen Bundesländern eine Art Prüfung in Staatsbürgerkunde abgehalten (Was unterscheidet den Bundeskanzler vom Bundespräsidenten? Was haben Parteien und Demokratie miteinander zu tun?).

Unterschiedliche Anforderungen an die Bewerber und Bewerberinnen bestehen auch hinsichtlich der Deutschkenntnisse. Nach den Grundsätzen des Bundes reicht es aus, wenn der Bewerber sich mündlich seinem Alter und Bildungsstand entsprechend ausdrücken und einen deutschen «Text des alltäglichen Lebens» (in der Regel einen Zeitungsartikel) lesen kann. Dagegen wurde in Bayern festgelegt, dass «ein Diktat von nicht mehr als einer Seite Umfang» vom Einbürgerungsbewerber verlangt werden kann.

Der Bewerber muss zudem seinen Unterhalt ohne Sozial- oder Arbeitslosenhilfe bestreiten. Von der Voraussetzung wird abgesehen, wenn der Bewerber oder die Bewerberin jünger als 23 Jahre ist oder ihren Arbeitsplatz aus gesundheitlichen oder betriebsbedingten Gründen verloren hat. Es ist zu befürchten, dass das neue Recht Ausländerinnen benachteiligen wird, von denen etwa 60 Prozent in Deutschland erwerbslos sind. Die Zahl der Arbeitsplätze von Frauen, die in den Betrieben abgebaut werden, ist überproportional hoch und die Zahl der Neuvermittlungen von Frauen entsprechend ihrem Bevölkerungsanteil liegt bei unter 50 Prozent.

Da diese tatsächlichen Unterschiede vom Gesetzgeber nicht berücksichtigt wurden, zum Beispiel durch einen weiteren Ausnahmetatbestand, werden sie dazu führen, dass ausländische Frauen bei der Einbürgerung diskriminiert werden.

Verfassungsrechtliche Zweifel gegenüber dem Optionsmodell

Gegen das Optionsmodell wird angeführt, dass es zu einer vom Grundgesetz (Art. 16 Abs. 1 Satz 1) verbotenen «Entziehung» der Staatsangehörigkeit kommen könne. Übt der Betroffene seine Option aus, indem er sich für die deutsche Staatsangehörigkeit oder indem er sich für die ausländische Staatsangehörigkeit entscheidet, kann dies unproblematisch als autonome Entscheidung gewertet werden. Eine Entziehung liegt nicht vor. Problematischer wird es, wenn der Betroffene sich innerhalb der Frist nicht entscheidet und als Rechtsfolge die deutsche Staatsangehörigkeit verliert. Auch die Untätigkeit kann als bewusste Willensentscheidung gegen die deutsche Staatsangehörigkeit gewertet werden, da der Betroffene auf die möglichen Rechtsfolgen seines Handelns hingewiesen wurde.

Komplizierter gestaltet sich der Fall, bei dem die Optionsverpflichteten sich zwar für die deutsche Staatsangehörigkeit entscheiden, sie aber die Aufgabe der ausländischen Staatsangehörigkeit nicht nachweisen können und ihnen die Beibehaltung der deutschen Staatsangehörigkeit verwehrt wird. Insoweit könnte § 29 Abs. 3 StAG gegen das Verbot der Entziehung (Art. 16 Abs. 1 Satz 1 GG) verstoßen. Berücksichtigt man den Zweck und die Entstehungsgeschichte von Art. 16 Abs. 1 GG als Reaktion auf die nationalsozialistischen Ausbürgerungsregelungen, dann erscheint es sinnvoll, unter «Entziehung» im Sinne des Art. 16 Abs. 1 Satz 1 GG nur diskriminierende Zwangsausbürgerungen zu fassen. Zwar verlieren die Betroffenen die deutsche Staatsangehörigkeit, dieser Verlust erfolgt jedoch auf gesetzlicher Grundlage und die Betroffenen werden auch nicht staatenlos. Das im neuen Staatsangehörigkeitsrecht verankerte Optionsmodell verstößt also nicht gegen das Grundgesetz.

Verfassungsrechtliche Garantie des ius sanguinis?

Ein weiteres verfassungsrechtliches Problem liegt darin, dass die Ergänzung des ius-sanguinis-Prinzips um ius-soli-Elemente gegen eine institutionelle Garantie einer einheitlichen deutschen Staatsangehörigkeit verstoßen könnte. In Art. 116 GG steht allerdings nicht: «Deutscher ist, wer von einem Deutschen abstammt», sondern «Deutscher im Sinne des Grundgesetzes ist, vorbehaltlich anderweitiger gesetzlicher Regelungen, wer die deutsche Staatsangehörigkeit besitzt ...». Insofern ist der Anknüpfungspunkt für die deutsche Staatsangehörigkeit, sei es die Abstammung oder der Ort der Geburt, nicht verfassungsrechtlich determiniert. Auch das Bundesverfassungsgericht hat mehrfach betont, dass «das Grundgesetz die Regelungen der Voraussetzungen für Erwerb und Verlust der Staatsangehörigkeit und damit auch die Kriterien, nach denen sich die Zugehörigkeit zum Staatsvolk des Näheren bestimmen, dem Gesetzgeber überlässt».

Die historischen Gründe des alten Staatsangehörigkeitsrechts nach dem ius sanguinis liegen in der verspäteten Formierung des deutschen Nationalstaates und dem Alleinvertretungsanspruch der BRD gegenüber der DDR. Beide Gründe sind mittlerweile obsolet und sollten daher aufgegeben werden. Auch hat sich ein faktischer Wandel in der Gesellschaft durch den Einwanderungsprozess bereits vollzogen.

Die konservativen Argumente wie «lebenslängliche Zugehörigkeit und Loyalität der Staatsbürger gegenüber dem Staat», «unentrinnbare Schicksalsgemeinschaft» sowie «homogener Staat» mit gemeinsamer Sprache, einer gemeinsamen Religion und einer gemeinsamen Kultur stammen aus dem 19. Jahrhundert. Abgesehen davon, dass auch jeder «Nur-Deutsche» grundsätzlich jederzeit das Inland verlassen und letztlich auch ausreisen darf (und in der EU ohnehin Freizügigkeit besteht), zeichnet sich der republikanische Verfassungsstaat des Grundgesetzes ohnehin nicht durch eine homogene Nationalkultur aus. Das Grundgesetz schützt vielmehr durch Grundrechte, Rechtsstaatlichkeit und Gewaltenteilung die individuelle kulturelle Freiheit sowie die Freiheit der Religionsausübung und Weltanschauung. Der Staat des Grundgesetzes ist durch seine Vielfalt und Entwicklungsfähigkeit geprägt.

Nachdem der Gesetzgeber in den letzten Legislaturperioden keine nennenswerte Reform zustande gebracht hatte, sind die Änderungen des Gesetzes zur Reform des deutschen Staatsangehörigkeitsrechtes ein Schritt in die richtige Richtung. Sie sind verfassungskonform. Ein Verfahren vor dem Bundesverfassungsgericht dürfte keinen Erfolg haben. Ob sich aber die Hälfte der 7,3 Mio. Ausländer, die bereits länger als zehn Jahre in Deutschland leben, einbürgern lassen werden, muss angesichts der weiterhin hohen Hürden bezweifelt werden.

Literatur:

Andreas Goldberg/Faruk Şen, Deutsche Türken – Türkische Deutsche? Die Diskussion um die doppelte Staatsbürgerschaft, Münster 1999.

Ulrich K. Preuß, Die Überwindung der Despotie oder Wer darf Bürger werden? *Grundrechte-Report 1999*, S. 186 ff.

Norman Wojak, Zusammen leben – zusammen wählen ... – Kommunales Wahlrecht für InländerInnen fremder Staatsangehörigkeit, *Forum Recht* 1996, S. 18.

Anhang

Chronologie 1999

(zusammengestellt auf der Grundlage der CILIP-Chronologien von Andrea Böhm)

Die Zeitschrift «Bürgerrechte & Polizei» (CILIP, Berlin) publiziert regelmäßig eine Chronologie bürgerrechtlich bedeutsamer Vorkommnisse; diese ist vor allem auf Fragen der Polizei und der Geheimdienste konzentriert.

Januar 1999

8. 1.: Nach Angaben des Bundesinnenministeriums haben 98 644 Menschen im Jahr 1998 in Deutschland **Asyl beantragt**, vier Prozent wurden als asylberechtigt anerkannt. Im Vorjahr hatte die Zahl der Asylanträge bei 104 353 gelegen.

15. 1.: Nach Berichten der Hamburger Staatsanwaltschaft wird gegen fünf Polizeibeamte der Wache 16 sowie gegen drei Beamte der Davidwache auf St. Pauli Anklage wegen **Körperverletzung im Amt und Freiheitsberaubung** vorbereitet. Sie sollen am 14. 11. 1997 einen Afrikaner schwer misshandelt haben.

18. 1.: Die Überlebenden der Brandkatastrophe in einem Lübecker Flüchtlingsheim im Januar 1996 erhalten dauerhaftes **Bleiberecht.**

Der Beschluss des Bundesgerichtshofs (BGH) zur vorgeschriebenen **Abhörfrist mit richterlicher Anordnung** wird veröffentlicht. Die gesetzliche Dreimonatsfrist, innerhalb deren das nichtöffentlich gesprochene Wort mit technischen Mitteln abgehört werden darf, beginnt danach mit dem Erlass der richterlichen Anordnung und nicht erst mit dem Vollzug der Abhörmaßnahmen (Az.: 3 StR 181/98).

Februar 1999

3. 2.: Das Bundesverfassungsgericht erklärt in einem Urteil, dass eine **Verletzung des Art.** 19 **Abs.** 4 **GG** vorliegt, wenn bei Eingriffen in die Grundrechte keine nachträgliche gerichtliche Überprüfung möglich sei (Az.: 2 BvR 804/97). Der Beschwerdeführer war bei einer Unterschriftenaktion verhaftet worden, nachdem er der Aufforderung der Polizei, sich zu entfernen, nicht unverzüglich Folge leistete. Laut NRW-Polizeigesetz dürfen die Beamten eine Person in Gewahrsam nehmen, wenn dies unerlässlich ist, um einen Platzverweis durchzusetzen. Das Amtsgericht bestätigte die Festnahme bis zum Ende des Tages. Sowohl das später angerufene Landgericht Köln als auch das Oberlandesgericht Köln vertraten die Auffassung, er habe kein Rechtsschutzbedürfnis mehr, da er inzwischen wieder freigelassen worden sei.

9. 2.: Das Landesverfassungsgericht in Nordrhein-Westfalen erklärt die von Ministerpräsident Clement (SPD) vollzogene **Fusion von Innen- und Justizministerium** für rechtswidrig.

10. 2.: Der Hohe Flüchtlingskommissar der Vereinten Nationen (UNHCR) teilt in Bonn einen **Anstieg der Asylsuchenden in der EU** im Jahr 1998 um 19 Prozent gegenüber dem Vorjahr mit. In den 15 EU-Mitgliedsstaaten wurden 299 000 Asylsuchende neu registriert.

Nach Angaben des Präsidenten des Landeskriminalamtes (LKA) in Berlin, Hans-Ulrich Voss, ist die Zahl der **Telefonüberwachungen in Berlin** in den vergangenen Jahren stark angestiegen. Während 1990 nur 7 Anschlüsse abgehört worden waren, lag die Zahl 1997 bei 537.

13. 2.: In Guben wird ein 28-jähriger **Algerier von 15 rechtsradikalen Jugendlichen zu Tode gehetzt.** Bei dem Versuch, sich vor seinen Verfolgern zu retten, tritt der Asylbewerber eine Glasscheibe ein und verblutet. Am 3. 6. beginnt der Prozess gegen elf junge Männer im Alter zwischen 17 und 20 Jahren vor dem Landgericht Cottbus.

17. 2.: Nach der Entführung des PKK-Chefs Abdullah Öcalan in die Türkei kommt es bundesweit zu Protesten kurdischer Anhänger. In Berlin werden beim gescheiterten **Versuch, das israelische Generalkonsulat zu stürmen**, vier Kurden vom israelischen Wachpersonal erschossen und elf weitere verletzt. Am 10. 11. legt der Untersuchungsausschuss des Abgeordnetenhauses einen Abschlussbericht vor. Darin wird festgestellt, dass die israelischen Sicherheitsbeamten ohne Vorwarnung und nicht in Notwehr geschossen hätten.

18. 2.: Nach Berichten des niedersächsischen LKA wurden in der Bremer Stadtbibliothek im August 1995 die **Daten von mehr als einer Million Ausleihvorgängen beschlagnahmt.** Damit wollte man Attentätern auf die Spur kommen, deren Bekennerschreiben womöglich aus einem Buch über den Befreiungskampf in der Westsahara entnommen worden war.

24. 2.: Nach einem Beschluss des BGH kann die **Durchsuchung privat angemieteter Büroräume** eines freien Journalisten bei Gefahr im Verzug auch ohne richterliche Anordnung erfolgen. Die Klage eines Mitarbeiters der *tageszeitung* gegen die Beschlagnahme von Material in dessen Büroräumen wird zurückgewiesen (Az.: StB 14/98).

März 1999

18. 3.: Der Berliner Datenschutzbeauftragte Hansjürgen Garstka kritisiert in seinem Tätigkeitsbericht für 1998 Firmen, Behörden und die Polizei wegen der **Missachtung datenschutzrechtlicher Bestimmungen.**

23. 3.: **Bundesregierung und CIA einigen sich** darauf, dass der Verfassungsschutz einen Teil der Stasi-Akten, die sich im Besitz der USA befinden, erhält. Im Gegenzug gewährt die Bundesregierung der CIA Einsicht in die Gauck-Dateien.

25. 3.: Der Bundestag verabschiedet ein Gesetz zur **Reform der parlamentarischen Geheimdienstkontrolle.** Die bisherige parlamentarische Kontrollkommission (PKK) wird damit durch ein parlamentarisches Kontrollgremium (PKG) mit erweiterten Aufsichtsmöglichkeiten abgelöst. Als einziger Bundestagsfraktion wird der PDS in dem neunköpfigen Gremium kein Sitz zugestanden. Mit der Wahl des Grünen-Abgeordneten Christian Ströbele ist das neue Parlamentsgremium zur Geheimdienstkontrolle am 30. 6. komplett.

27. 3.: Die Datenschutzbeauftragten des Bundes und der Länder kritisieren die **Stasi-Überprüfungen bei Einstellungen in den öffentlichen Dienst** als unverhältnismäßig, da sie zumeist unbescholtene Bürger und Bürgerinnen treffe. Stattdessen solle man sich mehr auf die Verfolgung von Straftaten mithilfe der Stasi-Akten konzentrieren.

30. 3.: Die FDP-Politiker Burkhard Hirsch und Gerhart Baum sowie die FDP-Politikerin Sabine Leutheusser-Schnarrenberger legen **Verfassungsbeschwerde gegen den «Großen Lauschangriff»** ein.

Das **Bundesverwaltungsgericht versagt Funktionären der PKK den Asyl- und Abschiebeschutz** wegen Mitarbeit in einer Terrororganisation. Für einfache PKK-Sympathisanten, die an illegalen Demonstrationen teilnehmen, gilt dieses Urteil nicht (Az.: BVerwG 9 C2 3/98, 9 C 31/98, 9 C 22/98).

April 1999

26. 4.: Es wird bekannt, dass eine **Kooperationsvereinbarung zwischen den deutschen Schlüssel-Herstellern und der Polizei** ausgehandelt wurde. Um den Großen Lauschangriff leichter

realisieren zu können, wird die Schlossindustrie der Polizei für alle Arten von Schlössern – außer von Kraftfahrzeugen – Nachschlüssel überlassen.

29. 4.: Trotz vehementer Proteste beschließt das Berliner Abgeordnetenhaus mit den Stimmen von CDU und SPD die **Verschärfung des Allgemeinen Sicherheits- und Ordnungsgesetzes (ASOG)**. Die Polizei darf jetzt verdachtsunabhängige Kontrollen durchführen (Schleierfahndung) und neben Platzverweisen auch Aufenthaltsverbote aussprechen. Das Abgeordnetenhaus beschließt zudem die Umwandlung der umstrittenen Freiwilligen Polizeireserve in einen Freiwilligen Polizeidienst, verbunden mit einer umfassenden Kompetenzerweiterung. Der Landesvorsitzende der Gewerkschaft der Polizei Eberhard Schönberg und drei weitere Vorstandsmitglieder treten daraufhin am 1. 5. aus der SPD aus.

Mai 1999

3. 5.: Das Bundeskriminalamt (BKA) richtet zur verstärkten Kontrolle von Spitzeln und Informanten eine «**Projektgruppe V-Leute**» ein, die die inoffiziellen Mitarbeiter und Mitarbeiterinnen künftig zentral führen soll.

Die Bundesrepublik Deutschland und Russland schließen ein Abkommen über die **Zusammenarbeit bei der Verbrechensbekämpfung**. Die Kooperation bei der Verfolgung von illegalem Autohandel, von Drogen- und Waffenschmuggel, Menschenhandel sowie bei illegalem Hochtechnologie-Transfer und Geldwäsche soll verbessert werden.

Ein Jahr nach dem **Einsatz eines neuen Fahndungskonzeptes**, bei dem Verkehrspolizistinnen und -polizisten «gezielt zur Kriminalitätsbekämpfung» eingesetzt werden, zieht der Innenminister Schleswig-Holsteins Ekkehard Wienholtz eine positive Bilanz: Über 1400 Tatverdächtige sind seit Beginn des Programms ermittelt worden.

6. 5.: Der brandenburgische Landtag stimmt der **Verschärfung des Polizeiaufgabengesetzes** zu, das verdachts- und ereignisunabhängige Polizeikontrollen in einem 30 Kilometer breiten Grenzstreifen zu Polen und die so genannte Schleierfahndung bei Verdacht von Straftatbeständen in ganz Brandenburg erlaubt. Am 30. 6. erklärt das Verfassungsgericht Brandenburgs weitgehende Lausch- und Videoangriffe bei Ermittlungen gegen schwerste Straftaten für zulässig und bestätigt damit das seit 1996 gültige Polizeigesetz des Bundeslandes. Die PDS hatte gegen das umstrittene Gesetz geklagt; auch der Datenschutzbeauftragte hatte Bedenken geäußert.

21. 5.: Der Bundesrat stimmt der **Reform des Staatsbürgerschaftsrechts** zu. Das neue Gesetz wird damit am 1. 1. 2000 in Kraft treten.

25. 5.: Das Bundesinnenministerium veröffentlicht die **Polizeiliche Kriminalstatistik (PKS) für** 1998. Insgesamt wurden 1998 6,46 Mio. Straftaten erfasst, zwei Prozent weniger als im Vorjahr. Die Aufklärungsquote stieg mit 3,38 Mio. Fällen auf 52,3 Prozent und erreichte damit den höchsten Stand seit 1966. Die registrierte Kinder- und Jugendkriminalität hat dagegen erneut zugenommen. Die Zahl der tatverdächtigen Kinder stieg um 5,9 Prozent auf 152 774, die der Jugendlichen um 3,4 Prozent auf 302 413.

28. 5.: Ein 30-jähriger **Sudanese stirbt während seiner Abschiebung** im Flugzeug. Wegen seiner heftigen Gegenwehr wurde er von BGS-Beamten gefesselt, bekam einen Motorradhelm aufgesetzt und wurde beim Start durch «Nach-unten-Drücken fixiert». Innenminister Otto Schily verfügt daraufhin die Aussetzung aller Ausweisungen per Flugzeug, bei denen die Behörden mit Widerstand rechnen müssen. Am 25. 6. wird dieses Verbot wieder aufgehoben.

Juni 1999

10. 6.: Die Innenminister der Länder und des Bundes beschließen die **Ausrüstung der Polizei mit Deformationsgeschossen und Pfefferspray.** Schon am 10. 5. hatte das bayerische Innenministerium bekannt gegeben, seine Polizistinnen und Polizisten als erstes Bundesland mit Pfefferspray ausstatten zu wollen.

17. 6.: Frankfurts Polizeipräsident Wolfhard Hoffmann und der Vorsitzende des Bundesverbandes deutscher Wach- und Sicherheitsunternehmen (BDWS) unterzeichnen eine Vereinbarung, mit der sich **neuen große Unternehmen des Sicherheitsgewerbes zur Zusammenarbeit mit der Polizei** der Stadt verpflichten.

24. 6.: Bundesinnenminister Otto Schily legt in Bonn den **Lagebericht «Organisierte Kriminalität 1998»** vor. Danach waren insgesamt 832 Ermittlungsverfahren in diesem Bereich anhängig. Insgesamt wurden 8444 Tatverdächtige ermittelt, davon 3149 Deutsche. Schwerpunkt der kriminellen Aktivitäten bildete mit 40,1 Prozent der Rauschgifthandel und -schmuggel, gefolgt von Eigentums- und Fälschungsdelikten.

Juli 1999

1. 7.: Die europäische Polizeibehörde **Europol nimmt offiziell die Arbeit auf.** Das EU-Kriminalamt mit Sitz in Den Haag, das Nachfolger der Europol-Drogeneinheit (EDE) ist, hat neue Zuständigkeiten erhalten und ist zukünftig u. a. für die Bekämpfung von grenzüberschreitendem Terrorismus, Kinderpornographie und Fälschungen des Euro zuständig. Zugleich dürfen erstmals auch personenbezogene Daten aus allen 15 Mitgliedstaaten im zentralen Europol-Computer gespeichert und von den nationalen Polizeibehörden abgerufen werden.

9. 7.: Der Bundesrat stimmt der befristeten **Einführung des elektronisch überwachten Hausarrestes** zu. Der Modellversuch ist zunächst auf einen Zeitraum von vier Jahren beschränkt.

14. 7.: Das Bundesverfassungsgericht billigt das systematische **Abhören von Auslandsgesprächen durch den Bundesnachrichtendienst.** Die bisherige Praxis der Weitergabe von Daten an die Strafverfolgungsbehörden wird mit Einschränkungen ebenfalls für verfassungskonform erklärt (Az.: 1 BvR 2226/94, 1 BvR 2420/95, 1 BvR 2437/95).

26. 7.: Die Berliner Polizei stuft **36 Straßen, Plätze und Adressen der Hauptstadt als «gefährliche Orte»** ein. Anfang 1997 waren es erst 20 gewesen. An diesen Kriminalitätsschwerpunkten dürfen die Beamten nach dem Allgemeinen Sicherheits- und Ordnungsgesetz (ASOG) jede Person ohne konkreten Tatverdacht kontrollieren.

August 1999

18. 8.: Die Bundesregierung kündigt eine Studie an, die den **Nutzen der Telefonüberwachung** untersuchen soll. Ziel sei es, die Abhörmaßnahmen auf das für die Kriminalitätsbekämpfung «unbedingt erforderliche Maß» zu beschränken. Nach Angaben des Bundesdatenschutzbeauftragten stieg die Zahl der Anordnungen für Telefonüberwachungen im Jahr 1998 auf einen neuen Höchststand von 9802, mehr als doppelt so viele wie noch 1995.

27. 8.: Das Bundesinnenministerium veröffentlicht den **BGS-Jahresbericht** 1998. Danach hat der Bundesgrenzschutz im vergangenen Jahr in 40201 Fällen die illegale Einreise nach Deutschland verhindert, fast 5000 mehr als 1997. Der Anteil der nach Deutschland eingeschleusten Ausländer und Ausländerinnen stieg auf 12533 (1997: 8280). Insgesamt wurden im vergangenen Jahr 3162 Schleuser festgenommen (1997: 2023). Darüber hinaus wies der BGS 60091 Auslän-

der und Ausländerinnen an den Grenzen zurück und schob 69 989 Personen ab.

30. 8.: Das Landgericht Bremen erklärt die «**Bremer Medienrazzia**» für rechtswidrig. Die Staatsanwaltschaft hatte 1996 mehrere Redaktionen und Journalistenwohnungen durchsucht, um dem (bis heute unbekannten) Behördenmitarbeiter auf die Spur zu kommen, der den Medien einen internen Entwurf des Rechnungshofberichts über Haushaltsverstöße im Bildungsressort zugespielt haben soll (Az.: 15 Qs 356/96 u. a.).

September 1999

2. 9.: Vor dem Kieler Landgericht beginnt die **zweite Hauptverhandlung gegen Safwan Eid.** Die Anklage wirft ihm wiederum vor, im Januar 1996 den Brand in einem Lübecker Asylbewerberheim gelegt zu haben und für den Tod von 10 Menschen verantwortlich zu sein. Der Bundesgerichtshof hatte den Freispruch des Landgerichtes Lübeck vom Juni 1997 aufgehoben, da das Gericht Abhörprotokolle aus dem Gefängnis als Beweismittel nicht zugelassen hatte. Am 2. 11. wird Eid mangels Beweisen erneut freigesprochen.

13. 9.: Das brandenburgische Landeskriminalamt (LKA) und das Zollfahndungsamt Potsdam richten eine **gemeinsame Finanzermittlungsgruppe** ein. Durch die Kooperation soll der Kampf gegen die Geldwäsche in Brandenburg verstärkt werden.

17. 9.: Vor einem Fußballspiel verhängt die Berliner Polizei erstmals **Aufenthaltsverbote gegen acht einschlägig bekannte Hooligans.** Szenekundige Beamte des LKA überwachen das Verbot, für drei Tage weite Teile der Innenstadt zu betreten. Am 22. 9. weist das Verwaltungsgericht die Klage eines Betroffenen gegen das Aufenthaltsverbot ab.

23. 9.: Das Berliner Abgeordnetenhaus verabschiedet ein «**In-**

formationsfreiheitsgesetz». Das Gesetz erlaubt es den Bürgerinnen und Bürgern, Akten von Behörden einzusehen oder Aktenauskunft zu erhalten.

29. 9.: Das Bundesverfassungsgericht lehnt die Annahme einer Verfassungsbeschwerde gegen die zwangsweise **Verabreichung von Brechmitteln** an mutmaßliche Rauschgifthändler ab (Az.: 2 BvR 2360/95). Daraufhin verkündet Hessens Generalstaatsanwalt Christoph Schaefer die umgehende Inkraftsetzung der Verfügung, die der hessischen Polizei den Einsatz eines pflanzlichen Brechmittels erlaubt.

30. 9.: In Berlin treten 80 **Flüchtlinge in einen Hungerstreik.** Sie protestieren damit gegen die Versorgung mit Sachleistungen und gegen die unzureichende Heimunterbringung. Aufgrund des 1998 verschärften Asylbewerberleistungsgesetzes wurde den Flüchtlingsfamilien aus dem Kosovo und Bosnien-Herzegowina der bisherige Anspruch auf ein monatliches Taschengeld gestrichen.
Die **zentrale Staatsanwaltschaft gegen Regierungs- und Vereinigungskriminalität** mit Sitz in Berlin wird offiziell aufgelöst. Insgesamt wurden 1065 Menschen wegen der Toten an Mauer und Stacheldraht, Justizunrecht oder Wirtschaftsdelikten angeklagt. Bisher wurden 335 von ihnen rechtskräftig verurteilt. Der weitaus größte Teil der 23 000 Ermittlungsverfahren wurde eingestellt.

Oktober 1999

5. 10.: Der Innenminister Nordrhein-Westfalens, Fritz Behrens (SPD), legt den **Korruptionsbericht** 1998 vor. Danach hat sich in NRW die Zahl der Ermittlungsverfahren in Korruptionsdelikten zwischen 1994 und 1998 mit insgesamt 2770 Fällen mehr als versechsfacht.

20. 10.: Das **Verfassungsgericht Mecklenburg-Vorpommerns verbietet die Schleierfahndung** außerhalb eines 30 km breiten

Streifens an der polnischen Grenze. Das Gericht gibt damit einer Beschwerde von fünf Bürgern gegen das 1998 verabschiedete Sicherheits- und Ordnungsgesetz des Landes statt. Die Richter bewerteten verdachtsunabhängige Kontrollen außerhalb des Grenzgebietes als unzulässige Einschränkung des Grundrechts auf informationelle Selbstbestimmung.

26. 10.: Die Münchner Polizei kündigt an, dass ihre Beamten für die Ermittlungen im Mordfall einer 19-jährigen Frau zukünftig jeden männlichen Passanten – sofern die Täterbeschreibung passe – zum **DNA-Speicheltest** bitten werden.

27. 10.: Das Bundesverfassungsgericht beschränkt das Recht einer Behörde, im gerichtlichen Verfahren aus Gründen der Geheimhaltung Akteneinsicht zu verwehren. Zukünftig müssen einem Gericht nötigenfalls auch geheime Akten vorgelegt werden. Der Verfassungsbeschwerde eines ehemaligen Mitarbeiters der Landesauftragsstelle Bayern, der nach einer Sicherheitsüberprüfung durch das Landesamt für Verfassungsschutz kündigen musste, wurde damit stattgegeben. Einsicht in die Akten des Bayerischen Landesamtes für Verfassungsschutz war zuvor weder ihm noch den angerufenen Gerichten gewährt worden.

November 1999

4. 11.: Vor dem Berliner Amtsgericht endet der **Prozess gegen einen Unterzeichner eines Appells gegen den Kosovo-Krieg** mit einem Freispruch. Der in der *tageszeitung* veröffentlichte Aufruf hatte Soldaten der Bundeswehr zur Fahnenflucht aufgefordert. Das Gericht sah darin eine «erlaubte Form der Meinungsäußerung». Am 17. 11. verhängt das Berliner Amtsgericht eine Geldstrafe von 4000 Mark gegen einen Kriegsgegner, der vor dem Verteidigungsministerium in Bonn einen Aufruf gegen den Jugoslawien-Krieg verteilt hatte.

8\. 11.: Der **Bundesgerichtshof bestätigt die im Politbüro-Prozess verhängten Freiheitsstrafen** von sechs Jahren und sechs Monaten gegen Egon Krenz sowie jeweils drei Jahren gegen Günter Schabowski und Günther Kleiber wegen «Totschlag in mittelbarer Täterschaft» (Az.: 5 StR 632/98).

18\. 11.: Der Bundesgerichtshof (BGH) verkündet in einer Grundsatzentscheidung, dass der **Lockspitzel-Einsatz** durch die Polizei nur bei Vorliegen eines stichhaltigen und aktenkundigen Anfangsverdachts zulässig sei (Az.: 1 StR 221/99). Wird ein zuvor Unbescholtener von polizeilichen Lockspitzeln zu einer Straftat provoziert, müsse dem Betroffenen vor Gericht eine Strafmilderung gewährt werden.

23\. 11.: Das Statistische Bundesamt teilt mit, dass 1998 106 790 **Ausländer eingebürgert** wurden, 29 Prozent mehr als im Jahr zuvor. Insgesamt 59 664 (55,9 Prozent) der neuen Staatsbürger stammten aus der Türkei.

29\. 11.: Das **UN-Flüchtlingshilfswerk UNHCR kritisiert das deutsche Asylgesetz** und fordert die Bundesrepublik auf, auch nichtstaatliche Verfolgung als Asylgrund anzuerkennen. Die Beschränkung des Schutzes auf staatliche Verfolgung sei nicht durch die Genfer Flüchtlingskonvention gedeckt.

Dezember 1999

7\. 12.: Das Bundesverwaltungsgericht billigt die **Beobachtung der rechtsextremen Republikaner durch den Verfassungsschutz.**

17\. 12.: Die Länderkammer stimmt einer **Verlängerung des Fernmeldeanlagengesetzes** um zwei Jahre zu. Damit können Strafverfolger auch zukünftig von den Telefongesellschaften Auskünfte einfordern, wer mit wem wie lange telefoniert hat.

Letzte Meldungen

14. 1. 2000: Das Bundesinnenministerium veröffentlicht die **Asylstatistik für das Jahr** 1999. Danach gab es im vergangenen Jahr 95 113 Asylanträge, 3,6 Prozent weniger als 1998. Die Anerkennungsquote lag bei 3 Prozent, in weiteren 4,5 Prozent der Fälle wurde Abschiebeschutz nach dem Ausländergesetz gewährt.

17. 1. 2000: Die Bundesregierung gibt bekannt, dass 1998 **insgesamt neun Wohnungen in acht Bundesländern akustisch überwacht** wurden. Die längste Überwachung gab es mit 42 Tagen in Bayern. 20 Personen waren vom Lauschangriff betroffen, darunter sechs Nichtbeschuldigte. Die Kosten der Überwachung lagen bei 65 358 Mark.

Bürger- und Menschenrechtsorganisationen in Deutschland
(Auswahl)

Bitte beachten Sie, dass sich Internetadressen relativ häufig verändern; im Zweifelsfall probieren Sie es bitte mit dem (abgekürzten) Namen der gesuchten Organisation oder einer Suchmaschine!

- AG sozialpolitischer Arbeitskreise, c/o Dieter Koschek
  Dorfstr. 25, 88142 Wasserburg
  Tel. und Fax 08382/89056
  e-mail: margamitterhuber@t-online.de
  Internet: http://home.t-online.de/home/t.bacher/spak.htm
- Aktion Courage/SOS Rassismus, Postfach 2644
  53016 Bonn
  Tel. 0228/213061 – Fax 0228/262978
  e-mail: sos@aktioncourage.org
  Internet: http://www.aktioncourage.org
- amnesty international
  (Sektion der Bundesrepublik Deutschland)
  53108 Bonn – Tel. 0228/983730 – Fax 0228/630036
  e-mail: ai-de@amnesty.de – Internet: http://www.amnesty.de
- Antirassistisch-interkulturelles Informationszentrum (ARIC)
  Berlin, Chausseestr. 29
  10115 Berlin – Tel. 030/3087990 – Fax 030/30879912
  e-mail: aric@aric.de – Internet: http://www.aric.de
- Bundesarbeitsgemeinschaft kritischer Polizistinnen und Polizisten, c/o Reinhard Borchers

Bachstr. 96 D, 22083 Hamburg
Tel. 040/2273247 – Fax 040/2273248
e-mail: r.borchers@cl-hh.comlink.de
Internet: http://www.comlink.de/cl-hh/r.borchers/

- Bundesarbeitskreis Kritischer Juragruppen (BAKJ)
c/o Verena Grundmann
Kölpiner Str. 13, 12689 Berlin – Tel. 030/9314196
e-mail: bakj@bakj.de – Internet: http://www.bakj.de
- Bundesverband Information und Beratung für NS-Verfolgte
Holweider Str. 13–15, 51065 Köln
Tel. 0221/612041 – Fax 0221/9624457
e-mail: nsberatung@netcologne.de
Internet: http://www.hagalil.com/bvnsv
- Bürgerbüro e. V. – Verein zur Aufarbeitung
von Folgeschäden der SED-Diktatur
Bernauer Str. 111, 13355 Berlin
Tel. 030/4634806 – Fax 030/4635718
e-mail: buergerbuero@berlin.sireco.net
Internet: http://user.sireco.net/buergerbuero
- Büro gegen Altersdiskriminierung e. V.
Hölderlinstr. 1, 50968 Köln
Tel. 0221/700986 – Fax 0221/700986
- Connection e. V., Gerberstr. 5, 63065 Offenbach
Tel. 069/82375534 – Fax 069/82375535
e-mail: connection@link-f.rhein.main.de
Internet: http://www.dgf-vk.de/connection
- Deutsche Friedensgesellschaft/Vereinigte
KriegsdienstgegnerInnen
Schwanenstr. 16 – 42551 Velbert
Tel. 02051/4217 – Fax 02051/4210
e-mail: office@dgf-vk.de – Internet: http://www.dfg-vk.de
- Deutsche Gesellschaft für Soziale Psychiatrie
Stuppstr. 14, 50823 Köln

Tel. 0221/511002 – Fax 0221/529903
e-mail: dgsp@psychiatrie.de
Internet: http://psychiatrie.de/dgsp

- Deutsche Vereinigung für Datenschutz
Bonner Talweg 33–35, 53113 Bonn
Tel. 0228/222498 – e-mail: dvd@aktiv.org
Internet: http://www.aktiv.org/DVD
- Deutscher Frauenrat, Simrockstr. 5, 53113 Bonn
Tel. 0228/949190 – Fax 0228/9491944
e-mail: kontakt@frauenrat.de
Internet: http://www.frauenrat.de
- Deutscher Kinderschutzbund, Schiffgraben 29,
30159 Hannover
Tel. 0511/304850 – Fax 0511/3048549
e-mail: dksbbvev@aol.com; Internet: http://www.dksbde
- FIAN (deutsche Sektion), Overwegstr. 31, 44625 Herne
Tel. 02323/490099 – Fax 02323/490018
e-mail: fian@fian.de – Internet: http://www.fian.de
- Forschungsgesellschaft Flucht und Migration (FFM)
Gneisenaustr. 2a, 10961 Berlin
Tel. 030/6935670 – Fax 030/6938318
e-mail: ffm@ipn-b.comlink.apc.org
Internet: http://www.berlinet.de/mh/ffm
- Forum InformatikerInnen für Frieden und
gesellschaftliche Verantwortung
Medemstade 64, 21775 Ihlienworth – Tel. 04755/911154
Fax 04755/911026 – e-mail: fiff@fiff.de
Internet: http://hyperg.uni-paderborn.de/fiff
- Forum Menschenrechte,
Haus der Demokratie und Menschenrechte,
Greifswalder Str. 4, 10405 Berlin
- Gemeinschaft für Menschenrechte in Sachsen (GMS),
Prof. Dr. E. Woit,

Postfach 12 06 09, 01007 Dresden
Tel./Fax 03 51/4 95 18 57 oder 03 51/4 59 12 73

- Gesellschaft für bedrohte Völker (Deutschland), Postfach 20 24, 37010 Göttingen
Tel. 05 51/49 90 60 – Fax 05 51/5 80 20
e-mail: info@gfbv.de – Internet: http://www.gfbv.de
- Gesellschaft zum Schutz von Bürgerrecht und Menschenwürde, Weitlingstr. 89,
10317 Berlin – Tel. 0 30/5 57 83 97 – Fax 0 30/5 55 63 55
e-mail: gbmev@t-online.de
Internet: http://home.t-online.de/home/gbmev
- Gustav Heinemann-Initiative, Franz-Grödel-Str. 5, 61231 Bad Nauheim
Tel. 0 60 32/7 21 83 – Fax 0 60 32/61 87
e-mail: 106534.23@compuserve.com
- Graue Panther – Bundesverband, Greifswalder Str. 4, 10405 Berlin; e-mail: grauepanther@t-online.de
Internet: http://home.t-online.de/home/0202660878-0001/graue.htm
- Helsinki Citizens Assembly, Deutsche Sektion, Augustastr. 41, 53173 Bonn
Tel. 02 28/36 18 30 – Fax: 02 28/36 51 06
e-mail: hcagermany@aol.com
Internet: http://members.aol.com/hcagermany/
- Holtfort-Stiftung, Hohenzollernstr. 7, 30161 Hannover
Tel. 05 11/31 28 09 – Fax 05 11/3 48 16 59
e-mail: (über RAV) ravev@t-online.de
Internet: http://www.rav.de/holtfort.htm
- Humanistische Union, Haus der Demokratie, Greifswalder Str. 4, 10405 Berlin
Tel. 0 30/20 45 02 56 – Fax 0 30/20 45 02 57
e-mail: hu@ipn-b.de
Internet: http://www.humanistische-union.de

- Institut für Bürgerrechte & öffentliche Sicherheit e. V.,
  Malteserstr. 74–100,
  12249 Berlin – Tel. 030/8387 0462 – Fax 030/7751073
  e-mail: info@cilip.de – Internet: http://www.cilip.de
- Institut für Informations- und
  Kommunikationsökologie e. V.,
  c/o Dr. Christian Schicha, Am Botanischen Garten 8,
  47058 Duisburg
  Tel. 0203/331010 – Fax: 0203/332153
  e-mail: schicha@t-online.de – Internet:
  http://home.t-online.de/home/0236121803-0001/ikoe-htm
- Inter Citizens Conference,
  Haus der Demokratie und Menschenrechte,
  Greifswalder Str. 4, 10405 Berlin – Tel. 030/20453190
  Internet: http://www.eurplace.org/orga/icc
- Internationale Gesellschaft für Menschenrechte,
  Borsigallee 16, 60388 Frankfurt/M.
  Tel. 069/4201080 – Fax 069/42010833
  e-mail: info@igfm.de – Internet: http://www.igfm.de
- Internationale Liga für Menschenrechte,
  Oldenburger Str. 33, 10551 Berlin
  Tel. 030/3962122 – Fax 030/3962147
  e-mail: Vorstand@ilmr.org – Internet: http://www.ilmr.org
- JungdemokratInnen/Junge Linke, Pappelallee 9,
  10437 Berlin
  Tel. 030/44024864 – Fax 030/44024866
  e-mail: jdjlbgs@aol.com
  Internet: http://www.jungdemokraten.de
- Kein Mensch ist illegal, c/o FFM, Gneisenaustr. 2a,
  10961 Berlin
  Tel. 0172/8910825 – Fax 06181/184892
  e-mail: Grenze@ibu.de
  Internet: http://www.contrast.org/borders/kein/

- Komitee für Grundrechte und Demokratie, Aquinostr. 7–11, 50670 Köln
  Tel. 0221/9726920 – Fax 0221/9726931
  e-mail: Grundrechtekomitee@t-online.de
  Internet: http://www.friedenskooperative.de/komitee.htm
- Lesben- und Schwulenverband in Deutschland, Katzbachstr. 5, 10965 Berlin
  Tel. 030/44008240 – Fax 030/44008241
  e-mail: berlin@lsvd.de
  Internet: http://www.schwulenverband.de
- Mehr Demokratie e. V., Fritz-Berne-Str. 1, 81241 München
  Tel. 089/8211774 – Fax 089/8211176
  e-mail: bundesbuero@mehr-demokratie.de
  Internet: http://www.mehr-demokratie.de
- Ökumenische Bundesarbeitsgemeinschaft «Asyl in der Kirche», Berliner Freiheit 16, 53111 Bonn – Tel. 0228/9650342 – Fax 0228/9650343
  e-mail: info@kirchenasyl.de
- pro asyl, Postfach 160624, 60049 Frankfurt,
  Tel. 069/230688 – Fax 069/230650
  e-mail: proasyl@proasyl.de
  Internet: http://www.proasyl.de
  (hier zu erfragen: Flüchtlingsräte auf Landesebene)
- Republikanischer Anwältinnen- und Anwälte-Verein, Hohenzollernstr. 7, 30161 Hannover – Tel. 0511/312809
  Fax 0511/3481659 – e-mail: ravev@t-online.de
  Internet: http://www.rav.de
- Strafverteidiger-Vereinigungen (Organisationsbüro), RA Volker Ratzmann,
  Immanuelkirchstr. 3–4, 10445 Berlin
  Tel. 030/44679217 – Fax 030/4449536
- terre des femmes, Postfach 2665, 72016 Tübingen
  Tel. 07071/79730 – Fax 07071/797322

e-mail: tdf@swol.de
Internet: http://www.terre-des-femmes.de

- terre des hommes, Ruppenkampstr. 11a, 49084 Osnabrück
Tel. 0541/71010 – Fax 0541/707233
e-mail: terre@t-online.de – Internet: http://www.tdh.de
- Verband binationaler Familien und Partnerschaften/IAF, Ludolfusstr. 2–4, 60487 Frankfurt/M.
Tel. 069/7075088 – Fax 069/7075092
e-mail: Verband_Binationaler@t-online.de
Internet: http://www.frankfurt-online.net/verein/iaf
- Verband der Initiativgruppen in der Ausländerarbeit (VIA) e. V.,
Hochemmericher Str. 71, 47226 Duisburg
Tel. 02065/53346
Fax 02065/53561 – e-mail: VIA-BUND@t-online.de
Internet: http://www.paritaet.org/via
- Zentralstelle für Recht und Schutz der Kriegsdienstverweigerer aus Gewissensgründen, Dammweg 20, 28211 Bremen
Tel. 0421/340025 – Fax 0421/3479630
e-mail: zentralstelle. KDV@t-online.de
Internet: http://www.dfg-vk.de/zentralstelle-kdv/

(Bearbeitet von Norbert und Tilman Reichling. Stand: Februar 2000)

Ein ausführlicher Internet-Guide zum Thema «Menschenrechte» findet sich im Anhang des «Jahrbuch Menschenrechte 2000», hg. von Gabriele von Arnim u. a., Frankfurt/M. 1999.

Kurzporträts der herausgebenden Organisationen

Humanistische Union

Die Humanistische Union wurde 1961 als kultur- und rechtspolitische Vereinigung gegründet, Anlass und Motiv waren vor allem konservative und klerikale Einflüsse auf Kultur und Medien. Der Protest gegen Zensur, die Forderung nach Trennung von Staat und Kirchen sind auch heute noch wichtige Themen der HU-Arbeit. Im Gründungsaufruf heißt es: «Die Befreiung des Menschen aus den Fesseln obrigkeitsstaatlicher und klerikaler Bindungen, die Verkündung der Menschenrechte und Menschenpflichten, der Ausbau von Erziehungs-, Bildungs- und Fürsorgeeinrichtungen, die allen Bürgern offen stehen, die Entfaltung einer freien Wissenschaft, Presse, Literatur und Kunst – dies alles sind nicht Entartungen, sondern Grundbedingungen des Lebens in einer zivilisierten Gesellschaft.»

Zu unserem Kampf um die Grundrechte und Bürgerfreiheiten gehören das Engagement für den selbstbestimmten Schwangerschaftsabbruch, für die Schaffung eines Antidiskriminierungsgesetzes, für ein Bildungswesen ohne Ausgrenzungen, für Reformen im Sexualstrafrecht, im Strafvollzug und anderen geschlossenen Institutionen, für das Selbstbestimmungsrecht von Kranken und Sterbenden, für eine gläserne Verwaltung anstelle des gläsernen Menschen, gegen Atomkraft und Militarisierung, für die Kontrolle des Staates und insbesondere seiner Sicherheitsbehörden, für mehr politische Partizipationsmöglichkeiten – zusammengefasst für die freie Entfaltung und Selbstbestimmung der Bürgerinnen und Bürger, für den Ausbau und gegen die Einschränkung der Grundrechte und des demokratischen Rechtsstaats.

Mitglieder der Humanistischen Union arbeiten in Projektgruppen, Orts- und Landesverbänden an einzelnen dieser Themen; viermal jährlich erscheinen die «HU-Mitteilungen» (Zeitschrift für Aufklärung und Bürgerrechte). Alle 1–2 Jahre verleiht die Humanistische Union im Gedenken an ihren Mitbegründer den «Fritz-Bauer-Preis» für Verdienste um Recht und Gerechtigkeit. Die Zeitschrift «Vorgänge», 1961 von der HU begründet, wird seit 1983 gemeinsam mit der Gustav Heinemann-Initiative und dem Komitee für Grundrechte und Demokratie als «Zeitschrift für Bürgerrechte und Gesellschaftspolitik» (im Verlag Leske + Budrich) herausgegeben.

Humanistische Union – Bundesgeschäftsstelle
Haus der Demokratie und Menschenrechte,
Greifswalder Str. 4, 10405 Berlin,
Tel. 030/20450256, Fax 030/20450257,
e-mail: hu@ipn-b.de,
Internet: www.humanistische-union.de
Spendenkonto: Bank für Gemeinwirtschaft,
BLZ 100 101 11, Konto 19 88 66 98

Komitee für Grundrechte und Demokratie

Das Komitee für Grundrechte und Demokratie hat sich 1980 gegründet. Die Initiative ging aus von Leuten, die aktiv beteiligt waren am Russell-Tribunal über die Situation der Menschenrechte in der Bundesrepublik Deutschland (1978/79). Die damals formulierten Ziele sind nach wie vor seine Leitlinie: Couragiertes Engagement für ungeteilte Menschenrechte.

Im Komitee-Gründungsmanifest von 1980 heißt es: «Das Komitee begreift als seine Hauptaufgaben, einerseits aktuelle

Verletzungen von Menschenrechten kundzutun und sich für diejenigen einzusetzen, deren Rechte verletzt worden sind (z. B. im Kontext so genannter Demonstrationsdelikte, Justizwillkür, Diskriminierung, Berufsverbote, Ausländerfeindlichkeit, Totalverweigerung, Asyl- und Flüchtlingspolitik), andererseits aber auch Verletzungen aufzuspüren, die nicht unmittelbar zutage treten und in den gesellschaftlichen Strukturen und Entwicklungen angelegt sind (struktureller Begriff der Menschenrechte). Die Gefährdung der Grund- und Menschenrechte hat viele Dimensionen, vom Betrieb bis zur Polizei, vom Atomstaat bis zur Friedensfrage, von der Umweltzerstörung bis zu den neuen Technologien, von der Meinungsfreiheit bis zum Demonstrationsrecht, von Arbeitslosigkeit bis zur sozialen Deklassierung, von den zahlreichen Minderheiten bis zur längst nicht verwirklichten Gleichberechtigung der Frau.»

Das Komitee konzentriert sein Arbeits- und Aufmerksamkeitsfeld vor allem auf die Situation der Grund- und Menschenrechte in der Bundesrepublik Deutschland. Die Schwerpunkte, Themen und Aktionen verändern sich. Einige grundlegende Themen beschäftigen das Komitee jedoch immer, immer wieder und immer wieder neu. Schwerpunkte der derzeitigen Arbeit seien stichwortartig herausgegriffen: Strafrechtsfragen und Gefangenenhilfe, Friedenspolitik, Demonstrationsrecht/-beobachtungen, Flucht, Migration und Asyl, soziale Bürger- und Menschenrechte, Verletzungen von Grundrechten im Namen der «Inneren Sicherheit», neue Technologien (Humangenetik/Biomedizin), Umweltschutz, Prozessbeobachtungen.

Zu vielen dieser Themen sind Arbeitsgruppen tätig, die Aktionen planen, vorbereiten und ermöglichen. Zu aktuellen Fragen werden Stellungnahmen erarbeitet und Pressemitteilungen herausgegeben. Über Hintergründe und Zusammenhänge wird in Seminaren, Aufsätzen, Broschüren und Büchern informiert. Das Komitee hat die Rechtsform eines eingetragenen, gemeinnützigen Vereins. Neben einem kleinen Mitgliederkreis gibt es einen Förderkreis zur finanziellen Unterstützung des Komitees. Auf Anfrage senden wir gerne Informationsmaterial und die Liste unserer Veröffentlichungen zu.

Komitee für Grundrechte und Demokratie
Aquinostr. 7–11, 50670 Köln, Tel.: 0221/9726930,
Fax: 0221/9726931,
e-mail: Grundrechtekomitee@t-online.de,
Internet: www.friedenskooperative.de/komitee.htm
Spendenkonto: Postbank Frankfurt/Main, Konto 391881-600,
BLZ 50010060

Bundesarbeitskreis
Kritischer Juragruppen (BAKJ)

Der BAKJ ist die bundesweite Koordination von derzeit 27 links-alternativen Initiativen und Fachschaftsräten an juristischen Fakultäten. Zukünftig wollen wir die Zusammenarbeit mit Gruppen von RechtsreferendarInnen und interessierten Einzelpersonen aus dem juristischen Ausbildungsbereich intensivieren.

Hochschulpolitisch setzen wir uns ein für eine Ausbildung, die Theorie und Praxis vernetzt, die sozialen Bezüge des Rechts herausstellt und eine kritische Reflexion der Rechtswissenschaft fördert. Im Bündnis mit anderen Organisationen zur Reform der JuristInnenausbildung wenden wir uns deshalb gegen eine soziale Auslese von Studierenden und gegen elitär-repressive Studienreformkonzepte. Fast alle BAKJ-Gruppen setzen sich für diese Ziele auch im Rahmen der studentischen und akademischen Selbstverwaltung an den Universitäten ein.

Rechtspolitisch begreifen wir uns als Teil der BürgerInnenrechtsbewegung und setzen uns für eine Demokratisierung der Gesellschaft auf allen Ebenen ein. Zu einer kritischen Rechtswissenschaft gehört für uns auch die feministische Rechtskritik. Wir fühlen uns deshalb den links-alternativen sozialen Bewegungen, insbesondere der Frauenbewegung, der Ökologie- und Friedensbewegung sowie den Gewerkschaften verbunden.

Die Gründung des BAKJ 1989 folgte aus einer jahrelangen Zusammenarbeit im Rahmen des Zeitschriftenprojekts «Forum Recht», dessen Herausgabe der BAKJ inzwischen mitübernommen hat.

Der BAKJ trifft sich zweimal jährlich: im Winter zu einem Bundestreffen, im Sommer jeweils zu einem rechtspolitischen Kongress. Themen dieser Kongresse waren bisher: Reform statt Modernisierung – zur Zukunft der juristischen Ausbildung/ Fremde Menschen – Deutsches Recht – Zu Fragen des Asyl- und AusländerInnenrechts / Alb-Traum Europa? – Neues Recht in neuen Dimensionen/Zukunft des Grundgesetzes/Strafe muss sein!? – zu Strafrecht und Kriminalpolitik/Gleiches Recht für alle?! – Frauen im Recht/Macht's gut und danke für den Fisch – zum Umweltrecht/Das Recht der Informationsgesellschaft – Datenschutz und neue Medien/Es ist angerichtet – soziales Fressen. ZuschauerInnendemokratie – Brot und Spiele für das gemeine Volk/Aus den Augen ... Flüchtlinge, MigrantInnen und deutsches Recht/Recht rationiert?! Der Rechtsstaat unter politischem und ökonomischem Druck.

Bundesarbeitskreis Kritischer Juragruppen
Kontaktadresse: Bela Rogalla, Bilser Str. 27, 22297 Hamburg,
Tel.: 040/5142588, e-mail: bakj@bakj.de,
Internet: www.bakj.de
Spendenkonto: BAKJ c/o Bela Rogalla,
Konto-Nr.: 1238439440, Hamburger Sparkasse,
BLZ: 20050550

Gustav Heinemann-Initiative

Die Gustav Heinemann-Initiative (GHI) ist eine unabhängige, überparteiliche Bürgerrechtsbewegung, die sich kritisch mit der Entwicklung der Bundesrepublik Deutschland, insbesondere mit Friedenspolitik und Menschenrechtsfragen befasst. Sie orientiert sich am politischen Wirken Gustav W. Heinemanns. Die GHI wurde 1978 gegründet. Zu ihren Initiatoren gehörten unter anderem namhafte Persönlichkeiten aus Publizistik, Wissenschaft, Gewerkschaften, Kirchen, Politik und aus dem juristischen Bereich.

Im Gründungsaufruf heißt es: «Unser Grundgesetz ist ein großes Angebot. Zum ersten Mal in unserer Geschichte will es in einem freiheitlich-demokratischen und sozialen Rechtsstaat der Würde des Menschen Geltung verschaffen. In ihm ist Platz für eine Vielfalt der Meinungen, die es in offener Diskussion zu klären gilt. Uns in diesem Grundgesetz zusammenzufinden und seine Aussagen als Lebensform zu verwirklichen ist die gemeinsame Aufgabe.

Daher appellieren wir an alle, denen der Name Gustav Heinemann Ermutigung und Verpflichtung war und ist. Dieser Name steht für die besten Traditionen liberalen Bürgertums, des demokratischen Sozialismus, christlicher Weltverantwortung und des Engagements für Frieden. Gustav Heinemann wollte, dass wir das Grundgesetz nicht als Zement einer starren Ordnung missverstehen, sondern als Angebot einer Gesellschaft, in der sich immer von neuem freie Bürger in solidarischer Anstrengung um mehr Gerechtigkeit bemühen.»

Wir laden interessierte Bürgerinnen und Bürger zur Mitgliedschaft ein. Gemeinsam mit der Humanistischen Union und dem «Komitee für Grundrechte» gibt die GHI die Zeitschrift «Vorgänge» sowie den «Grundrechte-Report» heraus.

Der Beitrag beträgt für Einzelmitglieder DM 90,–, für Ehepaare DM 120,–, für Studenten, Arbeitslose, Wehr- und Zivildienstleistende DM 24,–. Auf Wunsch senden wir gerne Informationen zu.

Gustav Heinemann-Initiative
c/o Dr. Dieter Wunder, Franz-Grödel-Str. 5,
61231 Bad Nauheim,
Tel. 0 60 32/7 21 83, Fax 0 60 32/61 87,
e-mail: 106534.23@compuserve.com
Spendenkonto: Sparkasse in Bremen, BLZ 290 501 01,
Konto 1 07 00 93

Autorinnen, Autoren und Redaktion

Ahrendts, Katharina, geb. 1971, Juristin, wissenschaftliche Mitarbeiterin an der Humboldt-Universität Berlin, Redakteurin der Zeitschrift «Forum Recht»; diverse rechtspolitische Artikel.

Albrecht, Ulrich, Prof. Dr., geb. 1941, Professor für Friedens- und Konfliktforschung an der FU Berlin, Veröffentlichungen u. a.: «Rüstung in der Konversion?» (1994) und Herausgabe des «Lexikon Internationale Politik» (1997).

Beck, Volker, MdB, geb. 1960, rechtspolitischer Sprecher der Bundestagsfraktion Bündnis 90/Die Grünen; Veröffentlichungen zur Bürgerrechtspolitik von Bündnis 90/Grüne und zur Schwulen- und Lesbenpolitik.

Becker, Peter, Dr., geb. 1941, Rechtsanwalt und Notar; Vorsitzender der IALANA (deutsche Sektion); Veröffentlichungen u. a. zur Berufsverbotspraxis, Simon/Momsen/Becker, «Verfassungsschutz durch Verfassungszerstörung» (Zeitschrift für Rechtspolitik 1989).

Böhm, Andrea, geb. 1974, Studentin der Politikwissenschaft.

Bruch, Christoph, Diplompolitologe, Veröffentlichungen zu Informationsfreiheits-Gesetzen.

Brumm, Dieter, geb. 1929, Studium der Philosophie und Kunstgeschichte, Assistent an der FU Berlin; Redakteur beim «Spiegel», freier Autor, 1983–94 Medienreferent der IG Medien (zuvor RFFU); Veröffentlichungen u. a. zur Pressekritik und Medienpädagogik, Mitarbeiter bei verschiedenen Zeitungen, Zeitschriften und Sendeanstalten.

Ciupke, Paul, Dipl.-Päd., geb. 1953, pädagogischer Mitarbeiter beim Bildungswerk der Humanistischen Union NRW, Mitglied des Landesvorstands NRW der Humanistischen Union; Veröffentlichungen u. a. zu Geschichte und Selbstverständnis politischer Erwachsenenbildung.

Dahn, Daniela, geb. 1949, Journalistin und Schriftstellerin; Veröffentlichungen u. a. «Kunst und Kohle. Die Szene am Prenzlauer Berg» (1987), «Westwärts und nicht vergessen» (1996), «Vertreibung ins Paradies» (1998), «In guter Verfassung. Wie viel Kritik braucht die Demokratie?» (1999).

Dworek, Günter, geb. 1960, wissenschaftlicher Angestellter im Bundestag, Sprecher des Lesben- und Schwulenverbandes (LSVD); Veröffentlichungen zur Bürgerrechtspolitik für Schwule und Lesben.

Finckh, Ulrich, geb. 1927, Pfarrer im Ruhestand, Vorstandsmitglied der Gustav Heinemann-Initiative und Vorsitzender der Zentralstelle für Recht und Schutz der Kriegsdienstverweigerer aus Gewissensgründen, Träger des Fritz-Bauer-Preises der Humanistischen Union; Veröffentlichungen zu Grundrechten, Wehrdienst, Kriegsdienstverweigerung und Zivildienst.

Goerdeler, Jochen, geb. 1969, Jurist, Mitarbeiter der Bundestagsfraktion Bündnis 90/Die Grünen, Redakteur der Zeitschrift «Forum Recht»; verschiedene rechtspolitische Aufsätze.

Gössner, Rolf, Dr. jur., geb. 1948, Bankkaufmann, Rechtsanwalt und Publizist, parlamentarischer Berater, Mitherausgeber der Zeitschrift «Ossietzky»; Veröffentlichungen u. a.: «Mythos Sicherheit» (Baden-Baden 1995), «Erste Rechts-Hilfe – Rechts- und Verhaltenstipps im Umgang mit Polizei, Geheimdiensten und Justiz» (1999).

Grundmann, Verena, geb. 1978, Jura-Studentin an der Humboldt-Universität Berlin, Sprecherin des Bundesarbeitskreises Kritischer Juragruppen (BAKJ), Veröffentlichungen in

«Forum Recht» u. a. zur Jura-Ausbildungsreform und zum Kosovo-Krieg.

Hanke, Franz-Josef, geb. 1955, freier Journalist, Mitglied im Bundesvorstand der Humanistischen Union und im Hauptvorstand der IG Medien; Veröffentlichungen u. a. über Verkehrsfragen, Biotechnologie, Diskriminierung Blinder, zuletzt: «Mit Hafer, Strom und Diesel – 100 Jahre Nahverkehr in Marburg» (1999).

Hummel, Dieter, geb. 1955, Rechtsanwalt in Berlin, Fachanwalt für Arbeits- und Sozialrecht, Mitglied im Bundesvorstand der Vereinigung demokratischer Juristinnen und Juristen.

Kahane, Anetta, geb. 1954, Studium der Lateinamerikanistik, Geschäftsführerin der RAA Berlin, Vorsitzende der Amadeu-Antonio-Stiftung; Veröffentlichungen zu Ausländerfeindlichkeit und interkultureller Arbeit, u. a. «Es gibt nichts Gutes, außer man tut es. Handbuch zu interkulturellen Projekten der RAA» (Hg., 1995), Beiträge in «Rechtsextremistische Jugendliche – was tun» (1999).

Kaleck, Wolfgang, geb. 1960, Rechtsanwalt in Berlin, Vorstandsmitglied des Republikanischen Anwältinnen- und Anwaltsvereins.

Kalthegener, Regina-Maria, geb. 1960, Rechtsanwältin in Berlin, 1998–99 Koordinatorin des «Forums Menschenrechte», 1995–1998 Vorstandsmitglied von «Terre des Femmes»; Veröffentlichungen zu Frauenhandel, Frauen und Asyl und Menschenrechten, u. a. «Gewalt an Frauen hat viele Gesichter» (in: «Jahrbuch Menschenrechte 1999»).

Kauffmann, Heiko, geb. 1948, Pädagoge und Sozialwissenschaftler, Sprecher der Bundesarbeitsgemeinschaft Pro Asyl – Veröffentlichungen zu sozialwissenschaftlichen, friedens- und entwicklungspolitischen Themen, u. a. «Kein Asyl bei den Deutschen» (1989).

Klinger, Remo, geb. 1969, Rechtsassessor in Berlin, Veröffentlichungen in «Forum Recht».

Konrad, Norbert, Prof. Dr. med., geb. 1958, Prof. für Forensische Psychiatrie an der Freien Universität Berlin, Chefarzt der Abteilung für Psychiatrie und Psychotherapie des Krankenhauses der Berliner Vollzugsanstalten; Veröffentlichungen u. a.: «Leitfaden der forensisch-psychiatrischen Begutachtung» (1997).

Künast, Renate, geb. 1955, Rechtsanwältin, Mitglied des Abgeordnetenhauses von Berlin, Fraktionssprecherin von Bündnis 90/Die Grünen – rechtspolitische Veröffentlichungen.

Kutscha, Martin, Prof. Dr., geb. 1948, Professor für Staats- und Verwaltungsrecht, Mitglied im Beirat der Humanistischen Union, Redakteur von «Ansprüche. Forum demokratischer Juristinnen und Juristen»; Veröffentlichungen u. a. zu Innerer Sicherheit, Polizeirecht, Grundrechten und Verfassungspolitik.

Lichdi, Johannes, geb. 1964, Jurist, Sprecher LAG Demokratie und Recht von Bündnis 90/Die Grünen in Sachsen bis 1999.

Mies, Petra, geb. 1966, Redakteurin der «Frankfurter Rundschau», Trägerin des Theodor-Wolff-Preises 1994 und des Medienpreises «Im Zentrum der Mensch» 1999.

Müller-Heidelberg, Till, Dr. jur., geb. 1944, Rechtsanwalt, Bundesvorsitzender der Humanistischen Union; Veröffentlichungen zu verfassungsrechtlichen Fragen und Sicherheitsbehörden, u. a. «Die (un)heimliche Staatsgewalt» (Mit-Autor, 1981), «Innere Sicherheit» (Hg., 1994).

Narr, Wolf-Dieter, Prof. Dr., geb. 1937, Hochschullehrer für Politische Wissenschaft an der FU Berlin, Sprecher des Komitees für Grundrechte und Demokratie; Mitherausgeber der Zeitschrift «Bürgerrechte und Polizei», Mitherausgeber des «Grundrechte-Report» 1997–1999, Veröffentlichungen u. a. zur Polizeientwicklung, Friedens- und Menschenrechtspolitik.

Pelzer, Marei, geb. 1974, Rechtsreferendarin in Berlin, stellvertretende Bundesvorsitzende der JungdemokratInnen/Junge Linke, Mitherausgeberin des «Grundrechte-Report» 1997–1998, Redakteurin der Zeitschrift «Forum Recht»; diverse rechtspolitische Artikel.

Reichling, Norbert, Dr. phil., geb. 1952, pädagogischer Mitarbeiter beim Bildungswerk der Humanistischen Union NRW, Veröffentlichungen v. a. zu Geschichte und Gegenwart der Erwachsenenbildung/Arbeiterbildung und zur Arbeiterbewegungskultur.

Rogalla, Bela, geb. 1971, Student der Rechtswissenschaft an der Universität Hamburg, Sprecher des Bundesarbeitskreises kritischer Juragruppen; diverse Artikel zur Reform der Juristenausbildung.

Rose, Romani, geb. 1946, Kaufmann, seit 1982 Vorsitzender des Zentralrats Deutscher Sinti und Roma, seit 1991 Geschäftsführer des Dokumentations- und Kulturzentrums Deutscher Sinti und Roma, Direktoriumsmitglied der Internationalen Bewegung gegen Diskriminierung und Rassismus; Veröffentlichungen u. a. «Bürgerrechte für Sinti und Roma – Das Buch zum Rassismus in Deutschland (1987), «Der nationalsozialistische Völkermord an den Sinti und Roma» (1995).

Roth, Roland, Prof. Dr., geb. 1949, Professor für Politikwissenschaft an der FH Magdeburg, Sprecher des Komitees für Grundrechte und Demokratie – Veröffentlichungen u. a.: «Demokratie von unten» (1994), «Kommunalpolitik» (Mit-Hg., 1998), «Kein Staat zu machen. Zur Kritik der Sozialwissenschaften» (Mit-Hg., 1998).

Schreiber, Frank, Dr. jur., geb. 1969, Rechtsreferendar, Redakteur der Zeitschrift «Forum Recht»; Veröffentlichungen u. a. «Das Regelungsmodell der Genehmigung im integrierten Umweltschutz» (1999).

Seifert, Jürgen, Prof. Dr. jur., geb. 1928, Hochschullehrer für Politikwissenschaft in Hannover (em.), 1983–1987 Bundesvorsitzender der Humanistischen Union; Veröffentlichungen u. a. zur Notstandsgesetzgebung, Verfassungspolitik, Inneren Sicherheit, Mitherausgeber der Zeitschrift «Kritische Justiz», Redaktionsmitglied der «Vorgänge».

Sokol, Bettina, geb. 1959, Landesbeauftragte für den Datenschutz NRW: Veröffentlichungen u. a. «Das Recht auf informationelle Selbstbestimmung – ein Phantom im Computerzeitalter?» in: Hutter/Tessmer (Hg.), «Menschenrechte und Bürgergesellschaft in Deutschland» (1999).

Soost, Stefan, geb. 1969, Jurist, Sprecher des Bundesarbeitskreises Kritischer Juragruppen (BAKJ) 1998–1999, Mitherausgeber des «Grundrechte-Reports 1999», Redakteur der Zeitschrift «Forum Recht»; Veröffentlichungen zu rechtspolitischen Themen.

Spoo, Eckart, geb. 1936, Journalist, Träger des Fritz-Bauer-Preises der Humanistischen Union, Mitherausgeber und Redakteur der Zeitschrift «Ossietzky»; Veröffentlichungen zu Zeitgeschichte und Medienkritik, u. a. «Die Tabus der bundesdeutschen Presse», «Anspruch auf Wahrheit», «Was aus Deutschland werden sollte – Konzepte des Widerstands, des Exils und der Alliierten».

Steininger, Herbert, Prof. Dr., geb. 1927, Hochschullehrer für Philosophie (em.); Veröffentlichungen u. a. «Freiheit und Individuum», «Menschenwürde hierzulande».

Steven, Elke, Dr. phil., geb. 1955, Soziologin, Sekretärin des Komitees für Grundrechte und Demokratie, Mitarbeit an den Demonstrationsbeobachtungs-Berichten des Komitees für Grundrechte und Demokratie.

Weichert, Thilo, M.A., Dr., geb. 1955, Jurist und Politologe, Vorsitzender der Deutschen Vereinigung für Datenschutz, Stellvertreter des Landesbeauftragten für den Datenschutz in

Schleswig-Holstein; Veröffentlichungen zu Datenschutzproblemen und Geheimdiensten, u. a.: «Informationelle Selbstbestimmung und strafrechtliche Ermittlung» (1990), «AZRG – Kommentar zum Ausländerzentralregistergesetz» (1998).

Wojak, Norman, geb. 1972, Doktorand in Bochum, Sprecher des Bundesarbeitskreises Kritischer Juragruppen (BAKJ) 1996–1999; Veröffentlichungen z. B. zu Umweltrecht, Verfassungsrecht und zur juristischen Ausbildung.

Abkürzungen

AAÜG	Gesetz zur Überführung der Ansprüche und Anwartschaften aus Zusatz- und Sonderversorgungssystemen der DDR
Abs.	Absatz
AG	Amtsgericht
Art.	Artikel
ASOG	Berliner Polizeigesetz
AStA	Allgemeiner Studenten bzw. Studierendenausschuß
AuslG	Ausländergesetz
Az, AZ	Aktenzeichen
BAföG	Bundesausbildungsförderungsgesetz
BAKJ	Bundesarbeitskreis kritischer Juragruppen
BfV	Bundesamt für Verfassungsschutz
BGBl	Bundesgesetzblatt
BGH	Bundesgerichtshof
BGS	Bundesgrenzschutz
BND	Bundesnachrichtendienst
BR	Bundesrat, Bundesrepublik
BRJ	Bundesrepublik Jugoslawien
BT	Bundestag
BUND	Bund für Umwelt- und Naturschutz Deutschland
BVerfG	Bundesverfassungsgericht
BVerfGE	Entscheidungen des Bundesverfassungsgerichts
BVerwG	Bundesverwaltungsgericht
CCTV	Closed Circuit Television
DNA	Desoxyribonukleinsäure
Drs	Drucksache
e. V.	eingetragener Verein

EMRK	Europäische Menschenrechtskonvention
EU	Europäische Union
EuGH	Europäischer Gerichtshof
EWG	Europäische Wirtschaftsgemeinschaft
FU	Freie Universität
G	Gesetz
G 10-Gesetz	Gesetz zu Art. 10 Grundgesetz
GG	Grundgesetz
GHI	Gustav Heinemann-Initiative
Hg., Hrsg.	Herausgeber/innen
HRG	Hochschulrahmengesetz
HU	Humanistische Union
IALANA	International Association of Lawyers against Nuclear Arms
IfG	Informationsfreiheits-Gesetz
IG	Industriegewerkschaft
IGH	Internationaler Gerichtshof
JVA	Justizvollzugsanstalt
KDV	Kriegsdienstverweigerung
KZ	Konzentrationslager
LG	Landgericht
LKA	Landeskriminalamt
NATO	North Atlantic Treaty Organization
Nds. RPfl.	Niedersächsischer Rechtspfleger
NJW	Neue Juristische Wochenschrift
NRW	Nordrhein-Westfalen
NS	Nationalsozialismus
OLG	Oberlandesgericht
OSZE	Konferenz für Sicherheit und Zusammenarbeit in Europa
OVG	Oberverwaltungsgericht
PKK	Kurdische Arbeiterpartei
RAF	Rote Armee Fraktion

RL	Richtlinie
Spudok	Spurendokumentation
StAG	Staatsangehörigkeitsgesetz
StGB	Strafgesetzbuch
StPO	Strafprozeßordnung
StV	Strafverteidiger
StVollzG	Strafvollzugsgesetz
SZ	Süddeutsche Zeitung
UCK	Albanische Separatistenorganisation
UGB	Umweltgesetzbuch
UIG	Umweltinformationsgesetz
UN	United Nations/Vereinte Nationen
UNHCR	Hoher Flüchtlingskommissar der Vereinten Nationen
UNO	United Nations Organization/Vereinte Nationen
US	United States
UVP	Umweltverträglichkeitsprüfung
VG	Verwaltungsgericht
VS	Verschlußsache
VVN-BdA	Vereinigung der Verfolgten des Naziregimes – Bund der Antifaschisten
WÜK	Wiener Übereinkommen

Sachregister